U0458258

使命

解放日报老同志访谈选

上海三联书店

编辑说明

2017 年，解放日报社党委开展了“我与解放日报”老同志访谈项目，邀请一批出生于 20 世纪二三十年代的耄耋报人讲述他们各自在采编、通联、管理、经营、生产等岗位上艰苦创业和努力奋进的故事。此后，报社党委又决定将这些访谈实录汇集和编辑成书。

2019 年 5 月上海解放日报七十华诞前夕，一本名为《初心——解放日报耄耋报人访谈选》的新书，带着油墨的芬芳，呈现给了绵绵相继的解放报人和新闻界同仁。报社内外对这项活动以及这本书给予充分肯定，大家认为这项工作具有“收集、记录、珍藏解放日报史料史实，延续文脉、发扬精神、资政育人”的积极意义；老一辈报人不畏创业艰难、废寝忘食工作，以及勇于任事、开拓创新的精神，对于年轻一代很有裨益。

受此激励和鼓舞，2020 年 6 月，报社党委决定继续实施老同志访谈项目，以生于 20 世纪 40 年代的解放日报老同志为访谈对象，用文字、图片、音视频等形式，收集、记录、珍藏关于解放日报及老同志的史料和故事等，同时，征集相关文字、图片资料和实物资料。

报社再次组建团队，挑选一些年轻骨干记者组成专门的访谈团队；报社领导还带队参加一些访谈活动。截至 2024 年 2 月底，共访谈了五十多位老同志。

老同志们对这项工作也高度重视、倾情投入，有的早早准备好了讲述重点，收集好了相关资料，有的对讲述内容反复核实，甚至还请当年的同事一起回忆，再次展示了解放报人工作扎实、作风严谨的风采。最终呈现的内容，涉及20世纪60年代中期到21世纪初的各类重大事件和重要改革，尤其对波澜壮阔的改革开放实践和报业改革发展着墨更多。在他们的讲述中，解放报人的各种风貌和特质，如敢为人先，勇于创新；投身改革、破旧立新；不甘平庸、追求卓越；创造战机、积极有为；言传身教、锻造铁军等等，一一呈现。老同志们当年不仅是时代的记录者，也是新思想、新理论的践行者，更是新事业的开创者。

现将有关访谈内容，依照被访老同志的年龄，以长为先，结集成书。访谈稿，在访谈记者整理成文后，已由老同志本人审定。

人事沧桑，岁年远去。访谈选作为口述历史的一种，有其存史的独特价值，但也不可否认其有一定的局限性。访谈涉及的历史背景、事件以及细节，均为讲述者个人的视角、记忆与认知，或非相关事项的全貌和确凿史实，也不代表编写者、出版者完全同意其所述内容和观点。

回首解放日报七十五年历史，已经逝去的前辈大家灿若星河。他们在采编、经营、管理、印务等岗位上做出了令人瞩目的业绩，在本报发展史乃至中国新闻史上都留下了深深印记。本书因体例所限，仅收录了受访者当面讲述的内容，对这些前辈大家不寻常的职业生涯恐有遗珠之憾。因篇幅所限，我们也无法对解放日报老同志作无一遗漏的全面访谈，希望老前辈、老同事予以谅解。

本书编辑若有不当之处，敬请读者鉴谅并指教斧正。

根据报社的部署安排，今后我们还将继续分批开展解放日报老同志访谈项目，希望继续得到大家的支持帮助。

诸位解放日报资深同事，为本书编辑事宜提供了宝贵意见，在此一并表示感谢！

本书编写组

2024 年 5 月

目 录

做记者要练好内功吃透“两头”

陈世粱

【简历】

陈世梁，生于1940年1月，籍贯浙江黄岩。1958年9月考入北京清华大学机械制造系（后改名精密仪器系）。1964年10月毕业分配至上海机床厂任技术员。1978年9月商调至上海市机电一局教育处，任上海机电职工大学教务长（其间兼任上海市职工高教研究会副会长兼秘书长）。1981年4月商调至解放日报社，任上海支部生活记者、编委，《党课教材》副主编。1998年5月兼任解放日报与中央党校求索音像出版社合办音像杂志《干部视界》上海编辑室主任。1996年1月受聘为主任记者。

陈世梁

我的改行之路

我大学毕业于清华大学机械制造系，那时候讲的是服从分配，党指向哪里就奔向哪里。我这个北京人，被分配到上海。

1964 年我大学毕业进入上海机床厂，之后遇到了“四清”和“文革”，折腾十多年。所以我实际上在机床厂没有怎么好好地干过活。

1980 年 9 月份，上海人民广播电台公开招聘编辑记者，我参加了上海人民广播电台的考试。正在等通知，解放日报社郭昌熹来找我，问我到解放日报行不行，有什么条件。我说其他没什么条件，就想弄一套有我名字的房子。郭昌熹就打了一个电话给报社领导夏其言，夏其言说，我们这儿正在分房子，你答应他。于是郭昌熹当场答应我，说解放日报要分房子了，是不是给你留一套？我一听高兴得不得了。就这样，我到了解放日报。

我一直非常感激解放日报，来了不到两年，房子就拿到了。一开始分的房子在江苏路延安路口，16 个平方米，三层阁，但总归是有了一个住的地方。后来又分了两次房子，先是分到龙华路，后来分到胶州路。

所以我在解放日报干活挺卖力的，基本上全身心都投入进去了。在解放日报19年，在《支部生活》写的署我名字的稿子有25万字；编辑的栏目、稿子近50万字（包括专刊、专辑）。给《解放日报》《解放情况》《解放生活》写了不少稿子。有两篇“情况”被《人民日报内参》转发。

让市领导写稿子

上海《支部生活》于1980年复刊，我是1981年4月正式进入支部生活的，之后在那里干了19年，直至退休。

我拿的是记者证，实际上也做编辑。到1983年以后，因为工作需要，我就专门负责理论、学习这一块内容。

这个转变是由好几个因素导致的。一是1981年到1983年，正处于社会上肃清“两个凡是”和自由化思潮，广泛开展学习教育活动的阶段。另外一个，刚开了党的十二大，通过了新党章，要学习宣传新党章。当时支部生活里的同志大多从事通讯报道，所以叫我出来搞理论宣传。这样，我就开始联系市委和理论界，后来这块内容成了我的主业。

我这个人不怕吃闭门羹，想要的东西就直接找市委和中央起草组去要。所以我们拿到的十二大党章的学习资料，基本上都是北京的中央政策研究室提供的。那时候，中央政策研究室、中央组织部我都去过。

我是通过市委原第一书记陈国栋的秘书找到他们的。我哥哥“文革”以后平反了，他当了北京市粮食局的技术科长，他的顶头上司原来和陈国栋住在一个院里，就这样我和陈国栋联系上了。

认识以后，我就直接邀请他们给《支部生活》写文章。陈国栋、胡立教都在《支部生活》上写过文章。陈国栋写了《放下包袱　开动机器——谈十二大文件学习》，胡立教写了《学习贯彻新党章的几个问题——中共上海市委第二书记胡立教答本刊记者问》。然后我提出要编学习资料，陈国栋说编这些要到中央去找人，他们直接起草的，咱们上海找谁都不行。他就给我推荐了几个朋友，人家一听说国栋同志介绍来的，也就把我当一回事了。

在十二大报道中，《支部生活》第 18 期出版了“党的十二大主要文件汇编”专辑。从第 19 期起陆续发表陈国栋、胡立教、中共中央文献研究室主任龚育之、解放军总政治部文化部部长邵华泽、中共中央政策研究室政治组组长吕澄（与朱固合作）、中共中央党校教授叶笃初等撰写的署名文章。当时，《支部生活》还发表了中共上海市委党校、中共上海市委党史研究室、上海社科院有关专家学者的辅导文章。中共中央政策研究室吕澄、朱固专门为上海《支部生活》撰写了《党章学习问答》，从 1983 年第 7 期至 14 期连续 8 期刊登，反响热烈。

我在支部生活工作期间，邀请或组织市委书记、市委常委撰写了许多署名文章，发表在《支部生活》上的有四十多篇。

搞新闻要吃透“两头”

搞新闻、编杂志要吃透“两头”，上头要吃透中央和市委精神，下头要了解读者需求，针对“两头”的结合点设计栏目、组织稿件。这样，刊物就能办好了。

我们杂志的定位是市委“初级党刊”，又是“内部发行”，这就和别的媒体不一样。采写发表一些需要读者知道又不便公开报道的内容正是我们的优势。我们就利用这个优势来做文章。

比如学习资料中，怎么过好组织生活，这些内容其他媒体不可能登的，我们登了，供基层学习，所以当时我们发行量有四十多万份。另外，报道每年召开的中央全会，我都要到北京。由于我们是期刊，没报纸快，来不及怎么办呢？我便到起草组，请他们帮我们写稿子。所以十二届三中、四中全会，十三届、十四届一直到十五届，这四届中央全会所有的学习材料，都是我组织由他们来写。有些内容连《解放日报》都没有，也是转载《支部生活》的。

另外一个还要不断出“新点子”，现在叫创新。我们当时组织问题讨论，活跃学习气氛。比如，1986 年我们在中共上海市委组织部的支持和指导下，在《支部生活》第 16 期开辟“新时期共产党员应有什么样的形象”问题讨论专栏，集中讨论“共产党员应该怎样对待物质利益”“在新的历史条件下还要不要‘老黄牛’精神”“共产党员应该怎样发挥先锋模范作用”等等。

那个时候正是经济转轨时期，有些行业、有的工厂进行拆并，造成很多人有点丧失信心和斗志了，有的组织关系也打散了，我们就组织稿件抓一些问题讨论，让大家提意见，说说自己的苦恼。讨论结束的时候常常由市里领导发表意见，写署名文章，为广大读者解答，既正确又权威。比如中共中央书记处书记郝建秀、市委副书记吴邦国、中顾委委员章蕴、中央宣传部研究室主任朱通、市委副秘书长高文魁、中央党校教授叶笃初等都发表了自己的观点。

还有搞政策解读。因为那时在进行退休制度改革，社会震动蛮大，我们就和劳动局合作，帮退休职工算账，解答了大家的疑问。

扩大刊物知名度

我们不仅要办好自己的刊物，还要扩大刊物知名度，发挥刊物的社会效应。

1984 年 10 月 12 日，由我牵线搭桥，利用创刊 30 周年的机会，上海《支部生活》编辑部在京举行了招待会。中共中央书记处书记、中宣部部长邓力群，中共上海市委第一书记陈国栋、第二书记胡立教、书记杨堤出席，他们还到解放日报驻京办事处看望了全体工作人员及支部生活代表。

这次活动，国务院办公厅、国务院政策研究室、中央党史研究室、中央政策研究室等有关方面领导都来了，谈得挺热闹。这次活动影响非常大，打响了《支部生活》知名度。

1986 年到 1989 年期间，社会上出现了一股反对“四项基本原则”的声音，市委宣传部提出来要正面宣传一下革命历史、革命前辈的功绩。

我们和上海有声读物公司联合策划、筹备，采写、编辑了一套关于革命老前辈的音像读物。那时候设备简陋，录音机很小，也没有摄像机，我们花了两年半的时间，一共采访了20位中顾委老将军、老干部。我印象最深的是帅孟奇。我到她家里去要一张彩色照片都没有。由此，我就给革命老前辈们拍彩色照片。

后来出版了一套《革命前辈的心声》，包括《致青年朋友》《将军的话》《母亲的心愿》三辑录音带。1987年6月，由中宣部出面在人民大会堂召开了隆重的发行会。中央书记处书记邓力群，全国人大常委会副委员长叶飞，全国政协副主席康克清、杨成武、陈再道都来了，接受采访的老将军也都来了。这个项目是全国首创，以前从来没有搞过类似的音像读物。这次活动不是报社布置的，是我们自己提出来、打报告经报社批准的。

另外，我参加过《支部生活》的特刊和增刊的采编工作。《支部生活》一共出过15份特刊和增刊，我主编了9份。

2016年11月，上海老记协评选“精彩人生”，我被评上了“精彩人生”提名奖，还颁发了荣誉证书。这是对我一生最大的褒奖。

年轻记者胆子要大

很多人都说我和高层关系好。确实我有自己的一些关系，我和陈国栋的秘书、杨堤的秘书关系很好。但是还有一些是要去硬闯的。记者要干什么？要想办法打通路子，要靠自己去跑。

我跟时任解放日报党委副书记周智强建议过，我说现在还是要鼓励记者学会找市委领导，设法直接与他们接触，了解他们。

其实他们有一些设想很需要媒体宣传。比如我之前写的退休制度改革，杨堤正想找人宣传，你一凑过去，他高兴得不得了。还有像在北京的那次座谈会，也是陈国栋想搞的。

另外，记者要认清形势，熟悉领导的心思，要学会跟他们说得上话。记者提出的话题，他们一听正对他的路子，他们就有兴趣了，就愿意与你聊。要有这个本事，要学会和他们对话。

所以，我觉得记者本身素质是第一位的，有了较高的综合素质，然后认清形势和工作方向，才有可能有针对性地组织高质量的好文章。记者素质从哪儿来？一个是向实践学习，另外一个就是看书，书一定要看得多。

采 访 人：陈抒怡

采访时间：2020 年 12 月 21 日

采访地点：上海市延安中路 816 号解放日报社

摄影摄像：沈阳

我的一点本事，是在解放日报学出来的

龚心瀚

【简历】

龚心瀚，生于1940年10月，籍贯浙江萧山。1964年复旦大学新闻系毕业，进解放日报，历任华东新闻部编辑，评论部评论员，国际版编辑，第一版责任编辑，农村部记者、编辑，《解放日报市郊版》领导成员，上海《支部生活》编辑部负责人。“文革”中受“四人帮”及其在上海的余党迫害。1983年任上海市委宣传部副部长，兼上海市委外宣领导小组常务副组长、上海市新闻高级专业技术职务任职资格评审委员会主任委员。1993年起任中宣部副部长。2003年起任第十届全国政协文史和学习委员会副主任。2009年起任中国画报协会首任会长。1988年评定为高级编辑。曾任复旦大学、上海科学技术大学兼职教授。出版《龚心瀚书法摄影作品集》，编著有澳门大型画册《同建优质社会　共创美好明天》等。参与主持创作百集大型人物传记电视纪录片《百年巨匠》。

大事学着做，小事抢着做

我对解放日报社有很深的感情，常和别人说，解放日报是我的老娘家。1960 年，我还是复旦新闻系的学生，就到解放日报实习了几个星期。1964 年上半年，我就要毕业了，又到解放日报实习了差不多半年时间，在夜班做见习编辑。因为那时还是大学生，所以主要任务是在编辑边上看，有时也编编小稿子、改改标题，再送到印刷厂排字车间去。那时候总编辑是王维，经常到夜班来，他挺喜欢我，觉得这个小孩勤快，大事能学着做，跑腿这样的小事也抢着做。

因为马上要毕业了，面临着分配。我的哥哥姐姐们都在上海工作，所以我觉得，自己被分配在上海的可能性不大。那个时候呢想到人民日报去，觉得去北京也好，大地方。但是又担心人民日报人太多，你去了保不齐就是在人家资料室里待着。到分配的时候，同学们全都有了去处，就剩下我一个。我很纳闷，怎么就不给我分配工作了呢？到最后，他们通知我去解放日报。我一打听才明白，是王老总点名要我来，考虑到影响就把我留到最后再宣布。

所以我经常跟小青年讲，不要大事做不来，小事不肯做，要“大事学着做，小事抢着做”。大学刚毕业，本事都有限，但只要肯做，就会有成绩。这就和股票一样，人家会看你有没有潜力。

能进解放日报，我心里很高兴。本来是9月份报到，我8月初就来了，想着能多拿一个月工资。结果别人对我说，你来得太早了，9月1日再来吧。我说不要紧，我不要工资，义务劳动，就这样进了解放日报。

我在解放日报的第一个岗位是在华东新闻部。那个时候部主任是张伏年，老资格。没过多久，市里就搞了个上海市委“四清”工作队，陈丕显亲自领导，队长是上海市委办公厅副主任兼支部生活编辑室主任丁柯，副队长是解放日报党委副书记夏其言和新华社上海分社副社长杨瑛。陈丕显问：“大学生来了没有？让他们到‘四清’工作队锻炼锻炼。”就这样，我被派去工作队。从1964年底到1965年底，我们在上海两个仪器厂各蹲了半年。我觉得这段时间对我的锻炼真的很大，让我真正了解了上海工厂的工作状态。其间，陈丕显看到我们几个大学生，这么跟我们讲了一次，我印象很深，“你们大学生，不要以为你们有学问，你们实际上没有学问。毛主席讲过，大学生没用，大学生能杀猪吗?”说到底，没实践经验，“四清”就是个很好的锻炼机会。之后就回到华东新闻部。干了不久，陆炳麟点名，马达认可，把我调到夜班。1966年到1970年，我都在夜班工作。

我常说解放日报敢用新人，你看，我刚毕业一年多，马上就让我编头版稿子。那时许寅负责带我，一开始是看着，看着你一篇一篇编稿子，后来就放手了。许寅人很好，别人可能会觉得你是不是来抢我饭碗啊？许寅不这么想，放手让我去做。过了不到一年，我就取代了许寅，负责第一版的编稿和组稿，交陆炳麟审定后发排拼版。许寅的“饭碗”转到我手里了，许寅还相当高兴。

当时的夜班编辑要做什么呢？首先是看新华社的电讯稿，一天要看几万字，我看中的就拿墨水笔圈一下，先是头版，剩下的再给二版、三版。之后就是做标题，改改记者的稿子。我改好之后给陆炳麟看，有些他觉得不行就让我再改，有些他就直接改了。他改过的稿子我都要认真看，这就是学本事，学习他为什么这么改。所以呢，我的一些基本功、一点本事，就是在解放日报学出来的。

陆炳麟有个特点，有了灵感就写评论。我也学他，晚上有灵感了，就写篇小评论。所以，夜班的工作内容还是很丰富的，起标题、挑稿子、改稿子、写小评论、写编者按。此外，我还能指挥记者。我看那么多新华社稿子，经常能冒出些点子来。这里我就要说说女记者高肖笑。她对商业财经报道熟悉得不得了，我如果想到个报道题目，早上留个条子给她，建议报道什么。她很厉害，当天晚上稿子就来了，材料、观点都有，捋一捋，文字上压缩整理一下就可以用了。她有本事啊，能找到人。有些记者人都找不到，不知道去哪采访。

那个时候解放日报气氛真的很好。我虽然家在上海，但几乎不回家，就住在汉口路 309 号大楼。这么做的也不止我一个，都是两三个人一间，以报社为家，除了睡觉都在工作。

采访金训华事迹与陈逸飞配画

我一直觉得，在解放日报期间有点遗憾的就是，我这个人比较能写，也喜欢写东西，但是因为做编辑，后来当部门负责人，主要都是在给别人做嫁衣，写的机会很少。但是呢，我也做过全国有名的报道，就是金训华的故事。

那时是1969年，领导觉得我总是在夜班工作，脱离实际，就派我去黑龙江出差，了解一下上海知青在当地的情况。我去了大概一个月，转了很多地方，天也冷了，9月份就回到哈尔滨。金训华也是上海知青，插队的地方叫逊克县。我去了，但是当时没写他，倒是写了个“女子牧马班”，女孩子养马，我觉得很有意思。解放日报登了我写的通讯，还发表了一整版我拍摄的照片。我工作之后没有真正出差过，所以觉得什么都好玩。在去采访女子牧马班路上，坐在马车上，被马尾巴甩了一脸马尿，我都觉得很有意思。

回到哈尔滨后，黑河市知青办公室打了个电话来，说双河大队的金训华牺牲了。我了解了一下情况，那时中苏关系很紧张，我们要造国防公路，公路沿线要有电线杆方便通讯。那年夏天发洪水，把战备物资电线杆冲走了，他去抢救，不幸牺牲。

我就返回逊克县再做采访。因为没算好时间，这次我有36个小时没吃饭。当地人星期日一天吃两餐，早上8点，下午4点。因为班车班次的原因，我接到消息之后从哈尔滨出发，来不及吃晚饭，第二天是星期日，上午和下午的饭也没赶上，到第三天早上才赶上吃饭。还好，我带了水果糖。到了大队一看，他有本日记，把他在当地的生活感受都记录了下来。这就好办了，里面有些没写清楚的，我再采访一下。这篇报道也不是我一个人完成的，文汇报的周炳权，还有一位黑龙江日报的记者也参与。我们先讨论好报道框架，再分头写稿，我统好稿之后再发给黑龙江日报，报黑龙江省委宣传部审定，在《解放日报》《文汇报》和《黑龙江日报》同天发表。

我们当时不仅有文字报道，还配了画刊。这里有个人要提一下，叫陈逸飞。陈逸飞是著名画家，成名起家在《解放日报》。那个时候的稿子经常要配插图，比如新华社播发毛主席的最新指示，就要配一张招贴画，类似毛主席挥手这种。每到这个时候，我就找美术编辑洪广文，他自己也能画画，但主要还是主持美术编务工作，他组织了五六个上海美专的学生，天天到解放日报画画。画画是没有稿费的，但是我有个权力，就是晚上 11 点之后，可以签字领饭票，请他们吃半夜餐。这要是放在现在不算什么，在当时可不得了。一顿夜餐 2 毛 5 分钱，我一天工资也才 2 元钱。半夜餐两荤一素，总归有一块排骨、一个鸡蛋，或者一块排骨、一块熏鱼，外加一碗汤。

说回画刊，洪广文让上海农展馆的徐纯中画金训华画刊的主题画，第一稿我看了觉得不甚理想。我就点名要上海美专的高材生陈逸飞。陈逸飞来了之后，我说，模特是我，因为是我采访金训华的。我摆了摆金训华抢救电线杆的姿势，给了一张金训华的正面照，陈逸飞和徐纯中合作画得很好，当时报上发表画作是不让署名的，我觉得这幅画画得好，又要作为画刊的头条，就斗胆署了笔名，从陈逸飞和徐纯中姓名各取一个字，署名“逸中”。然后《红旗》杂志联系我们，想转载我们的报道，后来又觉得，党中央的理论刊物转载报道不太合适，就转载金训华的部分日记，并提出想用我们画刊里金训华这张画，要做彩色版。这又给我们出难题了。

那个时候没有彩色报纸，画画很简单，就是一张铅画纸，画水墨画。要几种颜色怎么办呢，用网纹，用点点表现，基本上就两种颜色。点密就成深色，点稀就成灰色。《红旗》提出要彩色版，陈逸飞他们先是重新画了一版，但已经不是原样了。怎么办？我们把上海几家印刷厂的厂长、总工程师及王开照相馆的经理和技师都请来，他们建议，先把原画放大到报纸大小，上好色后再缩制成印刷版。这就符合《红旗》杂志的要求了。

后来这张画还出了邮票，影响力就更大了。改革开放后，陈逸飞到美国留学，画了一幅“双桥”，陈逸飞把这幅油画给了美国著名企业家哈默。后来哈默访问北京，把这幅《双桥》油画带给了邓小平。中国邮政很快又用这幅画印制和发行了邮票，这很罕见。所以我说，陈逸飞等成名就是在《解放日报》，当然他也为《解放日报》作了很大贡献，毕竟我们从没给过他稿费。现在想想，我们当时都抱着一种“玩”的心态，不是玩世不恭，就是单纯觉得好玩，把工作当作一种享受，成果出来了大家一起开心。

主持支部生活工作

1980年，市里决定重新出版上海《支部生活》，就把我调去协助邵以华负责筹办工作。为什么不叫复刊呢？因为它和老的《支部生活》已经关系不大了。我去支部生活是1980年10月，工作了两年多，一直到1983年调任市委宣传部。在支部生活我是二把手，一把手是邵以华，当时也没有明确职务，就叫负责人，原因大概是市委宣传部事情太多，任命工作一时顾不过来。不久邵以华因病长期住医院，由我主持工作。当时和我在一起工作的还有吴经灿，他是老支部生活编辑。前端工作我抓，选题和组稿我负责，后面编稿子的事情他负责。

《支部生活》一开始发行就有三十多万份，影响力很大。我在主持工作的时候，很注意问题导向。每天晚上我们都要商量，有哪些现象值得关注。比如说，那时候我们注意到一个“五十几岁现象”，就是指一部分人五十几岁之后，单位就叫他退下来，不让他工作了，我们就在杂志上讨论这个问题。当时，支部生活一个月能收到几万封群众来信。这些信我尽可能多地看，看完之后就发现了很多问题。粉碎“四人帮”以后，大家对党的基本知识了解差。怎样开支部会议，不懂；怎样发展党员，不懂；怎样当支部书记，不懂；怎样当组织委员，不懂；怎样当宣传委员，还是不懂。所以我搞了个“支部生活基础知识问答”，着重解答怎么当支部书记，书记怎么开支委会，支部书记怎么找党员谈话。每个专题下列出十几个问答，由记者楼灿文组稿，我们大概做了十几期，两百六七十个问题，后来又补充了一些小题目，读者反响很好。我出了个主意，要不咱们把它扩展扩展，出本书吧，就叫《支部生活基础知识三百问》。这么一本小册子，自办发行一百多万册。

那时我们没有发行渠道，怎么能做到一百多万册呢？我和解放日报团委合作，把全国各大城市的电话簿找来，让他们照电话簿上的单位地址把信寄过去，推荐我们的小册子。每封信只要一分钱或者半分钱，发出去将近10万封。后来，小册子印好以后，就卖了100多万份。

立足上海，服务长三角城市群，影响世界

我对《解放日报》很有感情，希望《解放日报》能越办越好。我想了一下《解放日报》的定位，应该是立足上海，服务长三角城市群，只在上海有影响还不够，要面向全国，影响世界。怎样面向全国呢？外地的一般读者不一定会订，但是还有单位机构、研究上海问题的专家，还有一些在外地的上海人，他们也订，所以要面向全国。至于有世界影响，要像美国的《纽约时报》《洛杉矶时报》那样，尽管是地区性报纸，但是它们都具有世界影响力。

还有，我记得魏克明讲，办报纸要“加重、搞活”，要有分量，要提出问题。过去王维他们经常跟记者直接研究，提出问题、解决问题。方法有两种，一种可以报纸报道，一种可以写内参向上面反映。《解放日报》曾发过一篇稿件，结果是推动了全局性工作。这篇报道叫《十个第一和五个倒数第一说明了什么》。

这样的报道不要多，一年有个 3 到 4 篇就很好了，但是要注意，不要板着脸讲道理，别人不爱听。

以纸媒为特色，多媒体融合。这个融合也是有讲究的，不是你想融合就融合，而是怎么去融合，比方我讲，深度报道怎么融合，快速报道怎么融合。你们可以研究研究《纽约时报》，它既有报纸，也有线上新闻，上海和纽约都是国际化大都市，为什么他们就能两者兼顾，相互促进？还有就是要多搞活动，不是小活动，而是大活动，要成立一个大型活动部。譬如说，今年的进口博览会，你得想办法进去，不是光派记者，还得想办法在里面搞些活动。对解放日报贡献大的记者，就要奖励。

最后，我觉得你们还是要到延安的解放日报旧址多走动，多联系。《人民日报》是中央和国家机关到北京的时候从华北局带过去的，《解放日报》这个名字按毛主席的意思，就交给了上海。我们上海的解放日报应该要继承延安解放日报和范长江、恽逸群他们的革命传统，新进解放日报的记者编辑和其他职工要去延安解放日报旧址参观学习。

采 访 人：李芸（时任解放日报社党委书记、社长）
　　　　　张骏、王闲乐
采访时间：2018 年 5 月 24 日
采访地点：上海市延安中路 816 号解放日报社
文字整理：张骏、王闲乐
摄影摄像：海沙尔

在“解放”改革的日子里

贾树枚

【简历】

贾树枚，生于1941年1月，籍贯山东博兴。1964年复旦大学新闻系毕业。1978年9月任光明日报记者。1983年8月任文摘报主编。1984年3月任文汇报党委副书记、副总编辑。1987年5月任上海市新闻出版局副局长。1992年1月任上海市广播电视局党委书记。1993年11月任中共上海市委宣传部副部长兼市委外宣办、市政府新闻办主任。1998年12月兼解放日报党委书记、副总编辑，2000年1月兼解放日报总编辑。2000年6月任解放日报报业集团党委书记、社长。2001年12月任上海市记协主席。上海市第十、十一、十二届人大代表，第十一、十二届人大常委会委员、教科文卫委员会委员，上海市第六、七次党代会代表，中国记协副主席。1995年评定为高级编辑。编著有《上海新闻志》《见证辉煌》《锦绣年华良辰美景》和《中外记者笔下的上海》丛书、《当代上海记者》丛书等。

贾树枚

1941 年 1 月 17 日，我出生于山东省滨州市博兴县陈户镇卞家村。上初中时，学校里有两份报刊是来自上海的，一份是《青年报》，一份是中学生杂志，印象深刻。如今想来，冥冥之中，我和报纸最初的缘分，便始于那个时候。因为是住读，每天晚上在教室里上自修课。课前有一刻钟的读报时间，我担任读报员，每天从山东省委机关报《大众日报》上挑选几篇新闻和文章，为同学们朗读，从而养成了看报纸的兴趣和习惯。

1959 年高中毕业高考，我有幸被复旦新闻系录取。到校后，被分配住在当时的学生宿舍 10 号楼 333 室。我们家乡包括县城当时只有平房，没有楼房，地区行署所在地只有新华书店有一栋二层楼，但我没上去过，连省会济南最高的楼房也只有三四层。这是我生平第一次走上楼梯，住进楼房。我入学后的第一次作文课作业，就写了这件事，受到老师表扬。

入学后，我第一次读到《解放日报》。我们一间宿舍 4 张双层床住 8 个同学，从一年级开始，每人每月交一角钱，每个寝室订一份《解放日报》，坚持了 5 年。每周开一次评报会，以评《解放日报》为主，兼评其他报纸，交流读报心得，探讨采编业务。有一段时间，我们班里还和《解放日报》合作，把评报意见印成8开小报，发给新闻系师生和报社采编部门参考。通过评报，进一步了解了《解放日报》，觉得《解放日报》是一份影响力大、权威性强的重要报纸。

大学期间，除了上课读书，还参加了不少新闻工作实践活动。大三时，有半年时间是办“基层报”作为实习。我跟一些同学去上钢五厂，包下了厂报《合金钢报》的采编业务。《合金钢报》是在解放日报社的印刷厂印刷的。每到报纸出版的日子，我作为报纸的编辑，就带上稿件到解放日报社，看排字房的师傅把手写的稿件排成小样，拼成大样。我一边看小样、大样，一边校对，晚上就睡在报社会议室的地毯上，直到报纸印好，再把报纸带回上钢五厂，分送到各车间、科室和班组。厂报的内容密切联系工厂的工作和职工的生活，工人、干部都争相阅读，很受欢迎。大四时，又到新华社上海分社实习了半年。

毕业后，我被分配留校工作，先后担任学校团委副书记、化学系学生指导员、党委办公室副主任等。在办公室工作期间，负责编简报，联系新闻单位，担任《解放日报》《文汇报》等新闻单位的通讯员，有时也给新闻单位写点反映复旦情况的新闻报道。

1978年是共和国历史上不平凡的一年。5月11日，《光明日报》发表特约评论员文章《实践是检验真理的唯一标准》，全国范围内开展了真理标准问题的大讨论，促进了全党和全国的思想大解放。组织、修改和拍板发表这篇文章的是光明日报总编辑杨西光。他在20世纪五六十年代曾担任复旦大学党委书记和解放日报总编辑。

在真理标准讨论初期，当时的上海市委通知下属单位：不讨论、不表态、不介入。时任复旦大学党委书记夏征农思想解放，顶住压力在复旦主持召开座谈会，讨论真理标准问题。与会的许多知名教授、学者联系实际，踊跃发言，阐述实践是检验真理的唯一标准，发表了许多真知灼见。会后，夏征农让我把讨论情况写了一篇报道，投给《解放日报》。第二天《解放日报》刊出。这天（1978年9月25日）报纸头版构成双头条，一篇是《梅林罐头质量又上去了》，还有一篇就是《复旦大学召开部分教授、讲师座谈会——解放思想讨论检验真理的标准问题》，署名是本报通讯员。

这是上海最早公开发表的关于真理标准讨论的报道之一，对当时的思想解放起了良好的推动和促进作用。

事后不久，杨西光来复旦大学召开座谈会，透露光明日报要恢复建立上海记者站，问我愿不愿意去。我表示愿意去。会后，我向夏征农谈了我的想法，夏老也很痛快地同意了。这样，我就在1978年国庆节前，到光明日报上海记者站报到，圆了多年的记者梦。1982年，我去中央党校学习一年，1983年毕业后，报社让我留在北京，担任光明日报下属的文摘报主编。1984年初，又回上海，任文汇报党委副书记、副总编辑，1987年改任上海市新闻出版局副局长，1991年调任上海广播电视局党委书记，1993年任上海市委宣传部副部长兼市府新闻办公室（市委对外宣传办公室）主任。

在文汇报工作时，我自己也抽时间参与了一些采访。1985年，有感于宝钢引水工程，我采写了长篇报道《不尽长江滚滚来》（《文汇报》1985年9月5日第2版）。宝钢在长江边上，用水需求极大。但是长江的水受到潮汐影响，冬春季节，咸潮入侵，海水倒灌，江水中含盐量增加，不能使用。为解决这个难题，各级领导和科学家、技术人员通力合作，在江边筑起水库，避咸储淡，解决了这一难题。此外，当时苏南地区的乡镇企业发展势头迅猛，我和报社国内部的同事一起前往采写了《农村改革的弄潮儿》在《文汇报》发表。

1999年，我兼任解放日报党委书记、社长，后来又兼总编辑，2000年10月成立解放日报报业集团，担任党委书记、社长。在解放日报期间，主要做了4件事。

1. 筹建解放日报报业集团。

世纪交替之际，各个省市报业改革，都以机关报为龙头成立报业集团。但在上海，第一个成立报业集团的不是市委机关报解放日报，而且是文新集团。当时文汇报宣传业务强、影响大，新民晚报发行量大、经济实力强，实行强强联合，1998年7月成立文汇新民联合报业集团，上级部门在资源配置和政策上也给予大力支持。文新报业集团实力大增，旗下有9报3刊。

解放日报报业集团成立晚了两年多，于2000年10月成立，旗下有6报2刊。

2. 对报业经营管理进行了改革。

文新报业集团在经营管理体制上实行“十个统一”，即统一发展规划、统一资产监管、统一人事管理、统一财务制度、统一编辑出版、统一报刊印刷、统一广告业务、统一报刊发行、统一技术服务、统一经营管理。

解放集团成立时，觉得这样的体制管得过死，不利于发挥下属单位和员工的积极性，经讨论改成了“6个统一、4个独立”，即在宣传导向、发展规划、报刊定位、资产管理、干部任免、财务监管等六方面实行统一领导和管理，同时对系列报刊实行独立建制、独立编制、独立采编、独立核算。既体现集团对下属单位的宏观管理，又尽量发挥下属单位的主动性和创造性。这样做的结果，大大提高了系列报刊和下属单位的积极性。过了半年时间，系列报刊的发行量和经济收入都大幅度提高。除了刚创办的《新上海人》之外，系列报刊在经营上都能做到盈利。文新集团后来也对“十个统一”的体制作了调整。

3. 实现报业超常规跨越式发展。

当时国家经济高速增长，政治上比较宽松，鼓励创新，报纸发展的空间较大。

从解放日报和解放集团的情况来看，1999年利润比1998年增长250%。2000年比1999年增长35%。尤其《新闻晨报》《申江服务导报》的增长都实现了翻番。

因为实行“6个统一、4个独立”，允许系列报刊在经济效益提高的基础上提高员工的收入，一些系列报刊的记者编辑的收入比解放日报的记者编辑还要高一点。社会各方面对解放日报报业集团的改革也比较认可。全国报业协会在上海召开全国已成立的16个省市报业集团发展改革研讨会，介绍了解放日报报业集团的经验。

4. 提高员工的收入水平。

解放日报报业集团成立前，在上海的主要新闻单位中，包括解放日报、文汇报、新民晚报和上海广播电视系统，解放日报和文汇报员工的平均收入明显较低，新民晚报和电视台最好，有一段时间新民晚报员工每月要发三次工资，被戏称为“三浪”。市里每周一次的新闻通气会，大家也喜欢到新民晚报去开，因为每次开完会新民晚报都会招待大家吃一碗美味的面条。文新报业集团成立后，文汇报员工收入有了提升，解放日报垫底。

解放日报作为市委机关报承担的宣传任务重，干部政治素质和专业素质高，这种局面如不改变对事业发展不利。成立报业集团后，随着经济效益的提高，解放日报员工的收入水平也有了较大的提高，两年中基本上与文新集团和广播电视台拉平。

采 访 人：陈颂清（时任解放日报社总编辑）
沈轶伦

采访时间：2020年11月25日

采访地点：上海市延安中路816号解放日报社

文字整理：沈轶伦

摄影摄像：沈阳

解放人，讲究一个“顶天立地”

朱民权

【简历】

朱民权，生于1942年3月，籍贯上海。主任记者。1979年夏，从上海县委办公室调至解放日报农村部，成为《解放日报市郊版》头版要闻记者；1987年《解放日报市郊版》停刊后，继续从事郊区大农业综合经济发展、菜篮子工程等报道；2001年农村部与工交财贸部合并为经济部，成为经济部记者，工作至2002年退休。连续三届当选农村部党支部书记。连续六年受到上海市重点工程实事立功竞赛领导小组的表彰，三次荣获由该领导小组颁发的“市级记功”奖章，三次获优秀工作者称号。

进解放日报社之前，我在农村做了近十年“土记者”。我出生在上海县马桥乡的一户贫困农民家庭，冥冥中似乎有一股力量指引着我一路向新闻事业靠拢。

1958年，我开始在印刷厂当排字工人，随后负责公社报纸的编排拼版；1960年，调到公社广播站当站长，开始学习新闻采写。

1962年7月参军，成为一名通信兵，从1963年至1965年，连续3年被评为“五好战士”，两次获得一级技术能手，1964年7月被提拔为通讯班“第二班长”。1965年6月加入了中国共产党，同年，担任通讯排代理排长。1966年5月调至团部通讯股，任机要秘书，直至1968年3月退伍，回乡后继续在公社广播站当站长。

1973年，调至公社办公室，从党委秘书做到办公室主任，后调至上海县委办公室工作，其间一直以通讯员身份与各新闻单位保持合作，特别是与作为市委机关报的《解放日报》结下深厚情谊，成为编外“土记者”。

正是因为这段“土记者”经历，1979年解放日报筹办市郊版时，主编贾安坤同志第一时间想到了我。经多次协调后，将我调入解放日报社。自此，我终于从一名“土记者”跻身专业新闻队伍。

跑新闻，一靠脚力二靠朋友

跑农村的记者有两大苦，一是地方远，二是采访难。上世纪八九十年代，交通远没有现在便捷，往市郊单程跑一趟，半天就没了，但我始终记得贾安坤在我入职时说过“新闻是跑出来的，深入基层脚头要勤”。多年来，我一直践行着这句话，无论交通环境如何，从不吝惜脚力，深入到农村一线去发掘捕捉新闻线索。

然而，对于记者来说，抵达现场只是采访的第一步，要能从现场挖出鲜活的素材才算采访到位。农民会做，但往往不会说，不擅于总结，采访起来难度很大。1990 年我和胡国强一起采访陆文忠时，真正体会到农民那种肚里有货却倒不出的急人。当时陆文忠带领村民用 4 年时间在崇明岛东部的滩涂上开垦出一片拥有 2600 亩耕地、240 万元固定资产的副食品生产基地，可问及垦荒过程时，陆文忠却用寥寥数语就介绍完了，讲不出细节，问来问去他就回答你那么一句话“我想把这个地弄出来”。眼看着从陆文忠这里问不出什么内容，我心里那个急啊。可是他切切实实干了那么多成绩在那儿，应该是有故事可挖掘的。后来，我想出了一个“曲线救国”的方法，“泡”在村里挨个采访陆文忠的身边人，最终用他朋友、同事嘴里的素材拼凑出了一个敢想敢干、不怕吃苦的基层干部形象（《解放日报》1990年2月19日第2版《创业维艰“绿洲”更美——共产党员陆文忠带领群众垦荒记》）。

一个好记者，要善于跟各种人交朋友，既要能跟领导干部对话，也要能跟农民一起蹲田头。我嘛，交朋友的本事还可以，朋友蛮多的，很多鲜活、独家的新闻线索都是朋友“投喂”给我的。1989年11月的一天，我接到了虹桥镇副镇长的电话：“我们这里要建蔬菜大棚了，今后蔬菜可以在大棚内生长了。你要不要来看看?”我一听就觉得这个线索不错，第二天一早就去了虹桥镇。到田里一看，就知道自己来对了。那里建成了50亩配置成套喷灌排水设施、规模化生产的钢管塑料大棚生产基地，大棚周边铺设了1000多米水泥路，可供拖拉机、汽车行驶。这种大棚当时在全国都属少有，让蔬菜种植摆脱了靠天种菜的情形，我当即报道了这一创新举措（《解放日报》1989年11月9日第5版《菜园子变化静悄悄——虹桥乡井亭3队现代化菜田设施一瞥》）。后来大棚蔬菜规模化生产得到推广，缓解了夏冬蔬菜淡季生产和四季时鲜蔬菜供应问题。

坚持“顶天立地”就不会出错

从1979年到2002年，我当记者的这24年，正是中国改革开放、经济结构急剧变化的阶段，可以说我跟我的报道一起见证了那个时代的巨变，见证了巨变中人们寻找答案的纠结与成长。事实上，在这个过程中，我本身也在经历社会巨变所带来的观念碰撞，也在不断寻求报道的方向和节奏。如何能够始终踏准节奏?

我觉得要牢牢把准四个字——顶天立地。

所谓“顶天”就是要始终紧跟中央政策精神。解放日报社有个好传统——每天编前会都要传达中央、市委的最新精神，会上大家还常作些讨论，充分理解和领会精神，并将之与报道选题相结合。

20世纪70年代末改革开放初始，社会上“左”的倾向影响很深，解放日报在充分理解中央政策的基础上，推出一系列破除思维定势、鼓励农村改革的报道，我那篇纪实通讯《纪王镇上的“绿豆芽风波”》（《解放日报》1979年10月29日第1版）便这样应运而生。通过讲述公社社员顾仁发发展家庭副业卖绿豆芽“发了财”，引发一番“姓资”还是“姓社”的讨论后，生产队集体经销的绿豆芽摊与之打擂台，最终公平竞争并形成价格制约的故事，折射出政府允许民营经济发展，并鼓励市场竞争的态度。

1989年，我采写的关于“华东第一村”的稿件（《解放日报》1989年3月30日第2版《华东第一村——上海县马桥乡旗忠村纪实》），记录了被称为“马桥乡西伯利亚”的旗忠村在村党支部书记高凤池带领下大胆改革，大力发展村级企业，跃居为亿元村的崛起过程。为了进一步宣传农村改革发展的典型，报社领导高度重视，由时任解放日报农村部主任宋超同志牵头组成了调查小组，深入马桥乡、旗忠村蹲点调查一百多天。经过深入走访，最终于1990年12月头版头条刊登了宋超采写的近万字长篇通讯《骏马奔腾——马桥乡改革启示录》（《解放日报》1990年12月15日第1版），把马桥乡无可争辩的发展轨迹呈现在读者面前。通讯发表后，在华东地区引发了巨大反响，全国各地赴旗忠村参观学习者络绎不绝，最多一年接待了40万人次。报社再接再厉，1991年5月又发表了长篇通讯《村庄里的都市——马桥乡旗忠村农民建房纪实》（《解放日报》1991年5月27日第1版），使得马桥再次声名鹊起。1991年至1992年期间，邓小平、江泽民等党和国家领导人，政治局的其他领导人，也先后来到马桥乡旗忠村视察参观。

所谓“立地”就是要接地气，关注群众的利益。我是农民出身，所以尤其能够理解农民的利益诉求，发现一些痛点。这也许就是我的小稿子常常能“惊动”大领导的原因。1988年，也是因为朋友“投喂”的一个线索，我报道了梅陇乡农民进城开办全市第一家农民菜场这个新鲜事。这个事情不大，但我觉得这种省去中间环节，从田头到菜场的供应方式比较特殊，可以让农民得到更多实惠，是个好事情，就写了一个200多字的小稿子（《解放日报》1988年6月12日第1版《红金农贸货栈正式开张》）。没想到稿子见报第二天当地党委书记给我打来电话：“民权，你知不知道你那个农民办菜场的稿子搞大了，朱镕基市长今天到我们菜场暗访考察来了……”后来倪鸿福副市长专门召开座谈会研究农民进城办菜场的问题，并提出要制定相关政策措施予以扶持。还有一次，我听村里几个干部聊天说农民卖菜难，便写了一篇报道（《解放日报》1988年6月21日第2版《“卖菜难”使菜农忧虑重重》）讲述了农民蔬菜堆在田头卖不出去的困境，同时分析了卖菜难的堵点主要是因为流通不畅。这个稿子又被朱镕基看到了，他当时在北京开会，直接打电话到市里要求市领导重视“卖菜难”问题，想方设法打通流通堵点，为农民解决实际困难。

如今回顾这些往事，不是说我自己个人多有本事，而是想表达一种感谢，一是感谢生我养我的农村大地，是它给了我与农民血脉相连的情感力量；二是感谢教我育我的解放日报，是它给了我成长的指引和平台。我以前当支部书记的时候常常跟我们的党员同志说：“你们出去，人家都很尊重你，不是因为你有本事，而是因为你前面顶着‘解放日报’四个大字。这四个字给了我们很多能量，而我们也要珍惜和对得起这四个字。”

采 访 人：李元珺

采访时间：2023 年 10 月 11 日

采访地点：上海市延安中路 816 号解放日报社

摄影摄像：沈阳

有幸经历经济报道“黄金年代”

余建华

【简历】

余建华，生于1943年8月，籍贯浙江慈溪。1966年复旦大学新闻系毕业。1967年进人民日报任国际部编辑，1970年起任人民日报总编室夜班编辑。1980年调解放日报，历任记者、编辑，科教部负责人、主任。1986年起任解放日报副总编辑。1998年兼新闻报党委书记、总编辑，主持《新闻报》一日三刊滚动出版工作。长期分管解放日报经济报道、浦东开发开放报道和长江三角洲、国内报道，先后组织“两个风波”（即“口不离瓜子”风波和“条星衬衫”风波）等大讨论。1992年编发的报道《上海证券交易与国际市场接轨》获第三届中国新闻奖一等奖。2001年编发的通讯《上海的辉煌，祖国的辉煌》获第十二届中国新闻奖一等奖。撰写的《国有企业改革——经济报道的重大课题》获中国新闻论文奖三等奖、上海新闻论文奖一等奖。1994年评定为高级编辑。1997年获国务院特殊津贴。著有《时间与人生》《纪律趣谈》《见证改革》和漫画《有聊和无聊之间》等。曾任上海市新闻学会副会长、上海市公共关系协会副会长、上海市互联网协会副会长。

我对解放日报社深有感情，小学三年级就开始看《解放日报》。后来我读大学，考进复旦新闻系，实习也是在解放日报。最难忘的是到夜班编辑部见习，我的座位就面对着值班老总王维和部主任陆炳麟，两边是许寅等名编辑，夜夜面聆謦咳，受益匪浅。

1986年，我被提拔为解放日报副总编辑，那时候我43岁，是比较年轻的副总编辑。当时我分管工交部、农村部、华东新闻部（后改为国内新闻部），后来工交部和农村部合并，成立经济部。我分管的主要是经济报道，于2004年退休。

20世纪八九十年代，是上海改革开放的关键年代，是上海在改革中奋进、在反思中奋起的年代，也是经济报道的黄金年代。在那之前，上海积累的问题很多，城乡各方面经济有些滑坡，在全国国民收入排名开始落后，外地乡镇企业崛起。别人说上海人“精明而不高明”，上海压力很大，开始着急了。领导很着急，我们报人当时也很着急。在这样的时代背景下，产生了一批有影响的经济报道。

一年内，稿件被《人民日报》两度转载

1978 年 9 月，我来到解放日报工作。王维老总问我要到哪里去，让我从 3 个部门里面挑——理论部、群工部和评论部。我当时挑了群工部，我感到这个部门比较贴近实际、贴近群众、贴近生活。1981 年，我被调到评论部，当时报社领导对我说，评论部人才济济，你在那里可以得到锻炼，我就去了。

评论部给我留下了很深的印象，特别是总编辑陈念云。陈念云的特点是一丝不苟，办公室收拾得干干净净、一尘不染，讲话逻辑严密，开会发言从来不用讲稿，拿一张小纸片，上面写好提纲，然后就开始滔滔不绝地讲。他不是那种煽动性很强的人，但是听他讲话就像吃了檀香橄榄一样，回甘无穷。要写评论的时候，他就拿一张小纸片给我讲要点，评论框架思路往往都是他搭好的，我只要按照他的思路去写。这让我很受教益。评论部还有周瑞金，我的学长，因皇甫平文章而声名远播。

1984 年 2 月，我被调到科教部工作，当年 12 月被任命为科教部主任。

那一年，为防治肝癌攻关 20 多年的原中科院上海药物所助理研究员梅放，为了搞出用于确定早期肝癌位置的 2 号造影剂，以第三期胃癌的病体志愿调到广州一家集体所有制企业白云山制药厂工作，不幸因癌症广泛转移，于当年 3 月 18 日在广州逝世。我认为这是一个科技人员的典型，应该派最强力量作为重要稿子采写。我就从文艺部请了一个才子型记者乐维华过来写这个报道。报道全文 8000 多字，读来非常感动人。我想，是不是可以把梅

放作为一个在全市层面推广的典型？于是，我去拜访了当时的上海市委常委兼市委科技工作党委书记吴邦国，提出了自己的想法。吴邦国在一间很寻常、很小的会议室里接待了我，没有一点架子。我说，能否请市委科技工作党委发个通知，宣传这个典型人物？他马上答应："好啊！"他的亲和力给我留下了深刻印象。

1984年7月24日，《为了生命的不朽——记上海药物研究所助理研究员梅放》在四版刊出，在第一版刊发了科技党委关于学习梅放的通知。没想到，《人民日报》在第二版转载了删减后的这篇通讯和通知。

1985年6月，我策划了4位老山英雄的典型人物报道。长征医院的通讯员蒋和平送来一篇报道医院如何治疗4位老山英雄的稿子。我感到4位老山英雄在一个病房治疗，这是多么难得的题材，应该把笔墨放在写英雄的事迹和情怀上面。1985年6月16日，记者胡廷楣写的6000多字的通讯《面对二十岁的人生——老山、者阴山四位英雄负伤以后》在头版见报，我还写了个评论。后来，《人民日报》在头版头条转载了这篇稿子，并配发了评论《伟大理想的力量》。不到一年的时间里，《解放日报》有两篇稿件被《人民日报》转载。后来，这篇《面对二十岁的人生》获得报社首次为之设置的红旗稿特等奖，并获得全国好新闻二等奖。

记者要有"问不倒"的本事

1986年，我被提拔为副总编辑。那段时间，中央和上海市委、市政府对上海的经济发展已经作了比较清晰的规划，发展思路越来越明确。上海作为老工业基地，在全国占的经济比重很大，但是矛盾堆积如山。1980 年，一篇《十个第一和五个倒数第一说明了什么?》引起了广泛讨论。一时间，经济报道广受重视，解放日报社那段时间也提出要侧重经济报道。

因此，经济报道任务显得很重。报社夜班有句话："没有头条找工交"，经济报道几乎占《解放日报》报道的半壁江山。我们也确实在经济报道中提出了一些新的问题，研究了一些新的课题，引发了一些讨论。

1986 年 5 月，《解放日报》开展了两个风波的讨论。5 月 21 日报道的第一个风波《"口不离"瓜子的风波》，是张沅和时赛珠采写的，我写了编者按。"口不离"瓜子厂的负责人叫沈荣祖，他是率先推动企业改革的人之一，为了把瓜子的品牌打出去，他出钱打广告，聘请有经验的技术人员到指挥生产的关键岗位上，让职、权、利三者挂钩，还打破大锅饭，实行多劳多得，按劳分配，奖罚分明。这些改革措施遭到了一部分人的反对，沈荣祖还被免去了职务。

《"口不离"瓜子的风波》发表后，周瑞金提出，能不能再找个类似的典型，一起讨论？我们就想到了"条星衬衫"的风波内参。"条星衬衫"是上海一个服装厂新设计的衬衫，非常畅销，但有关部门给厂家下了通知要求停止生产，说这种衬衫的花纹很像美国国旗，有政治色彩。

两个风波的讨论开始后，2 个月内，我们收到了 302 封读者来信以及数不清的电话，参与讨论的有工人、农民、教师、军人等各行各业的人。在这些信件中，有 279 封是支持改革的，23 封信对改革措施有不同意见。在这 23 封信中，有 15 封是针对“条星衬衫”风波的，我们就选了一些在报纸上刊登出来。

这个讨论是有时代背景的。当时，中央领导提出要支持改革，央媒在这方面也作了一些报道。随着改革不断推进，各种争议也多了起来，不少改革者纷纷“中箭落马”，不是被处分就是遭起诉。我们认为，要正确对待、正确认识商品经济，正确认识改革和改革者，包括改革中的一些突破和新的东西、新的事物。对两个风波的讨论，涉及商品经济的一些观念更新问题，如何把握尺度？周瑞金总结了四句话：是非要分明，态度要诚恳，引导要得法，分寸要掌握。我们的讨论，总体上是“小流量，低流速，毛毛雨，微微风”式的。

关于“条星衬衫”，后来市委定了性，说这个是正常的商业活动，和政治、和美国国旗没有关系，不要去干扰正常的商业活动。这个风波也就平息了。但是“口不离”瓜子风波引发了次生风波。这家公司是上海铁路局下面的三产，针对我们发表的文章，上海铁路局提出了 8 个方面的不同意见，送到了当时分管宣传文化工作的市委副书记黄菊那里。黄菊很重视，请周瑞金去面谈。

我们仔细询问了张沅和时赛珠的采访过程，周瑞金事先也做了一些功课。由于时赛珠有法律方面的知识，她总结梳理了关于这篇报道的 10 个问题和回答，写了 12 张稿纸交给周瑞金。因为准备充分，周瑞金在黄菊那里对答如流，黄菊听了以后感到这个事情不必再追究下去，到此结束。

这件事让我感慨，记者的确要有专业素养，要调查仔细，要“问不倒”。张沅和时赛珠采访“口不离”瓜子风波，采访非常细致，在法律问题上也进行了细致推敲，所以才能“问不倒”。

“大家都来关心上海的形象”

关乎对外开放关乎城市文明

在我的工作经历中，“大家都来关心上海形象”的系列报道，也值得一提。这个问题是很重要的。《解放日报》开展了上海形象的讨论，引起上海其他媒体的关注，这是一个大背景。上海新市长朱镕基走马上任后，着手抓的几件事情之一，就是上海对外开放的形象问题。

当时，外商对上海的办事效率、对上海的服务行业态度、服务设施等意见很大，其中有几个事情，是朱镕基亲自抓的。比如，宝山县一个合资企业，为了一个项目盖了126个图章，朱镕基就说，今后审批项目要一个机关一个窗口、争取盖一个章。关于这件事的报道也引起了很大反响。还有就是出租车漫天要价、敲诈乘客。朱镕基上任不久就收到了2000多封海内外来信，其中有不少是反映出租车问题的。1988年，中国科技大学教授温元凯写信给上海市市长朱镕基，气愤地揭露出租车司机向他敲竹杠的恶劣行为。朱镕基于当年7月29日作出批示，要求有关领导抓紧严加查处，并向有关部门传达，以引起震动。

对此，我就和工交部的同志商量，准备打一个关于上海形象的报道战役，但要找一个由头。由头在哪里?

当时，搞外经贸报道的记者干谷从市里拿到了一份材料，上海市文化经济与管理政策调研小组围绕进一步改善上海投资环境，向市内的涉外部门和单位发放了一批“来（在）沪外国友人文化生活情况调查问卷”，引起了在沪的北美、南美、澳洲、亚洲等地外国专家、学生、旅游者、商社人员、银行职员、留学生以及驻沪领事馆人员的浓厚兴趣。在收到的近千份问卷中，他们对上海的形象，对在上海的衣、食、住、行、玩等各方面，发表了热情、坦率的意见，并提出了希望。另外，搞外经贸报道的老记者高肖笑也提供了一份材料，美籍华裔化工专家、美国通用电气公司（GE）常驻上海的首席代表徐筝即将卸任返美，他对上海发展留下了比较好的印象，也提出了不少意见。

根据这两份素材，我们在1988年8月10日推出了“大家都来关心上海的形象”栏目，发表了干谷整理的问卷内容，包括文化修养、城市设施、礼貌服务、交通、环境、物价、旅游项目、文化娱乐、广播电视报纸、人际交往等10个方面。我写了一个编者按:“每个人都有个形象问题，一个城市也有个形象问题。上海作为一个对外开放的大城市，应该以怎样的形象呈现于世人面前?值得所有上海人关心，许多外国朋友提出的意见也值得我们思索。一个城市的形象，涉及城市基础设施等硬件问题，也涉及服务态度、工作作风、职业训练等软件问题。硬件往往受着资金等物质条件的制约，不可能在一个早晨解决；软件则往往不必花什么钱就能办到，有的举手投足之劳就能解决。但是，要真正做好这方面的工作却又不大容易。因此，让上海的形象更加美好，让世界喜欢上海，这是一件需要全社会都予以重视并为之努力的大事。上海人民人人有责，各行各业责无旁贷。本报从今天起为此发表一些报道材料和议论文章，旨在推动大家都来关心上海的形象。”

第二天，我们又刊发了高肖笑的《“我爱上海”——美籍华裔徐筝一席谈》。由此展开了讨论，一发不可收拾。比如，我们报道了出租车司机强行拉客、漫天要价，甚至对外宾敲诈勒索的行为，记者干谷以乘客身份坐了三次出租车，均被敲诈，他还将违规出租车的车牌号记录下来。这次舆论监督很厉害，社会反响很大，后来出租车公司规定，凡是敲诈乘客的，必须公开登报对乘客进行道歉。

1988 年 10 月，美国友人美运通旅行社领队格林斯先生的一封对外滩的批评信引起了上海市市长朱镕基的重视。治理、建设上海外滩旅游风景点被迅即提上了议事日程。格林斯在信中对外滩小商贩向外国游客兜售明信片、T 恤衫很不满意，他措辞直率：“外滩是上海的重要组成部分，应使这里保持干净，见不到小商小贩。”

《解放日报》全文刊登了这封批评信，记者黄强还在头版写了一篇现场报道《上海的明珠，你光彩何在？——外滩“观光”记》，披露了各种外滩乱象。黄浦区政府立即取缔了一批在外滩强卖东西的无证商贩，并提出进一步整顿外滩市容的六条措施。

涉外窗口也是我们关注的重点。1988 年 7 月 12 日，“观察与思考”栏目刊登了记者孙林的报道《“不需要花很多钱，就是没人办”——缺乏外文标记牌使来沪外国人为难》，这篇报道被朱镕基批示，要求各涉外场所尽快设置外文标记牌。一个月后，我们及时报道了虹桥国际机场、新客站、上海港这三大涉外窗口挂出了 2 万个外文标记牌。1989 年 10 月 20 日，我们在头版刊出 3000 多字的文章《建议改进电话通讯和交通服务态度》，产生一定的影响。

关于上海形象的讨论，《解放日报》一共刊登了三十多篇文章，市领导肯定了这个做法，认为抓得及时，抓到了点子上。这次讨论还引起了中国新闻社的注意，后来中国新闻社研究部的一个刊物刊发了我们这个讨论的全过程。本市其他媒体也开展了相关报道，造成了一定声势。

春季攻势、夏季攻势让人心潮澎湃

在邓小平同志南方谈话精神的鼓舞下，我们对经济发展上大胆试、大胆闯加大了报道力度，在经济报道上发动了两个战役：春季攻势和夏季攻势。

1992 年 2 月 12 日，我们在头版刊登了一篇《广东饼干称雄上海揭秘》。当时，上海市场上有一种小包装的广东饼干很好销，业内传说广东用了进口设备，其实生产这种饼干的并非进口设备，而是上海产的机器，20 多台设备都是上海一家弄堂小厂制造的，但这个设备在上海本地却一台也没有卖出去。这是很发人深思的。报道刊发以后，《中国青年报》《上海工业经济报》《劳动报》等都跟进作了报道。

还有一篇《一万打出口银柳磨难记》，讲的是一万打出口到马来西亚的“上海银柳”，因为有关交通运输部门的不负责任，以至历尽磨难、错失当地春节旺销时机，造成不可挽回的损失。本来出口单位已经向运输公司预定好了船位和冷藏集装箱，后来集装箱临时改装了别的货物，银柳要等到下一班船才能运出去，最后损失很大。这件事说明官僚主义会对人民财产造成很大损失，发人深思。

这些报道刊发后，新华社、《新闻出版报》等都发了“上海严厉解剖自己”的消息，并提到上述几篇报道。杭州市委办公厅研究室有一个内参，也专门讲到这个事：“上海的《解放日报》不断宣传外省市改革和建设的经验，公开对照上海工作中存在的问题和不足，从而激发危机感和紧迫感，促进了上海的工作。这种虚怀若谷、直视问题的气度，值得我们学习和借鉴。”

1992 年 5 月 7 日，《解放日报》头版刊发了一篇题为《改革何论厂家大小，宁花千万搞活机制》的报道，讲的是友谊羊毛衫厂厂长致信黄菊市长要求自费改革。这是我们跑纺织条线的记者薛石英写的报道，刊出了上海友谊羊毛衫厂厂长梅存福致信黄菊市长的全文，还加了调查后记。他们这个厂希望用自费办法来改革，要求争取自营出口权，放开经营和用人的自主权，宁愿损失一千万利润，也要列入自费改革试点。按照当时市里的安排，这家厂排不上号，所以厂长只能找市长求助。黄菊后来批示：“企业放开经营的试点宜多渠道、多层次、多形式，不要拘泥于按部就班，要结合小平同志讲话精神，凡是有条件试点的，应该创造条件积极扶持，让企业去探索一条改革的路子，各部门要主动配合试点。”

当时，我们把这些报道称为春季攻势和夏季攻势，这些报道让人心潮澎湃。很多年过去以后，当时的记者都年老了，大家回忆起那段时期，都无法忘怀。

浦东报道的世纪感和历史感

1984 年，在汪道涵市长领导下，上海科委提出了浦东开发的课题。当时，上海发展曾有过东进、南下、北上、西移四个方案。南下就是开发金山；北上，就是开发宝山；西移，就是开发虹桥；东进，就是开发浦东。我从一开始就倾向于开发浦东。

20 世纪 90 年代第一春，党中央国务院宣布开发开放浦东。邓小平发表南方谈话，要求上海加快浦东开发开放。浦东大道 141 号，浦东开发办公室就设在这小小的楼里，我去了许多次参加会议，非常难忘。为了加强浦东报道，报社派记者裘新和周继红去蹲点。解放日报还专门派设浦东办事处，租了房子，一心想要大干一场。解放日报还曾在浦东搞了一块地，想造信息中心大楼、做项目，但是后来没有成功。

浦东开发开放的关键是怎样跨越黄浦江。过去过江只有轮渡，上下班时间拥挤不堪，上海发生过陆家嘴轮渡拥挤踩踏的重大事故。这是上海人心头之痛。

我印象最深的是从市中心穿越黄浦江的隧道——延安东路隧道建设，我和记者一起去现场采访过。隧道采用盾构推进建设，设备非常庞大，直径11.3米，巨无霸，我看了非常惊讶。隧道正式通车那天，我去了延安东路隧道口现场，那场面真是激动人心。

隧道的车流量有限，跨越黄浦江的关键是要有大桥。如今回忆起浦东开发开放第一桥南浦大桥、第二桥杨浦大桥的建设，我还会激动。南浦大桥通车，我们的新老记者组合陈启甸、邱怀友，写了《世纪之桥》南浦大桥工程建设的系列报道，三个小标题“百年一梦”“十年运筹”“三年飞架”，具有历史的纵深感，记录了上海人的梦想如何变成现实。结尾“连接二十一世纪的彩虹”，多么有气势！进入九十年代，我们的记者具有一种世纪感、历史感，有幸写作这样的报道，是一生之幸。杨浦大桥通车，我们的年轻记者精锐组合裘新、徐炯、陆黛推出了《创世纪的手笔——记杨浦大桥的诞生》，通讯写了这座大桥对于“走通黄浦江”缓解“千军万马要过江”，构筑大上海“交通第一环”的重大意义。结尾留下了“大桥有如一架耸立天庭与大地的金色竖琴，静聆清风拂过琴弦，我们心中充满创世纪的激情”诗一样的语言。他们还写了《大桥经济——杨浦大桥的思考》，从产业、土地开发作了引申思考。

第一个中国好新闻一等奖的诞生

B股上市的头条新闻，是解放日报第一个中国好新闻一等奖。

1992年2月22日，《解放日报》在一版头条刊登了B股上市的新闻，标题十分醒目："1992年2月21日9点30分——这一时刻应记入中国金融改革开放史册"，还配了评论《喜看B股上市》。这个新闻我们放在了头版头条，在上海、在全国只有解放日报这样做，当时引起了轰动。

我们的金融记者是时赛珠。当时她采访回来，我只听到对面办公室几个人在热烈讨论，就过去看看。时赛珠见到我就问，我们的证券报道能不能作为一版头条？当时正在搞华东九报经济新闻竞赛，她想以这篇报道参赛。我说，可以。当时我还想，能不能配一个评论？就和周瑞金商量，后来请了工交部老主任夏华乙配了评论员文章。

稿件到了夜班，夜班也很重视。正好新华社那天发了一个关于证券的述评文章《中国股市现状》，我们就把这个文章和我们的报道组合在一起。这个新闻后来得到中国好新闻一等奖，也是解放日报第一个中国好新闻一等奖。

当时在编前会上，有的部门主任不同意把这个新闻做头条，但我们最终还是坚持这样做了。我认为，一篇好的报道诞生，记者是第一位的，记者要有发现好新闻的眼光；其次部主任要识货，分管副总编辑也要识货；另外评论员要识货，能够配高质量的评论；夜班编辑也要识货，要给予相应的版面。这是一个集体劳动。

一上午拜访江苏省四个领导

《解放日报》不仅仅是上海的报纸，当时我们把《解放日报》

定位为在全国有影响力的报纸，特别是在华东地区、长三角地区，要有影响力。这些地方的读者，对《解放日报》的感情很深，光在苏南，《解放日报》就曾有十万份发行量。

国内部记者精明强干，出去采访可以成为各地领导座上宾、和领导交朋友，可以和省委书记、省长面对面交谈。最难忘的一次，是我和国内部的几个人一起去采访江苏省领导李源潮。第二天，我们抽了一个上午，专门到江苏省政府大院去拜访。他们并没有邀请我们，我们直接过去，结果花了一个上午创造了一个奇迹，拜访了四个省领导，分别是副省长张卫国（原昆山市委书记）、副省长蒋定之（原无锡市委书记）、副省长李全林（原常州市委书记）和省长梁保华。

当时，省长梁保华正在和他人谈外贸上的事情，我们对他的秘书说想见见省长，不会占用他的时间，握握手、打个招呼就可以了。没想到，梁省长竟然推迟了与人谈事情，把我们迎进办公室，坐下来聊了一刻钟左右。后来他还把我们送下楼，送到了办公楼门口。

1996 年是中国工农红军长征胜利 60 周年，顾许胜等人策划了“长征路上访红军”的大型采访活动，先后在全报社派出了 32 个记者、46 人次，到江西、福建、湖南、广西、贵州、云南、甘肃、宁夏和陕西，从瑞金出发，一路跋涉到延安，历时 100 多天，采访了 200 多位老红军，写了 84 篇单个人物和群体人物的报道。当时采访的那些老红军，有的已是八九十岁高龄，接受我们采访后不久就去世了，属于“抢救式采访”，留下了珍贵资料。

这个系列报道是解放日报和中组部老干部局合作的。当时中组部部长张全景批示："要搞好这次采访，要搞好书的发行，让采访得到的材料成为全国人民的共有财富。"

1995年，《312国道行——中国东西部经济大扫描》的采访活动，也是解放日报国内部很自豪的一个活动，是国内部第一次大跨度的采访活动。在此之前，我带解放日报访问团到新疆与新疆日报交流，走了好几个地方，汽车一上公路就是几百公里，公路两边尽是茫茫戈壁滩。我问司机："这是什么公路？"司机说："这是312国道。""312国道不是上海也有吗？"司机告诉我，312国道就是从上海通到新疆的。回沪后，我高兴地给国内部的同事顾玉祥、胡志刚、郑正恕讲起312国道，如果沿着312国道作一次大型采访不是很有意义吗？这次活动影响力之大，大大出乎意料。记者出发的时候，适逢党的十四届五中全会召开，党中央提出要加快中西部地区开发建设战略部署，缩小东西地区的差距，报道正好得风气之先。很多人以为我们这是配合五中全会组织的采访活动，其实是巧合，但也说明我们的想法符合党中央的决策部署。

我认为，无论做什么事情，热爱是第一位的，不热爱是做不好事情的。我们这一代新闻工作者回忆往事时，感到我们的确是热爱新闻的，几十年的新闻工作经历非常难忘。《解放日报》是有底蕴、有传统、人才荟萃的报纸，在解放日报当记者是一件幸事。

采 访 人：徐蓓蓓（解放日报社副总编辑）

茅冠隽

采访时间：2020 年 8 月 13 日、9 月 15 日

采访地点：上海市延安中路 816 号解放日报社

文字整理：茅冠隽

摄影摄像：沈阳

校对不是“小三子”
认真对待每一篇稿件

陆忠华

【简历】

陆忠华，生于1943年10月，籍贯江苏启东。1965年从部队退伍到解放日报社工作。1967年，到夜班校对组工作，后到日班校对组工作。1988年，转岗到上海《支部生活》编辑部工作。2004年退休。在职期间，获1965年上海市“五好职工”奖章。稿件多次获得奖项。1998年，作品《烈士妈妈悲喜录》在全国党的建设刊物优秀文稿评选中被评为三等奖；2000年，编辑作品《社区“人户分离”的党员管理必须引起重视》在全国党的建设刊物优秀文稿评选中被评为一等奖；2002年，《拐杖撑起的连锁服务社》被评为全国党刊好稿二等奖。

1965 年，我从部队退伍来到解放日报社工作，一直到 2004 年正式退休，在报社工作了 39 年。其间，我先在排字车间干了一年，在行政管理岗位上干了一年，校对工作干了 21 年，后来到《支部生活》编辑部干了 16 年。

在 21 年的校对工作中，其中 17 年是夜班校对，“文革”后，因为《解放日报》扩版，成立了日班校对组，我又在日班校对组干了 4 年多。总的来看，我在解放日报的工作中，一半时间是在校对岗位上。

“理直气壮搞好校对”

能到上海市委机关报解放日报工作，心里很高兴，在党报工作的责任感和使命感油然而生。要实现有效的新闻传播，一个重要条件是要保证真实性，即准确无误、完整无缺，这不仅包括文字、图片等，还有作者选题及表达上的准确性。

鲁迅先生曾经说过：“校对和创作的责任是一样重大的。”他把校对摆在了与创作同等重要的地位，也是给报刊出版过程中的校对环节作了准确的责任定位。然而，在实际工作中重采编、轻校对的倾向还是较为普遍的。

1966年，我正在报社党委办公室任职。因为没有同造反派同流合污，所以在1967年被调到夜班校对组工作。说句心里话，当时我的心情是比较低落的。

与我同在校对组工作的金福安是“文革”前最后一届复旦大学中文系毕业生。1967年，他被分配到解放日报社，开始在工交部当记者。因为他年少气盛敢于直言，冒犯了当时掌握上海生杀大权的造反派头头王洪文、徐景贤，被发配到夜班校对组。这在当时算是“打入冷宫”。我感觉，他没有觉得自己犯了错误，也没有灰心丧气，他对工作还是认真负责的。当时他参加毛泽东思想学习班，暂离校对组，他给校对组的同志写了一封信。这封信很长，但里面有几句话，我直到现在还记忆犹新。信中写道：“虽然人们对校对组有偏见，但我们不能因此而妄自菲薄。校对是报纸出版环节最后一道非常重要的环节，我们一定要挺起胸膛、理直气壮地搞好校对工作。”处于逆境中的金福安能够说出这番话，让我既感到震动，也深受启发。他的话彻底改变了我对校对工作的消极态度，使我重新思考校对工作在报纸出版工作中的重要意义。比如，校对工作人员一定要耐得住寂寞，因为他跟文字打交道，比较枯燥，一定要有“独坐空谷夜，咬紧牙关时”那样的奋斗精神。

校对不是“小三子”。联想到上海滩上一些老报人如陆炳麟、柴之豪等都是从校对工作起步的，后来的金福安、李尚智等新闻界的大咖也都曾在校对工作岗位上得到锻炼。他们都有一个共同的特点：文字水平、文稿质量普遍较高，稿件中的差错率较低，这得益于在校对岗位上的锻炼。比如金福安后来担任解放日报副总编辑时曾分管《支部生活》，10 多万字的文稿交给他，往往第二天就能够还稿。他不仅对某些文稿提出具体意见，还能够捕捉到多处文字上的差错。

以前，报社有一个规定：凡是进报社工作的记者、编辑，必须到校对组工作一段时间。实践证明，这个措施对刚接触报纸工作的员工意义非凡。可以这么说，校对工作是新进报社人员迈入新闻出版工作的第一课。

严肃认真对待每一篇稿件

要做好校对工作不是件容易的事情。谈到这个问题，首先要讲校对工作的程序。一是文章作者自己的校对，属于自校。顾名思义，就是作者完稿后不能一交了之，而是要自己再仔细校阅一遍。其好处在于对稿子的总体把握和稿子内容相关知识的把关。二是编辑校对，属于半自校。编辑校对的好处在于编辑参与了选题，并且清楚作者的写作意图、表达的主题。但是这个也会有不足，就是校对过程中由于上述作用，往往会“得意忘形”，陷入自我欣赏，对文内的差错容易视而不见，校对时一晃而过。三是专业校对，属于他校。由于初涉稿件，态度客观，又有丰富的校对经验，所以其特点在于态度客观、经验娴熟，而且深谙出错规律，具有强烈的纠错意识。

所以，要确保报刊质量，一般都要经过记者自校、编辑半自校和专业校对他校三道程序。三者缺一不可，优势互补，这样才能最大程度地消灭差错。

有的人问我，校对工作有什么诀窍。我认为，要干好这一行当就两个字：认真。校对工作是一项非常细致的工作，马马虎虎、大而化之是绝对干不好的。特别是无纸化条件下，校对的功能发生了重大变化。现在的校对工作没有原稿可供比较，以前我们常说的“对原稿负责”失去了责任依凭，以校异同为主要功能的传统校对被以校是非为主要功能的当代校对所取代，这是报刊校对工作功能和作用的重大变化。

在电脑里，记者将原稿与校样合二为一，也将排版差错和作者写作的错漏合二为一，校对时在无原稿的状态下工作，这就需要我们每个校对人员务必本着“对读者负责，对社会负责”的态度，严肃认真地对待每一篇稿件。

另外，我还要着重讲讲校对工作的“三个结合”。一是慎与勇的结合。慎，谨慎，小心翼翼之意，不能随心所欲。具体体现在校对时遇到疑点，不轻易下结论、不轻易改动，要多想、多查、多问，必要时请教有关专家，做到改必存据。勇，则是勇敢勇气，体现在校对工作中要坚持正确的东西，敢于挑战权威作者的错误之处。二是杂与专的结合。要搞好党报的校对，不但要精通时事政治、党务等方面的知识，也要知道生活类、医学类等方方面面的知识，尽可能扩大自己的知识面。校对差错好比织网捕鸟。网张得越大，捉住鸟的机会就越多。三是学与校的结合。通过广泛阅读去学，包括看书读报积累知识，学习领会党的路线方针政策。还有在校对工作——挑错、疑错、纠错的过程中去学。这是积累校对经验和知识的必由之路。当代作家秦牧对此有过深入研究。他 1985 年 1 月 24 日在《人民日报》发表的文章中说："假如说，宰相起于州郡，将帅起于卒伍，我想说，总编辑起于校对也未尝不可。"那些起于校对的总编辑和高级编校专家，比如陆炳麟、金福安，无疑都得益于"校学相长"中培养出一丝不苟、认真负责、刻苦耐心的优良作风。

坚持正确的导向

因为是党报，所以具有政治色彩的文字特别多，"常在河边走，哪有不湿鞋"。我至今还记得《解放日报》历史上曾经发生过的一些差错：如把"妇女"错为"娼女"，"文革"时把"革命"错为"反革命"，把"社会主义"错为"杜会主义"等。

如果这些错误不能及时揪出来，就会极大地损害党报形象。解放日报校对人员的职责，可以用一句话来概括：就是守住党报阵地，将一切差错消灭在报纸出版之前。

《解放日报》是中共上海市委机关报，除了要防范文字、词语、语法、标点等错误外，更主要的是关注导向性、事实性、政治性错误。比如，香港、澳门、台湾是中国的领土，在表述中如果把其他国家的国名与我国的港澳台并列出现，那就是很严重的政治性差错。我曾经在一本党刊上看到过这样一句话："今天的农村社会正在分崩离析"。我不清楚这句话的出处是哪里，但是总觉得这句话不甚妥当。从词义来看，应该用"今天的农村社会正在转型"这样的表述更为妥帖。党报传达党的声音，宣传党在一个时期的中心工作，以及党的路线方针政策，所以坚持正确的导向非常重要。

我校对过一篇文章，作者为了突出一位艺术家德艺双馨的形象，不惜用大量篇幅来描述他在身体极其恶劣的情况下坚持演出的事情。文章写道：1987 年 9 月，年过花甲的某某带病参加了首届中国艺术节演出。在北京演出时，他心脏病再次发作，所有人都劝他把戏回了，可他用虽然虚弱却十分坚定的口吻反复说“不能回”。说罢，他就带着顷刻间都很危及生命的病痛上场。演出劳累，节奏紧凑，他的那颗超负荷的心脏终于承受不住了。1988 年 6 月 18 日，某某在香港演出时，病魔对他展开了最后的打击，医生检查，发现第一次手术搭桥的四根血管全部堵塞，必须再次手术。但他却坚持要将演出任务完成。这看似没什么问题，但问题就出在它与“生命至上、健康第一”的大原则相违背。我认为这类导向性有误的文章越少越好。

“淡泊以明志，宁静而致远。”干校对工作，特别是党报校对工作一定要做到戒骄戒躁忌虚荣，在工作中努力做到静心、舒心，达到敬业、乐业的高尚境界。当然，我们仅仅认识到校对在出版工作中的作用还不够，重要的是勇于承担、乐于操劳，真正全身心地投入到这项工作中去。

采 访 人：郑子愚

采访时间：2023 年 10 月 31 日

采访地点：上海市延安中路 816 号解放日报社

摄影摄像：沈阳

恪守“初心”，
甘做一颗永不生锈的螺丝钉

董释伦

【简历】

董释伦，生于 1943 年 12 月，籍贯江苏扬中。1961 年 8 月入伍，1965 年 2 月退伍。1965 年 4 月进入解放日报社工作，2003 年 12 月从解放日报社组织人事处退休。在解放日报社工作期间，曾在夜班编辑部校对组、检查组，总编辑办公室秘书组，上海经济区报道部（后来更名为华东新闻部及国内新闻部），资料研究室和报刊文摘编辑部、资料研究室、组织人事处工作，曾任总编辑的秘书和机要秘书，夜班编辑部校对组组长、检查组组长，总编辑办公室秘书组组长，华东新闻部编辑、记者，资料研究室、《报刊文摘》编辑部副主任，资料研究室主任等职。

1961年8月，我从上海市光明中学读完高二后，不满18周岁，就响应祖国的召唤，应征入伍。1963年4月6日，在我19岁时入了党。1965年2月退伍，4月被分配到解放日报社工作，一直到2003年12月退休，我在解放日报社工作了整整38年。

校对和检查工作是培养编辑记者的好课堂

我在夜班校对组和检查组先后工作了18年。刚进报社时，我被分配到夜班编辑部校对组工作，除了校对《解放日报》，还和其他党员同志一起校对中共华东局和上海市委的党内刊物《华东通讯》《党的工作》《支部生活》等。1965年12月，组织上调我去给总编辑马达同志当秘书，之后又任命我做机要秘书。1967年1月，报社造反派夺权，我被责令回到夜班校对组工作。

中国有句俗话，叫作“熟读唐诗三百首，不会作诗也会吟”。一个校对员每天的工作职责就是读校、默校稿件，由于报社每天出版的版面数量不同，版面文字字号大小不同，每天上班的校对员人数不同（根据工作需要，每天轮流有人休息），所以一个校对员平均每天要看的文字一般要有好几万字。在许多好文章的熏陶下，校对员除了对错别字有着特别的职业敏感外，还能学习文章布局、遣词造句以及语法、修辞、逻辑等。所以，许多在校对、检查岗位上工作过的同志，一到新岗位，都能很快熟悉、胜任记者、编辑工作，其中不乏像陆炳麟、许寅这样著名的编辑、记者。为此，报社曾经作过规定，凡是新进报社的青年记者、编辑，都要到夜班校对组轮岗。

粉碎“四人帮”后，组织上安排我负责校对组工作。为了调动同志们工作的积极性、主动性和创造性，我不仅组织大家开展质量竞赛活动，还鼓励大家主动发现原稿中的差错，按照规定程序予以纠正，并用本子登记下来，作为“评先争优”的一个依据。在时任报社领导陆灏同志的支持下，报社内部刊物《解放日报生活》每月刊登一次《校对组失校和纠正原稿差错的情况简报》；同时，我不仅自己动手，还发动、组织组内林关金、李承仑等同志撰写一错一评的纠错短文，在《解放日报生活》上刊出，后来它被移到本报通讯员刊物《编通往来》“推敲集”栏目里发表。这使大家从原来的消极“预防出错”，变为积极的“主动纠错”，校对质量有了明显提高。

在检查组工作时，承蒙报社《编通往来》《读者中来》编辑的鼓励，我将自己纠正的一些有代表性的原稿差错，写成一事一议的“检查工作手记”，在这些刊物上发表，与大家交流、共享。从1982年至1983年总共发表了40多篇，包括《新年伊始谨防搞错年份》《正确计算百分数》《正确使用24时计时表示法》《怎样正确表达古人的籍贯》《春节指哪天》《“执牛耳”岂能同时有几个》等。

当记者要“上接天线、下接地气”

1980 年，我和报社一批从工厂、农村、部队和学校来的同志一起经过报社组织的高复班复习，考进了黄浦区业余大学中文专业干部专修班。经过三年业余学习，于 1983 年 7 月毕业。1983 年，组织上调我去总编室任秘书组组长。1988 年初，我提出想到新闻采访第一线去锻炼，领导很支持，于是当年 2 月我就到了上海经济区报道部（后来更名为华东新闻部、国内新闻部，以下通称华东新闻部）当编辑和记者。

报到后，部门领导分配我负责联系华东各省及部分地级市的 40 多名特约记者，任务包括：及时传达报社的宣传报道精神、组织需要的稿件；编发、处理他们以及通讯员、读者寄来的稿件等。此外，我还协助部门领导组织了部分特约记者赴安徽蚌埠、江西萍乡、江西鹰潭、福建三明、安徽安庆等地的采访活动。

与特约记者联系、一起采访和为他们服务，使我获益良多，业务水平有了很大提高，也交到了很多知心朋友。直到现在，我已经退休十几年了，仍跟一些特约记者、通讯员等保持着联系。

在华东新闻部的两年半时间里，我曾经有幸两次参加重点专题采访报道：一次是 1989 年二三月间全国煤炭供应紧张时，报社组织的“煤怎么了”专题采访调研活动；另一次是 1989 年 11 月全国乡镇企业发展遇到困难时，华东新闻部组织的“长江三角洲乡镇企业考察”调研活动。尤其是前者，给我留下的印象最深，锻炼和考验最大，收获也最多。

1989 年 2 月至 3 月，由报社分管副总编辑余建华抓总，华东新闻部副主任毛用雄具体领导，从报社工交部、农村部和华东新闻部各抽调一名记者，组成“煤怎么了”专题采访报道组。

当时，全国尤其是南方煤炭告急，但是情况到底怎么样，不是很清楚。于是，我们从 1989 年 2 月 15 日开始，先到上海有关单位采访，对上海用煤和煤炭紧缺情况有了初步了解。之后，兵分三路，第一路孙林同志去北京，采访有关部委领导机关和研究机构；第二路郑宪同志去山西、河北，采访有关煤矿、铁路运输和运煤码头情况；我参与第三路，去安徽、江苏采访煤炭生产、运输、流通情况。

2 月 20 日上午，我踏上了历时 16 天的采访征程。出发前，部领导与我商定的采访路线是：合肥—淮南—淮北—徐州—宿县—蚌埠—南京。但是，开局不利，2 月 20 日早上，我到了铁路上海站后获悉：沪宁线昆山段因一座桥梁基础下沉，上海站向北列车暂时停驶。我找到铁路上海站领导，费了一些周折总算买到了一张去徐州的火车票。由于计划被打乱，我赶紧打电话到报社，报告遇到的变化情况，第一站改去徐州。我上了火车，满头大汗，脱帽解衣，不料匆忙间坐断了眼镜架；更糟糕的是，我受凉感冒了，开始流清水鼻涕。车速很慢，我到徐州时已是子夜时分。从上午至此时，我只能以两个面包充饥。

在本报徐州特约记者陈德同志的联系安排下，我分别采访了江苏省煤炭基本建设公司总经理等 6 个单位的负责人。第二天晚上，我乘火车到淮北市。从 24 日上午至 3 月 7 日，我冒着严寒，一路服用治疗感冒的药物，马不停蹄地在淮北市—宿迁市—蚌埠市—淮南市—合肥市—芜湖市裕溪口—南京市奔波，分别采访了 20 多个单位和部门的领导同志，了解当地煤炭生产、运输和供应情况。最重要的是，我在淮南矿务局采访了正在这里视察、调研的中国统配煤矿总公司总经理于洪恩。他的精辟见解和确凿数据，为这组重大报道提供了思想灵魂和宏观材料。

三月初，专题报道组三路人马一回到上海，部领导毛用雄马上召开汇报会，要求我们连夜写出采访内容，由他负责统稿。很快，本报接连发表了 4 篇“观察与思考”报道：《煤怎么了？——来自矿区的报告》《煤怎么了？——万里运输线上的见闻》《煤怎么办？——来自专家的意见》和毛用雄写的总结文章《煤告诉我们》。这组系列报道发表后，受到了社会各界的关注，《经济日报》迅速予以摘要转载，报社也将其评为红旗稿。

由于我在华东新闻部的工作成绩突出，1990 年 5 月报社予以记功鼓励。

顺应潮流，克服困难，实现新闻资料存储与检索计算机化

1990 年 7 月，当我在采编第一线工作开始得心应手的时候，组织上调我到资料室和报刊文摘编辑部担任领导工作。到了新岗位后，我虚心向资料室的老领导和老同志们请教学习，很快就适应了资料室的工作。最难忘的是，抓住报社新建解放日报大厦的机遇，与大家一起克服重重困难，终于圆了几代新闻资料人梦寐以求的新闻资料存储和检索计算机化的梦。

顺应信息化潮流，迎难而上，告别“剪刀和糨糊”

从1991年3月1日起，本报正式告别了“铅与火”的时代，全部实行电子排版。

然而，此时我们资料室的工作方式仍然是剪刀加糨糊、抽斗加库房：每天先由圈报员将全国二十几种报纸上有价值的重要文章圈选好，再由剪贴员将这些圈选好的文章一篇篇剪下来，将它们用糨糊贴到32开的白纸上，晾干；再按照分类放进一个个抽斗，供记者、编辑查阅或者借阅；到了翌年初，再将抽斗里的一份份剪报资料装订成册，按照分类放进库房的资料本架子上。

除了剪报资料，本报资料室还有数量巨大、历史悠久的图书、报纸、杂志和照片。据统计，当时资料室库藏20余万册图书及25万张图书卡片，2.3万多册杂志合订本，2.4万多册报纸合订本，10余万册剪报资料合辑本和15万张照片。其中，有老申报馆和老新闻报馆留存下来的弥足珍贵的图书上万册，建国前的历史照片5万张、剪报资料合辑本1.3万多册，以及包括绝大多数年份的《申报》和老《新闻报》在内的报刊约30种。

日积月累，资料越来越多，占用的库房也越来越多。资料室的库房从汉口路274号大楼5楼、6楼的4个，扩大到3楼的大礼堂，再扩大到报社外面的海防路仓库。由于年代久远和库房条件欠佳，这些纸质媒介有的发霉，有的泛黄发脆，有的甚至一碰就碎、一折就断。更令人忧心的是，1992年4月16日下午，位于资料室楼下的一楼印报车间突然起火，差一点殃及四个库房里的资料。幸好，一楼大火被及时扑灭。

我强烈地意识到：把这些纸质资料、报刊、图书早日全部装进电脑，那就安全得多了！

办法总比困难多　实现新闻资料存储与检索计算机化

转机出现在1991年初，报社要在汉口路原址新建解放日报大厦。是年1月11日，上海市计算技术研究所的同志来本报资料室商谈新大楼《报业生产和管理信息系统总体方案》中的“资料管理系统”，希望我们能先行一步。于是，本报新闻资料电子化被正式提上议事日程。

然而，实现本报几代人的梦想，并非易事。

第一，没有钱，怎么办？我们的回答是：办法总比困难多。

首先，我们采取分步实施的办法，先花少量的钱，做最重要的事情。第一步，先将激光照排电子数据储存起来，避免电子数据白白流失。1992年上半年，报社先投资15万元，购置了光盘储存机等5台微机和2台配套设备；同年10月，在原汉口路274号四楼排字车间一角建成了资料室电脑房。从此，本报新闻资料计算机化的工作实现了零的突破，正式起步。

我们利用这套光盘储存机，在报社激光照排车间的大力协助下，收集、存储了1991年以来的《解放日报》《报刊文摘》等本报及系列报刊的电子激光照排数据，同时收集、存储了1991年以来的新华社电子数据以及本报代印的《人民日报》《光明日报》《参考消息》等报纸的电子激光照排数据。

第二步，我们不失时机地与北京大学计算机科学技术研究所、中科院上海分院计算中心和交通大学电脑应用技术研究所等单位的专家，共同探讨研究并形成了一个花钱较少、功能齐全、速度较快，具有很强扩充能力的新闻资料计算机存储和检索网络系统的方案。报社领导批准了这个方案，又投资31.7万元。1993年上半年，资料室如期建立了这个网络系统，为本报资料室从1994年元旦起全部采用计算机存储、检索和管理新闻资料奠定了基础。

由于历年的新闻资料（包括文字、图片、版面等）数据量庞大，要求存储数据的计算机容量也要足够大。为此，人民日报、新华社、经济日报等就花几百万元巨资从国外进口超级小型计算机。我们买不起小型计算机，怎么办？1992年8月28日，我趁去北京出差的机会，拜访了北京大学新技术公司总工程师宋再生，他建议可以用服务器代替小型机。我们采纳了他的建议，用7万多元的服务器代替了几百万元的进口小型机。

要使新闻资料储存和检索系统能够运行，还要开发一套与主机相匹配的系统管理软件以及数据库管理软件。当时，人民日报小型机的软件开发费用是50万元。正在犯愁之际，1993年4月23日上午，本报科教部资深记者曹玉和同志打电话给我，说浙江省经济信息中心负责开发数据库软件的负责人正在上海激光研究所商谈开发数据库软件的事。当天下午，我和黄海运、倪卫星马上赶到上海激光所，见到了浙江省经济信息中心计算机软件处负责人毛楚祥。他表示愿意与我们合作开发相关软件系统。经过多次磋商，他们同意以市场价格一半的1.5万元为我们开发全套软件。

第二，没有懂计算机及网络技术，能开发软件、能运行和管理系统的专业技术人才，以及大量会操作电脑的人，怎么办？我们的办法是：一方面，委托专业机构解决专业的基本问题，如开发系统和数据库管理软件、搭建内外连通的网络系统等；另一方面，利用各种机会，培训、提高现有资料人员操作电脑的能力，招收计算机专业或者会操作电脑的大中专毕业生，调入一批本报照排车间的年轻同志，等等。

作为资料室主任，我带头学习计算机及网络技术，新闻资料存储和检索系统以及数据库建设、维护和管理的知识，一方面，我于 1992 年 6 月 18 日至 25 日，参加了由中国社会科学情报学会新闻资料系统分会在北京举办的“新闻资料计算机存储与检索培训班”，基本掌握了建设新闻资料计算机存储与检索系统的步骤、所需硬件和软件。另一方面，我自己花了 1.2 万元购买了一台 AST386 的电脑，在家学习操作电脑。

着力培养一批能挑大梁的业务骨干也是关键。1992 年 6 月，我们选派了黄海运、童莉群两位同志去北京培训。两位同志经过刻苦钻研，很快掌握了光盘储存机的操作技术，为我们提前储存和利用 1991 年以来的激光照排数据立下了头功。此外，蒋静智同志在这项工作中也发挥了重要的骨干作用。

与此同时，还组织大家学习电脑操作技术，并逐步抽调年轻的资料员转到电脑组工作。

1993 年 12 月 31 日晚上，“冲关”前夜，我和系统管理员黄海运以及软件工程师高纪华、录入员丁慧玉、王利民一遍又一遍地往主机里加载几万字的分类表。经过多次努力，分类表终于加载成功。至此，一切准备工作都已就绪，就等第二天正式建库运行。

1994年元旦，我们早早来到报社，标引员将当天《解放日报》、新华社等的文章一篇篇标引好。下午系统管理员黄海运将标引好的文章分别加载到不同的8个数据库中。这天，我们一举建起了解放日报1994、报刊文摘、新华社1994三个全文数据库，以及党政、经济、文教、国际、人物资料五个专题数据库，并正式投入运行。

几代上海新闻资料人员的夙愿，终于实现！由此，本报后来居上，成为上海新闻界率先丢掉“剪刀加糨糊”，全部采用计算机存储和检索新闻资料的单位，并跻身于全国新闻界的先进行列。

采 访 人：茅冠隽

采访时间：2020年8月10日

采访地点：上海市曲阳路董释伦家中

摄影摄像：沈阳

机会总是留给有准备的人

俞自立

【简历】

俞自立，生于1944年1月，籍贯浙江鄞县。1959至1962年就读于上海体育学院预科。1962年至1968年在中国人民解放军3335部队服兵役。1968年进解放日报社，1973年从事新闻工作，1999年聘为主任记者。先后在工厂部印报车间、油墨车间和编辑部校对组、群工部工作。在群工部工作期间，采写的多篇稿件获市委领导批示，并被《人民日报》以及多家媒体转载。

当记者的梦想早在心中萌芽

我初中毕业后，被挑选进了上海体育学院预科，在体育学院度过了 3 年光阴。1962 年毕业后服兵役，当时我被派到铁道兵 3335 部队通信工程连，跟随连队进驻大兴安岭“打前站”，开始“战斗”在保障铺筑铁路连队通信联络第一线。大兴安岭荒无人烟，每每我同战友们出勤，首先要进行砍树开路，然后背着 25 公斤重铁线进入森林里，紧接着开始挖坑、竖杆、爬高架线等作业。工程间隙，连队还要例行高强度军事训练，或在烈日炎炎下“冲锋陷阵”，或在冰天雪地里“摸爬滚打”。初期，来自南方的我对北方生活条件颇不适应。但是 6 年部队生活真切地磨炼了一个人的意志力。

在部队时，我一直看《解放军报》，对这份军报深有感情，同时萌生了去那里工作的梦想。这个“梦”不时会在脑海中冒头，想象着自己成为记者的样子，想象着如何写稿子。于是我一边学习《解放军报》，一边学着为连队黑板报写稿。我个人价值观的形成，很大程度是受军报的影响，从那时起，我就立志要做一个正直、公正的人。

为自己的梦想时刻做好准备

我退伍回地方后的档案落在静安区。当时，一些国有单位都有接收部队退伍军人的比例指标。不知道是怎样的“机缘”，我居然被解放日报社“看中”了。进报社工作是我心中挥之不去的一个梦想，虽然到解放日报工作的第一个岗位并不是一线采编，但是天天可以看《解放日报》了，隐约感觉离我实现梦想无疑是可望也可及了。

1968 年，我进入解放日报社印报车间工作，半年之后，被抽调到“大班子”。所谓的“大班子”，是“文革”期间的特有产物，也就是组织一套班子，对一些“靠边”的老同志进行政治思想、历史背景方面的审查。在“大班子”的半年时间里，对报社分派给我的几位报社“靠边”老同志的历史调查，我在保持公正的前提下，走访街道、派出所等相关单位，查阅老同志的历史档案。撰写审查报告的过程，也初步锻炼了我的笔头功力。

“大班子”解散后，我被安排到了报社的油墨车间。那个年代，《解放日报》印报的油墨都是自己生产的。在油墨车间干的都是脏活，一天班上下来，浑身都是墨渍和油墨味，但比起部队磨练的经历，这仅仅是“小菜一碟”。后来夜班校对组缺人，油墨车间领导葛如林一听说这个消息就立马通知我，并将我推荐给夜班编辑部领导陆炳麟。当时夜班校对组没人愿意去，一周要上 6 天大夜班，顾及不到家庭，但我深知“机不可失，时不再来”，没有丝毫犹豫就去了。这也是我新闻职业生涯的正式开启。

在校对组工作岗位上要校对大量稿件，我会“偷”学记者们的写稿选材角度、用词深浅、开头结尾、段落层次……从中摸索写作门路；同时还琢磨编辑们怎么改稿、怎么做标题、怎样用精练的语句清晰地表述新闻内容。此外，我还翻阅一些有关新闻采编、写作等方面的书籍，从中汲取专业知识。不是科班出身，就靠后期以勤补拙。《我的新闻生涯》一书里有一篇解放日报总编辑陈念云撰写的《知识和经验在不断实践中得来》的文章，文中提到他少年时期失学，只读到初中一年级，全靠在就业之余，刻苦自学并向报刊投稿，以提高自己的文化素养和写作水平。老前辈的经历一直激励着我，我也一直朝着自己的记者梦努力奋斗。

信访接待室处处是新闻线索

在夜班校对组工作了 5 年左右，我随着“机缘”调至本报群众工作部接待室，面对面听读者讲述甜酸苦辣的故事，其中有表扬好人好事的，有申诉不公遭遇的，有来寻求帮助的，有提供社会新闻线索的……当初，本报接待室的工作只是记录和处理来访者诉求，并无发稿要求。由张黎新老师带了一周后，我就开始独自面对读者来访工作。出于对新闻工作的热爱，我在接待读者、出门联系之余，尝试作一些“职业性”思考——这条线索可做怎样的挖掘，那条线索应做哪方面的补充了解，久而久之我感觉其中大有文章可做。后来，我不时把其中一些有价值的线索向部门领导傅义英汇报，她给了我点拨，给了我信心。继而，我会主动请缨，利用非接待时间去走访调查，首创了“在本报接待室里”

的报道形式。我当时还没领到记者证，只能拿着报社开的介绍信，出门采访和处理读者诉求，但是内心已经有了身为一名记者的自豪感。

第一篇以“接待室”形式见报的稿件题为《二千四百尺涤棉绸丢在路上，各方推诿互不认账》（1980 年 4 月 1 日）。当时我接到线索后，第一时间去采访一家区运输公司，但是对方否认运输中丢失物品，仓库也无人认领这批布料。我把了解到的情况向部门领导汇报，在他们指导下写成稿件，时任解放日报总编辑王维很快签发“可以登在第一版”，于是稿件就在头版见报了。报道刊出后，引起社会强烈反响。当天，中央人民广播电台播报了这条新闻。4 月 6 日《人民日报》在头版全文转载，隔天又在头版刊登言论。这篇“接待室”报道还引出“公物招领说明什么”的讨论。相当长一段时间里，“在本报接待室里”栏目经常出现在《解放日报》第一版，刊登了许多鲜活的新闻，成为本报特色报道之一。

在记者岗位上这些年，我对人们共同关心的问题一直都会认真思考、深度调查。譬如“在本报接待室里”题为《热水瓶胆多么难买，他们却在大量毁坏》（1982 年 5 月 21 日）一文，当时赶在交通部即将召开全国会议部署整治野蛮装卸“顽症”这个时间节点刊登。当天，市长办公会议专门讨论了报道披露的问题。次日，又在本报头版头条发表市长办公会议消息：市政府领导认为“《解放日报》报道很及时，对改进工作有推动作用”。“野蛮装卸热水瓶胆事件”曝光当天，上海电视台记者和新华社记者看到报道后也到现场采访报道。《人民日报》和《中国青年报》头版转载相关报道。本报内部两次大型业务座谈会上将这则新闻作为探讨内容之一，认为既是“经济新闻”，又是“社会新闻”，称它为“两栖新闻”。

由于我善于从读者来访线索中找一些比较超前的话题，抓住上面正在抓的关键节点采访报道，后来部门领导把我调到处理读者来信岗位，采写读者来信版和信访摘编内参稿件。记得上世纪90年代初期，我在市教育局采访时获悉，朱镕基市长看了家长反映中小学生课业太多，书包背带经常崩断的来信，批示市教育局调查中小学生书包到底有多重。局里开始组织人员着手调查。于是我结合读者来信，立马进行广泛调查，撰写了一篇题为《中小学生的书包太重了》（1990年1月15日）的调查稿。同年2月，新华社统发类似消息，国家教委正在调查解决中小学生课业负担过重问题，说明不止在上海，这是个全国性的问题；《部分中小学生心理卫生状况不佳》（1993年12月27日）这则报道，提出社会各界应对儿童少年心理保健工作给予高度重视。此后我还专门采访了海外留学归来的专家，并刊登了她撰写的权威文稿，这在当时也是比较领先的理念；《一盒耳聋丸价值几何?》（1998年4月21日）这则报道，通过读者投诉的线索追踪调查，揭露那几年上海个别医院开设专家门诊搞创收，利用药品进货渠道混乱擅自提价“斩”病人的真相。由于这家医院层层设防，采访颇费周折，最终我还是把调查过程作了客观报道。在舆论监督下，该医院采取了药品统一进货、明码标价等管理措施，同时退还多收费用。读者来信来电表达感受，党报维护了病家利益。这一报道对推动上海卫生系统整治行业不正之风，起到了积极作用。

为民排忧解难的群众工作部

群工部历来由报社主要领导直接分管，王维、陈念云、周瑞金等都分管过我们。说起解放日报领导，我第一印象就是敢于担当。每周一次的部门业务会，总编辑们有时间都会亲自参加；他们非常重视舆论监督，为民排忧解难是议题之一，日常还亲自把关签发重要稿件和“读者来信”版。

我在群工部期间采写的监督性报道和内参，多次获得市领导批示。1990 年 4 月 2 日见报的《高层建筑发生质量事故　施工单位竟然隐匿不报》一稿，提到读者举报一建筑施工队不是正规队伍，只是由一个村庄的一些民工组成，所用建筑材料也不符合规定，影响高层住宅建筑安全。市委、市政府、市人大领导十分重视，分别作了批示，要求迅速彻查。时任上海市市长朱镕基还指示要举一反三，检查住宅开发公司的工作。在建筑系统引起强烈震动，推出了一系列健全和加强住宅建筑质量管理的措施。

1986 年至 1988 年期间，我们陆续收到群众来信，反映生猪收购价格下滑问题。由于郊区养猪政策不稳定，影响农户养猪积极性，造成生猪存栏数量逐年下降。那时群众中曾流传一曲小调“少啦少啦多啦多”，反映出猪肉问题由来已久，养猪积极性受挫——猪少了肉少了；养猪积极性被激励——猪多了肉多了，且循环反复。我关注过也发过内参，这的确是个难题。1988 年 12

月6日，我通过向市委市政府转信，反映群众呼声。时任市长朱镕基十分重视，于同年12月18日批示要求相关部门找到解决办法。1989年3月18日审阅有关部门的解决办法后，他批示“送解放日报一阅”。当我从市信访办同志手中接过朱市长的批示复印件时，激动的心情难以言表。

老上海人对20世纪80年代开启的旧区改造印象深刻，时代的印记也留在了记忆和史料中。那时出现了一些强行拆迁、动迁房迟迟无着落的现象，甚至发生过一起动迁户自杀事件。我把令人痛心的事件写了一份内参，通过报社总编室编抄，立即报送市委领导。时任市长江泽民迅速作了重要批示，今后动迁要有一批周转用房，要为老百姓考虑，妥善处理。此后，拆迁工作引起各级领导重视，并开始走向规范化。

2000年12月18日见报的《上下班，地铁太挤了！》一稿，是收到读者反映上海上下班地铁拥挤的问题后，我连续在上下班高峰时段挤地铁，体察实情，并向地铁公司领导如实转达读者抱怨，然后与他们一起进行探讨，以“缓解沪上上下班地铁拥挤现状，唯一出路是注入新的管理理念”的观点作了报道。时任副市长韩正看到报道后，一早就打电话给地铁公司负责人，指示务必想方设法缓解上下班地铁拥挤现状。地铁公司负责人组织各部门讨论，转变观念，拿出了具体措施。于是原来认为无法解决的难题得到了缓解，起到了良好的社会效果。

解放日报群工部积极依托读者来信来访，开展舆论监督，激浊扬清，为民解愁，得到市领导和人民群众的认可，多次荣获

“上海市文明信访室”称号。部门其他记者写的舆论监督稿也得到各级领导的批示，这方方面面都体现了市领导关心市民、关注民生。市委机关报起到了为党分忧、为民解难的作用。

采写舆论监督新闻一点感悟

刚开始接触舆论监督报道时，我总是一腔热血、情绪高涨，想要伸张正义、主持公道，虽不至于偏离事实，但没能把握住措辞分寸，引起当事一方的不满情绪，后来从中吸取教训，悟出了一点道道。

首先，采访时不可以高高在上，抱有“我是舆论监督者”的态度，而是要站在平等的位置尊重对方，学会倾听，理解才是交流的开端。同时，采访前做好充足准备，对于涉及的行业和领域，要提前查阅资料，了解一些常识性问题。可有针对性地提问，有利于掌握第一手材料，对新闻价值判断、选择定位、尺度把握都有利。

其次，撰写舆论监督报道不能简单地以“轰动效应”作为标准。批评的力度十分用到八九分即可，要注意措辞，不要一棍子打死，关键在于注入新理念、增强法律意识，有理有据，让人心悦诚服，体现舆论监督的初衷。

其三，时间观念是一个记者必备的基本素养。我在报社带过很多实习生，我跟他们说，采访守时是必须的，这也是对被采访者最基本的尊重。这个习惯不止对一个媒体工作者很重要，在任何一个行业，在我们的生活中都很重要。

为实现梦想，我坚持在不同岗位上与时俱进，尽职尽责，终于从一名学习《解放军报》的战士，成为一名解放日报记者。我永远牢记：我的梦想是在市委机关报解放日报培养下实现的。

采 访 人：钟鸣

采访时间：2023 年 11 月 23 日

采访地点：上海市延安中路 816 号解放日报社

摄影摄像：沈阳

与解放日报风雨同舟 36 载

盛福祥

【简历】

盛福祥，生于1944年1月，籍贯上海。1968年3月，由部队退役后通过招聘进入解放日报社，先后在广告组、财务组、劳动工资科、组织人事处、审计室等部门工作。1988年任组织人事处副处长，主要负责劳动工资工作。1993年任经管办副主任。

1968年3月，我从部队退役后通过招聘进入解放日报社，一直到2003年12月退休，前前后后将近36年。在这期间，我在行政管理部门工作的时间最长，主要工作是做财务，负责劳动工资。

报社新兵 初涉财务

1968年，“文革”正处在“高烧”当中，报社分了“大小班子”。“大班子”的一批人被安排到“五七干校”学习、劳动，留下一小部分人，也就是“小班子”，负责出《解放日报》。同年10月，我进入财务组，那时整个部门连我一共5个人，人手非常紧张。原来科组里最多的时候有10多个人，一个螺丝配一个螺帽，每个人分工很明确。但“文革”期间没办法，只能兼管，一个人顶两个人甚至更多的活。加上原来财务组没什么设备，全靠手工，任务的确比较重。

我们财务组有几项主要工作。其一，对外要向市财政局报送报表，我们直属市财政局管理。市财政局要管全市，我们如果拖后腿，会影响全局。其二，报社当时有一些代印报刊业务，有

《人民日报》《光明日报》《参考消息》等，他们的账目也委托我们管理，规定每月 2 日报给他们。其三，发工资，包括在职的、退休的。当时资金很困难，又是“文革”期间，一切都乱了，该收的账款收不到，资金很紧。但无论如何，财务组要保证两点，第一工资要发得出，且要准时发；第二报表要按时准确地报上去。

分“大小班子”以后，工宣队、军宣队进驻报社。没过多久，财务组的一个负责人要接受审查调离，一下子组里只剩 4 个人，也就是 3 位老同志，加我一个年轻小伙子。3 个老同志对我很好，特别是王令闻老师，她很耐心地带教我，全盘托出。一开始，我最先接触工资业务，在职的、退休的近 800 人的工资单全部都交给我了。当时年纪轻，记性也好，工资做了几个月以后，各部门的人员及工资大致情况都较熟悉了。那段时间，工作基本上都靠我们 4 个人每天加班，但大家也不叫苦叫累，齐心合力把工作做好，一天不落，而且没有差错。

1971 年，“九·一三事件”发生后，林彪一条线的人都下来了。1972、1973 年，工宣队、军宣队撤走后，报社开始增加人手，从 1971 年分配的毕业生中，我们要了两个。在这之前，就是靠我们 4 个人团结互助完成工作任务。

王维归来　创新连连

“文革”结束后，市里的领导班子换了，解放日报作为市委机关报，领导班子也换了，王维同志回来了。王维同志回来任一把手，负责全面工作，他调了一批老同志回来，都是老革命。王维同志办报经验丰富，思想开放，在扩大《解放日报》在全国影响力方面做了很多很好的工作。

首先就是设立驻京办事处。这里有一个历史原因，文汇报以前在北京有一个办事处，“文革”期间，文汇报通过驻京办事处向上海传来不少北京“高层”的内部消息。但是解放日报作为上海市委机关报，在北京却没有点、没有人。

王维有一次在党委会上提出，要在北京设立办事处。这就涉及房子问题，是建还是租？会后，管理部领导向我讲了此事，我即与组里的同志讲了相关情况。这时我们组内王令闻老同志回忆起，我们在北京有房子，这个房子就是解放以前老新闻日报在北京苏州胡同的四合院。

那时解放前老报社买的资产，相关地契、合约等材料都是由财务科保管，那么首先要把资料找到。资料找到后，就上报给我们的直接领导党委副书记夏其言。老夏一看，地契地图等都有，全套资料都在，他非常高兴，马上向王维同志报告了。王维一听，那好，我们赶快想办法，把它拿过来，拿到我们自己手里。但问题是，已经30多年过去了，根本不知道四合院现在是谁在住。

这个任务后来就交给我们去查。费了好大劲，最终还是在上海社科院找到了有关的人，这个人先前是人民日报的，后来离开人民日报到上海来了。询问之后才知道，四合院原来是给人民日报做宿舍用了。查到以后，我向领导汇报，因为牵涉到上层沟通，人民日报是中央部级单位，我们只好请报社领导老夏出马协调，我陪老夏到北京去，跟人民日报的秘书长进行商谈。

原来，解放以后，新建了北京火车站，苏州胡同就在火车站旁边，房子被拆掉了，政府又划给人民日报一块地建职工宿舍。经过几次协商，最后两报商量，人民日报在其他地方给我们相应的房子，也是一个四合院，位置在北京长安街后面的晨光街，面积比我们原来苏州胡同的还稍微大一点。

创建办事处有两个好处：第一，能及时了解中央领导的“声音”，直接采访和掌握到一些独家新闻和信息，而且我们派出去的人都是经验丰富的资深记者，第一任是张默同志负责，后来是狄建荣、李文祺同志负责，他们每天向报社传送北京的一些消息；第二，我们在北京成立了发行点，委托人民日报帮我们印《解放日报》。我们开始在北京搞发行，向一些中央机关和国务院的部委送报纸，这主要是从政治角度考虑的，使我们《解放日报》在全国、特别是在北京扩大了影响力。

其次，为了进一步扩大《解放日报》的影响，在王维同志的领导下，创办了《报刊文摘》。当时全国都没有文摘类报纸，我们是全国首创，而且办得比较成功。《报刊文摘》将全国报刊上的优质内容做摘编，信息量大，可读性强，价格还便宜，大家都竖大拇指。刚开始时一周一期，后来一周两期，直至一周三期。《报刊文摘》的创办也为报社的经济收入助了一把力。

此外，我们在广告上也动了脑筋。广告版位原来很小，位置通常都是在最后一版，也就是第四版。有关同志提出，我们要解放思想，后来头版也开始登广告。《解放日报》报眼位置过去是登毛主席语录和最高指示的，后来也登广告了。这个做法也是创新的，不仅增加了经济效益，也扩大了我们《解放日报》在全国的影响。

战备车间　有惊无险

20世纪60年代末，有一个插曲，这件事知道的人不多，但在报社历史上却比较重要。1969年底，中苏关系急剧恶化，据说苏联计划对中国实施核打击。当时部署“深挖洞、广积粮”，要建三线。《解放日报》是市委机关报，市委相当重视，要求即便打仗，也一定要保证出报。因为《解放日报》是党的喉舌，要让全市人民听到党中央的声音、市委的声音。那时候非常强调这一点。万一仗打起来了，把我们汉口路的印刷厂炸掉了怎么办？因此，除了在现有印刷厂做好战备防护措施之外，我们还另外准备了两套方案，确保万无一失。

一是计划在松江横山挖山洞，紧急情况下可以到洞里去出报。山洞由上海警备区派人挖，几乎把整个山都挖空了，里面空间很大，可以开车。配置了印报机等设备，还预留了编辑人员办公的地方。山洞里办报、印报、出报，其实已经很保险了。

但万一山洞也被炸掉了，怎么办？因此就有个第二方案——流动出报，在车上搞印刷，开到不打仗或安全的地方去出报，所以车上设备都要配好。我们买了六辆大解放牌卡车，放印报机等设备。

这个事情前前后后搞了一年左右，后来形势突然缓和了，战备车间也就闲置了，流动印报车也逐步处理了。后来，报社在山前的空地上造了房子、车库等，也使用了一段时间。总的来说，这个任务比较紧，而且工作很保密。

搞战备车间时还涉及报社搬迁。当时，市委决定搬迁，解放日报紧跟市委也要搬迁。市里在徐汇区中山南二路天钥桥路划给我们 27 亩地。地块很大，要知道解放日报和新闻报的地方加起来不过才四五亩地，所以报社也趁这个机会，造了一些宿舍、印刷厂。后来，形势发生突然变化，市委不搬了，解放日报也不搬了。我们逐步再想办法通过徐汇区跟黄浦区对 27 亩地进行置换。最后把解放日报（汉口路 274 号）周边一个街坊全部置换给了我们，南面是汉口路，北面九江路，东面河南路，西面山东路。于是，我们于 20 世纪 90 年代和本世纪初先后在汉口路山东路口和汉口路河南路口建造了两栋大楼。

工资改革　迎来福音

上世纪，报社员工的工资都比较低，特别是“文革”期间，10 年没有加过一次工资。我是部队里出来的，当时拿 49 块，一般的小青年进来只有十几块，工人也只有三四十块。当时我们讲“36 块万岁”，一直不变。大概是 80 年代的时候，报社加了一次工资，但也不是每个人都加，要评的，只有 40％的人加工资，即使加也只是五六块钱。

1992 年，市委发文，要对工资进行改革，实行职级工资制。

管理人员，比如编辑部的编辑记者按照职称评定工资，工人则按照技术级别。在这之前，工资发放都是按照行政级别。

职称评定工作由市委宣传部牵头，解放日报、文汇报、新民晚报三报一起做，但毕竟是第一次评职称，大家都没经验。那时，我已经调到劳动工资科了，很重要的工作就是负责印刷厂工人的技术职称评定。

评定技术级别，需要对工人进行考核，要考应知应会，即应该知道、应该会哪些技术。工人级别分为三类，初级工、中级工、高级工，不同级别考试难度也不同。既然要考试，那就涉及到培训。当时，报社内部也没有相关培训资源，所以后来我们请上海印刷技术学校的老师帮我们培训，分了几期，学好以后进行技术考核。报社对每个人负责，根据考核成绩，评定工资。过去工资一成不变，对于职工来说，工作干好干坏一个样，缺乏奔头。改革后，大家可以通过考级来加工资，积极性被调动起来了，全报社掀起了一股学文化、学技术的热潮。可以说通过这次工资改革，也在管理上形成了一个很好的激励机制，让职工看到了希望。

采 访 人：龚慧卉

采访时间：2023 年 10 月 10 日

采访地点：上海市延安中路 816 号解放日报社

摄影摄像：沈阳

为解放日报广告不遗余力

冯长明

【简历】

冯长明，生于1944年2月，籍贯浙江慈溪。1988年上海市高等教育专业证书班毕业。1962年7月应征入伍，后任某部队副排长。1968年2月进上海铁路分局工作。1971年12月进解放日报，任工交财贸部记者，1984年2月任经理部副经理。1994年11月任人民日报华东分社副总经理（副局级）。1996年9月任上海广告协会副会长，同年10月任中国广告协会学术委员会会员。曾被上海新闻电视职业学校聘为兼职教师。

我 1971 年进入解放日报，在解放日报工作了 24 年，12 年当记者，12 年从事经营管理工作。其实，我从没学过新闻，进入报社也是机缘巧合。

1968 年，我当兵复员后被分配到铁路上海南翔编组站，当调度员。1969 年，我成了上海铁路分局运输生产部的负责人，获得“上海市劳动模范”荣誉。1969 年 10 月 1 日，国庆 20 周年，我作为观礼代表之一登上天安门，受到毛主席接见。回来以后，我写了一篇感想类的文章，发表在《文汇报》上。

后来，解放日报找到上海铁路局，要我去解放日报工作，我就服从组织安排去了报社。估计是看了那篇文章，可能认为比较好吧。说来有趣，这篇文章是文汇报叫我写的，最后反而是解放日报来找我了。

从财经记者到经营能手

到解放日报之后，我在工交部做记者，印象很深的一篇报道是《二百万与一万万》。当时“左”倾思想很厉害，发奖金就像是犯罪，铁路局是全国第一家打破禁锢的，给每个人发 5 元钱奖金，这样一来，工人的积极性一下就上来了。花了二百万元的奖金，结果增产了一万万元，也就是一个亿。我的标题就用了这个，我记得很牢。

我在南翔编组站工作过，这个线索就是在那里发现的。当时上海铁路局的领导思想比较解放，虽然全国没有地方发奖金，但他们发了，编组站、供应段全都发。那时候 5 元钱可以买个老母鸡，大家的干劲一下就上来了。这件事在全国的影响很大，一开始都觉得很奇怪，后来其他地方都跟着发了。

记者的任务不止是写报道，还要给领导报告很多情况，包括工业生产、思想动态等方方面面。我一个礼拜能发两三篇报道。要发现新情况，就需要深入调查，要下去跑。当时存在的问题很多，要发现还是比较方便的。我那时候是小青年，干劲很足，到处跑。这 12 年里我写的情况，中央或市委至少批了 50 份以上。

1983 年，我从编辑部调到经营部。说实话，当时报社的经营管理非常混乱，“文革”以后，制度都乱了，设备老化了，照相机也没有，发行也不行，广告也没有。当时大家还觉得，怎么能登广告，广告是资产阶级的东西。其实经营管理的思想该更新了，这些问题要一点一点扭转过来，不彻底改变，解放日报就没办法往前走。

为了提升报社的经营管理质量，我们做了大量工作。1983 年 3 月至 1992 年 4 月，共制订经营管理规章制度 63 项、1587 条。全是从零开始，一条条拟出来的。包括解放日报经营系统的组织分工、报纸印刷、发行推广、广告、材料管理、内部事务管理、车辆管理、会计、经营计划等等。我们都逐项进行了调查研究，分别征求意见，与各职能部门一起制定规章制度，有效地提高了报社的经营管理效率。

当时有一个老大难问题，印报纸张的浪费。纸张是从上海铁路南站运来的，但浪费现象非常严重。1987 年我用了一周时间，日夜蹲在南站，仔细查看每天的记录，把报社全年在铁路南站装卸、运输的两万多吨卷筒纸的来龙去脉调查清楚，制定了“驻上海铁路南站解放日报驻站人员如何保证报社纸张装卸质量”的规章制度。1987 年，全报社节约纸张 415 吨，解放日报纸张消耗定额从 1986 年全国报业同行第五名跃升为第一名。

1988 年，全国新闻单位都加大了发行量，导致纸张很紧缺。我既要去南平造纸厂找厂长要纸，又要去市计划部门争取进口纸的指标。可纸张价格不断上涨，造成发行亏损严重，报社不堪负担，国家财政不得不给报社纸张款补贴，仅 1988 年，财政就向解放日报补贴了 870 万元。1988 年底，中央决定，自 1989 年后，在调整纸张价格的同时，报社可以提高报纸售价，但取消国家财政向报社的补贴。

如何定价，是个问题。定价偏低，势必大量亏损，报社承担不起；定价偏高，发行量势必下降，这是报社领导和上海市委领导不允许出现的。我们就采用相关分析法，用图像和表格两种形式，测算了纸价从每吨 2800 元到 4200 元 15 种不同价格的数据；《解放日报》定价从每份 0. 20 元至 0. 30 元六种不同价格；发行量从 40 万份到 90 万份 10 种不同发行量。将这些数据交叉测算，编制成两大张表格复印出来，为报社确定恰当的定价提供了有力的决策依据。

1989年，全国报纸价格普遍进行了调整，《解放日报》确定为0.25元。1988年报价调整前，《解放日报》发行亏损2063万元，调整之后的1989年亏损降到了88万元，经营利润增加到2553万元，这在当时是很了不起的。那时候我们的利润是全国省市报纸第一名，1989年，解放日报被国家新闻出版署、中国报业协会评为经营管理先进报社。

从外商广告到合资公司

1989年之前的报纸上少有外商广告，但真正有影响力的其实是外商广告。当时国家也要开放，开放靠什么？靠外商来，外商不来怎么能叫开放？为了改变《解放日报》外商广告少、广告层次低的状况，我带着广告科长到香港，一个星期走访了38家广告公司、25个海外知名企业亚太总部，向他们“推销”《解放日报》，起到了很好的效果。

比如，日本夏普株式会社过去一直以为《解放日报》是上海的党报，在《解放日报》上刊登电器广告没有效果。当时我就起草了一个“中国最大十家家电品牌在《解放日报》刊登广告前后，在上海、浙江、江苏等地的市场销售情况的调查”，当时国内有10家最大的家电产品，我们专门调查了他们在《解放日报》刊登广告前后的销量变化。

材料送到了社长手里后，第二天他就派人来找我了，确认了在《解放日报》刊登广告的意向。1990 年开始，我们每年有合计人民币 500 多万元的夏普广告。一家公司，每年来《解放日报》做 500 多万广告，这是很难得的。从那之后，我们的广告营业额在全国一直都名列前茅，外地兄弟报社很多人来学习。

我们出差也很勤快，到外地经常借个自行车，骑着去拜访厂长、经理。为了拉广告，也会去美国、欧洲和香港地区，当面找对方谈，一定要跟他们搭上关系。那时候国外比较先进，中国还比较落后。1988 年我第一次到日本去的时候，感觉不得了啊，马路上这么高的高架，汽车可以在上面开，人在下面走，这多好啊！而这些上海当时是没有的。想不到现在我们有这么多高架，还堵成这个样子。

当年《解放日报》登外商广告，都是一整版一整版的，很大气很火。后来我们还成立了广告公司，叫解放日报广告有限公司，下属有 5 个合资广告公司，共计注册资金 5000 多万元。1992 年，我们的广告收入是 8138 万元，在全国省级党报中名列前茅。

从铅与火到光与电

报业发展离不开基础设施，但那个年代的基础设施改造，国内是没有任何现成经验的，我们是第一家。当时我常去上海图书馆找资料，对比香港、澳门、台湾还有国外的报社，他们买了什么设备，不对比是搞不清楚的。

从 1985 年开始，解放日报的印刷技术，从铅与火向电子胶印转化。1986 年引进了 1 台日本大网目株式会社 SC818 型电子分色机，3 台日本和丹麦的制版照相机；1987 年引进 2 套日本写研株式会社照相排字设备，1 组联邦德国罗兰公司 4/2 型卷筒纸胶印印刷机；1988 年引进 2 组民主德国派勒马公司柯曼山脱卷筒纸胶印印刷机；1992 年引进 2 组美国高斯 Goss Ur Ganite 二型卷筒纸胶印印刷机；1992 年，购买北京大学方正电脑公司照排字设备。

这些设备，我们都是国内第一家引进的，全国其他地方都没有。当时我负责给每个项目写可行性报告、在上海市立项、与供货商谈判和签订合同、办引进手续，设备到厂后的安装、调试、验收等。用上这些机器之后，报纸的印刷质量完全改变了，我们得到了国家新闻出版总署等部门的肯定，以及国内报业同行的赞许，全国有 138 家报社到解放日报来参观、取经。

我在担任经营管理部门领导职务时，属下有 10 个科级单位，科长、副科长共 15 人，平均年龄 53 岁，年龄最大的 62 岁。当时大家对经营管理工作意见比较大，经过五个月的调查，我从群众中了解到，原因是经营管理的中层干部年龄偏大、思想保守，工作没有起色。大家普遍认为，只有起用德才兼备的年轻同志担任中层干部，才能转变经营管理工作的落后状况。

在报社党委的大力支持下，1983 年，我们在社内提拔年轻中层干部 11 人，从外单位调入 2 人，中层干部平均年龄一下子降到 39 岁，经营管理工作变得生机勃勃，得到广大职工称赞。

比如，生活福利科从本部门提拔了一位熟悉食堂工作且认真负责，年龄只有 28 岁的年轻同志担任科长，伙食面貌大变样。“解放日报食堂好”一下子传遍全国报业同行，前来学习食堂工作的本市和全国各地的报社同仁络绎不绝。我记得当时食堂有个咸菜黄鱼汤，很大的一条黄鱼，1 毛 6 分钱，大家都爱吃这个菜。

1986 年底，上海市新闻广播电视职业学校要培养新闻经营管理人才，聘我做《现代新闻管理》科目的授课教师，聘期两年。没有教材，我就去上海图书馆找资料，白天工作，晚上写教材，把国内外的报业经营管理经验都写在里边，写了 8 万多字，并通过了他们的审阅。我当了两年兼职老师，每个礼拜上 4 节课，一次两小时。当时共毕业了 100 多名学生，都分配到上海市各大新闻单位的经营管理部门，包括电台、电视台、报社等。

现在回想起来，当年进行这些创新，过程还是很困难的，但不管现在还是过去，都要有进取心，每个时代都有每个时代需要努力的东西，一定要往前走。另外，当干部的要吃得起苦，这一点很重要，不能只要利益，要为集体为国家多做点贡献，吃苦在前，享受在后。

采 访 人：刘雪妍

采访时间：2021 年 12 月 24 日

采访地点：上海市延安中路 816 号解放日报社

摄影摄像：沈阳

我见证了沪上楼市的流金岁月

沈克乔

【简历】

沈克乔，笔名仁和，生于1944年3月，籍贯江苏盱眙。早前在新华无线电厂担任车间支部委员，1965年进解放日报社任工交部实习记者，1966年任记者。曾在工交部、文教部、调研部、党政部担任记者，负责过部队条线、知识青年条线、房地产条线等。2000年任解放日报房产专刊《住宅消费》主编。2004年至2023年任上海市工商联房地产商会副会长兼秘书长。

58 年前，解放日报欲挑选一批来自工厂农村的青年从事新闻工作，我幸运地成为中选者之一。自那时起，我开始了长达 39 年的新闻生涯，怀着对党报记者职业的敬畏和忠诚，努力学习，在新闻的苍穹里，划过几道印痕。

部队里的磨炼机缘

我从 1961 年开始当了 5 年兵。在部队里做过卫生员、机要员，接触部队机密甚多。那个年代对“机要员”任职要求是非常高的，家里三代成分不能有问题。

在部队的熔炉里，我铸就了报效祖国的坚定信念。而我喜好写写弄弄，在部队这座人生学校里，则多了一份视野与敏锐。

一个周六的晚上，正好轮到我值班。我翻译的一封电报，上面写着“请各军、各省军区……向好八连学习”，下面署名“毛泽东”。我意识到这是一封十分重要的电报，于是，赶紧找到处长，他要求把电报发到各师、各团，使我所在部队掀起了“学习好八连”的热潮。或许正是这个原因，退伍后我赴上海新华无线电厂九车间担任支部委员才不到半年，解放日报的那次“基层选记者”，我被选上了。

《人民日报》的头条稿

1965年，是我新闻生涯的起始年。那年头，能成为解放日报的记者，那是多少有志青年梦寐以求的理想。我有着部队历练和工厂基层党支部委员的履历，入职新闻单位，无疑更具社会的啮合性。一年的“实习记者”后，我转为正式记者。

毕竟不是“新闻科班”出生，比起同行，我作为“实习记者”的日子是艰辛的。当别人去看电影、逛大街时，我却躲在宿舍里“练手”，把报社同仁写的稿子拿来“拆解”，植入自己的题目一遍遍地模仿。历经那样的枯燥乏味后，我的稿子刊用率大为提高。

我最初被报社安排去工交部（后改为经济部）跑条线。未多久，我又调到文教部并开始跟冯士能同志一起联系部队。或因曾在部队翻译过“学习好八连”的电报，中途被报社派驻“好八连”蹲点一个月。

后来解放日报成立调研组，顾名思义就是搞调查研究。部门总共5个人。作为党小组长的我，曾带领报社从3个部门调集的3名记者到江南造船厂调研半年。那时正值中国第一艘万吨轮在江南造船厂建成下水，记得当时由我负责和组织撰写的长篇通讯《认真学理论，自觉做主人》，被刊登在《解放日报》头版头条。第二天《人民日报》及全国省级党报，均以头版头条全文转载。这对一个初入新闻单位不久的年轻人来说，无疑是一次精神上的褒奖。

轰动全国的一份“红头情况”

江南造船厂蹲点结束后，我回到文教部，被分配专跑知识青年上山下乡的条线。我一个人负责半个版的专版，一周刊出一次。那年，知识青年话题相当受关注，仅分派到安徽、四川、云南、吉林、黑龙江等地的上海知青就达一百多万人。

作为记者，我曾随一大批“上海知青”奔赴安徽。印象特别深刻的是刚发车时，一路欢跃，歌声不绝于耳，可一踏入农村的土路，看到知青的住地全是地铺，四周杂草丛生，姑娘小伙们一个个开始掉眼泪。

那些年，《解放日报》知青专栏受到了远在他乡的知青们的欢迎。我时常收到知识青年在当地被干部侮辱的揭发信，揭发最多的是安徽阜阳地区的太和县。经报社同意，我赴安徽了解情况。

到阜阳时已是半夜，我入住太和县的招待所，开始了为时一周的调查。

这个实地调查，让人吓了一大跳。因为所发现的问题，绝非一般。凭我的政治敏感，当即就预感可能“要杀头的”。参与犯事的不少是党委成员和支部书记，甚至有县委领导。

一番调查后，我立马写了个“红头情况”，通过报社将它反映到中央。当时解放日报内部反映情况分两种，一种叫白头情况，一种叫红头情况。白头情况，刊头用黑字印刷，送市委；红头情况，刊头用红字印刷，直接送到北京。

我撰写的红头情况，后经中央领导批示，“要求安徽省委立即派人查处，对严重违法分子要严加惩处”。其间，安徽那边派了三位处以上干部到上海，我配合他们一起去上海的知识青年家中了解情况，听了她们的悲情讲述，一个个都气得不行。

不久后，安徽省委在阜阳一个县里召开了全省乡以上干部大会。那天，当场被处以极刑的有 13 个人。凤阳县的县委书记也涉案，不过他在前两天上吊自杀了。所以，加上这个人，实际上查处了 14 个人。

这件事轰动了全国，后来有知识青年的新疆建设兵团、云南、吉林、四川、黑龙江也进行了整顿，有力地遏制了此类恶行的蔓延。

之后我再去安徽，他们都说“沈克乔又来了”。那时做记者，真是会让地方官员害怕的。

为延安礼堂筹集修缮资金

1998 年的一天，时任解放日报党委书记冯士能叫我到他办公室，对我说：“小沈，请你做一件事，有否可能？”我说：“领导分配任务，能做到的当仁不让。”

他告诉我，延安市市长通过市委宣传部找到他，要本报筹集 50 万元资金，帮助修缮当年党中央在延安开会的大礼堂。由于我是联系房地产条线的，他希望我找一家房地产公司赞助一下。听后，我一口答应。两天内，顺利完成了任务。不久，这家公司的董事长带上资金和装修队一起赶到延安。经过两个多月的紧张施工，修缮任务顺利完成。当房地产公司董事长将完工消息告诉我后，经报社党委研究，由新上任的解放日报总编辑秦绍德带领我和农村部的几位记者，一起前往延安参加礼堂修缮的落成仪式。当天，时任陕西省省长也一起参加仪式，并在大礼堂门前立了一块由解放日报筹资修缮的铭牌。

总编辑秦绍德为此事开玩笑对我说，“沈克乔你做了好事，我代表解放日报要请你吃 18 只蹄膀。”

《住宅消费》的诞生

大约在 1978 年间，知识青年的话题淡了下来，我又回到工交部。几年后接手房地产条线，一直干到 2004 年退休。

上世纪 80 年代，上海进行了房地产改革，加大对住房建设的投资。随后几年房地产发展迅速，可以说是沪上楼市的流金岁月。在这个过程中，作为党报记者，我也在思考怎样提高媒体的助力作用。

1995 年，我们创刊了《房地产广场》，到 1999 年房地产已初步形成了“市场”，“广场”两字，显然已不能涵盖。

报社领导决定改版，把原《房地产广场》扩容为《住宅消费》周刊，强调“消费”两字，推动房地产市场的发展，同时为报社的房产广告增收开疆拓土。报社要我担任周刊主编。版面从两个变成十多个，人手由原来的 2 个人扩大到五十多人。

2000 年改版那天，还刊登了时任上海市副市长韩正撰写的发刊词。许多版面我现在都收藏在家，内容很丰富，有新闻、述评、专访，还有读者来信。

但周刊的大头还属广告。通常版面上稿子和广告对半分，有时广告还比稿子多。长期合作的广告商有绿地、世茂、复星等著名开发商。

相当一段时间，《解放日报》的房产广告一枝独秀。《住宅消费》周刊一周年时，我们出了100版，广告费收了五百多万元，算下来一年就为报社创收7000万元左右。

一个蓬勃的房地产市场，催生了《解放日报》纸媒时代的别样辉煌，也让《解放日报》的"广告时代"创下数十年来的鼎盛时期。

我们那时还主张采编经营两分开，采编不参与经营，相对独立。《住宅消费》的采编部、广告部和办公室，三方共同负责专刊的运作。

可以说，是《解放日报》带红了《住宅消费》，又因《住宅消费》的走红，扩大了《解放日报》的影响。

专刊映照的楼市

《住宅消费》是《解放日报》旗下全国首家房产专刊，推出后，在业界引起极大反响。全国有影响的大报纷纷开设"房产专刊"，如《南方日报》《羊城晚报》《新民晚报》等等。业内房产媒体日常交流中，《住宅消费》则无疑成了龙头老大。

专刊甚至成为行业的风向标，牵头和参与的大型全国性活动层出不穷，比如一票难求的《居住改变未来》论坛；轰动全国的北京钓鱼台《全国房产“创新风暴”评选》；具有年度标杆意义的《全国十大经典楼盘评选》等等。

就推动沪上楼市发展来看，专刊同样发挥了不可或缺的引领作用。

上海首个楼市板块——顾戴路板块的系列报道，就曾受到市委和市府两位秘书长重视，分别电嘱闵行区，要关注顾戴路沿线楼盘的集束开发效应。后由《住宅消费》牵头，还专门成立了“顾戴路沿线房产开发指挥部”。

每周四逢出刊，专刊的印数不断加大，不少楼盘追加印量，把它当作特有的楼书，广为散发。

但另一方面，只要我们一批评，房子就很难卖出去了。

那时许多楼盘才建好不久，质量参差不齐，漏水、反水等，什么情况都有。

有一次，我了解到闵行区有楼盘存在房价贵、质量差的问题。去了一看，六七十万元的别墅地基都没打牢，地板反水甚至长草。投资这个楼盘的老板在深圳买股票赚了钱，来上海是第一次搞房地产开发。

还有一个老板在奉贤买了1000亩地，设计图纸都还没落定就先把房子盖了。被设计部门质疑后，还把区领导搬出来压人。

这些情况我都有所了解，于是我就决定：房子质量不过关，不许登广告。至于相关问题的揭露，我认为不能光把板子打到开发商身上，还要深究背后为其撑腰的人。

《住宅消费》可以说是楼市脉动的写照，也是一个时代的跳跃符号。

撰写特评的这些年

作为一名条线记者，我有幸目睹了楼市发展的全过程。

除每周负责正常出刊外，我还兼任《每周特评》的撰写。我这“每周一评”，意在起到对市场的监督和推动，冀望对政府的体制改革、对法律的推进完善有一定影响。它也不局限于发布在周刊上，时常也会刊登在报纸头版。

就拿1995年7月刊登的《一个批文盖百个图章，猴年马月才能造房》一文来说。我认识的开发商向我反映了盖章繁琐的问题。房产商从拿到土地到最后盖房子，合计要盖一百来个图章。若再遇上经办人出差出国、文件遣词不当等意想不到的“耽搁”，那百十来个图章之累，成了业内之痛。于是我采写了这篇“特评”，见报后，市房地局就开始推进部门“合署办公”，把负责盖章的部门统统集中在一起，许多流程一次性就能走掉。否则上海这么大，几十个部门跑起来累死人。

还有2000年1月刊发的《售楼应“靓女先嫁”》一文，是另一位开发商给我提供的线索。当时市场有“把好房子捂着不卖，先卖差房子”的恶习。这肯定不利于房地产市场的健康发展，也对消费者不友好。我写这篇评论，旨在强调“靓女不该藏在家里”，好房子该优先在市场上流通。

跑条线写评论这些年，我也对自己的职业有了新的感悟。作为记者，在国家政策下来后，能够从自己的角度，再结合社会的发展，生发出更新更深入的观点，而且这些观点能够反哺到党的政策，才能显示出这个职业的高度，才能称之为一名好记者。

采 访 人：徐晓语

采访时间：2023 年 11 月 21 日

采访地点：上海市延安中路 816 号解放日报社

摄影摄像：沈阳

在解放日报工作，很幸运

黄京尧

【简历】

黄京尧，生于1944年7月，籍贯浙江余姚。1975年进解放日报，历任理论部编辑、副主任、第二主任。1991年12月后任解放日报编委兼理论部主任、总编辑助理兼理论部主任。1995年8月任解放日报党委委员、副总编辑。2000年6月任解放日报报业集团党委委员、总经理。1987年、1989年获上海市劳动模范称号。1990年获全国五一劳动奖章。1992年获国务院特殊津贴。2000—2001年全国报业经营管理先进个人。1994年评定为高级编辑。著有《性格之谜》《快乐之谜》《青年心理向导》《多维世界》等。

兴趣、利益和责任，是做事的三种驱动力，虽然仅靠责任也能做好工作，但很难自得其乐。如果能把想做的事情和工作统一起来，那就是最大的乐趣了。我在解放日报期间，工作基本上和兴趣相得益彰，这是我的幸运。

《人民广场》的核心：紧跟热点，雅俗共赏

20 世纪 80 年代末，报纸是传媒中的主角，影响比较大。为了尽可能增加报纸上新闻的信息量，提高整张报纸的可读性，使报纸更贴近实际、贴近群众，在总编辑陈念云的主持下，报社决定从 1988 年 1 月 1 日开始，由 4 版扩为 8 版。

我原本负责《学习与修养》和《家庭与社会》这两个版面。新增加的《人民广场》版面定位是社会性综合性副刊，报社决定由我来主持。我觉得这个名字起得很好，作为地名，人民广场经常人头攒动，车流不息，是上海人耳熟能详的地方；作为刊名，它点明了这是一个群众性、社会性的副刊，包含着“人民的广场，人民来办”的意思，表明《解放日报》这个副刊，要靠广大读者支持，共同办好。

作为一个综合性的社会副刊，怎样才能给人留下印象呢？我觉得，内容的广度与深度都体现在社会性上，我们要跟着热点走，面向社会热点，突出社会热点，剖析社会热点，引导社会热点，就肯定能吸引读者，使读者满意。当时的目标是“雅俗共赏，上下满意”，虽然有难度，可我们在实践中不断总结经验，掌握“窍门”，还是能做到的。

《出国热大曝光》《职称之争》《丘比特之箭在大学校园穿行》，还有《“第三者”风波》，这几篇文章我印象比较深刻，它们都紧贴当时的社会热点。比如国门打开后，出国成为热潮，记者从动机、办法和结果等方面分析了这种现象；在评定职称时，“有限的蛋糕”碰上了“饥饿的千军万马”，导致了一系列问题，记者也进行了剖析；对于大学生恋爱还有社会上离婚率增加等现象，我们都找到了合适的切入点来分析。这些稿件都有一定的影响力。

那个年代，报纸上的社会新闻不多，《解放日报》一周出 4 期综合性的社会副刊，在全国也是首创。陈念云说，给版面里增加社会新闻很重要，渠道有二：其一，在新闻版里增加社会新闻，那必须是新近发生的事件，就事论事，把事情讲清楚，这种新闻数量有限；其二，很多事情不一定是社会新闻，却是一种社会现象或问题，需要引起人们的关注和讨论，可以进行剖析。

因为报纸容量大，我们的工作量也很大，只能千方百计想办法。除了事件，人物也可以成为热点。当年有一部很火的日本电视剧《姿三四郎》，我们刊登了一篇配音演员晨光的人物采访。

还有一个来源就是读者来信。1989年，读者袁正平给我们投稿《上海，有家癌症患者“俱乐部”》，写的是十几个癌症病人相互支持，成立了一个俱乐部，现在已经发展到百人了。他的文章刊登后，我们的记者又去采写了很多篇相关报道。这个俱乐部至今仍然存在，还一直被各界关注着。

总体来说，当时的大环境、中环境和小环境都有利于我们做《人民广场》这样的版面。大环境是从全国的角度，当时的舆论很宽松，中宣部部长朱厚泽提出“三宽”——宽厚、宽容和宽松，新闻工作者们都印象深刻。中环境是从上海的角度，市领导朱镕基很鼓励报纸揭上海的短，他觉得这不会损害政府的形象，解决后反而可以提升政府的形象。我们当时写的民生监督类报道，比如双阳菜场菜贵而且质量差，就被他在开会时引用；另外一篇关于改善上海人和外地关系的，他也批示了。其实媒体批评了有些现象后，就比较容易引起领导的关注和重视，有利于问题快速解决。就事论事容易，更重要的是总结经验，举一反三，防微杜渐，杜绝类似事件发生。小环境就是从解放日报角度，当时的领导们思想开放，很支持我们的工作。

《人民广场》也确实做到了雅俗共赏，在不同层次的人群里都能够引起反响，所以才会生生不息，扩大影响。

引导大讨论、创造新文体、举办新活动

除了舆论监督，我们也做了很多正面宣传。20世纪90年代初，为了让大学生们了解真实的社会，振奋起来，我们举办了一

个活动，叫“大开眼界后的思索——大学生参观重点工程”，组织了四十多名大学生参观上海的5个重点工程：已经建成的吴泾30万吨乙烯工程、永新彩色显像管有限公司；正在建设中的南浦大桥、漕宝路地铁车站和石洞口电厂二期工程。当我们为他们提供一个了解社会实际的窗口后，大学生们也向我们敞开了心灵之窗，谈了很多切实的问题，表示参观很振奋人心。这篇报道刊出后，《人民日报》也进行了转载。此后，这个活动就在大学生中广泛开展，先后有上千名大学生参加。

90年代初，中国经济界最头痛的问题莫过于“三角债”。所谓的“三角债”，就是企业间相互拖欠的债款，我欠你，你欠他，他又欠我；互有债务，互为债主，连环拖欠。“三角债”严重束缚了企业发展，全国的规模达到了几千亿。这个问题非常棘手。1991年，朱镕基刚上任国务院副总理，就去东北处理“三角债”，他快刀斩乱麻，仅用了几个月就解决了这个问题。虽然采访不到朱镕基，但通过采访相关部门，我们的记者写了一篇《中国“三角债”的来龙去脉》，讲清楚了其中的种种问题。

还是那个时候，浦东开发开放还没开始，广东和厦门经济发展很快，看到别人富起来了，上海人有些失落。当时社会上对上海人的评价比较负面，诸如精明、算计、排外等。有位读者在来信中提出问题——“上海人怎么啦？上海人想怎样？”，并提议报纸发起讨论。我们接受了建议，给这封信加了编者按，发在头版头条，开展了“九十年代上海人”的讨论。活动征集到一大批读者来信，还召开了专家、学者座谈会，这些内容都刊登在头版。

这场讨论最后还归纳出了上海人的精神，其中就有“海纳百川”。

当年人们对报纸的关心远胜现在，我们举办“振兴中华”读书活动，截稿前几天，每天来的稿子要五六个麻袋装，现在根本没办法想象。那时报社的中层干部，每星期都有半天要去接待读者，就像医院里的专家门诊一样忙碌。

这个时期，我们还创造了一种新的文体，叫“大特写”。新闻文体里面的特写一般是配合新闻事件，对细节进行描写，文章相对比较短，我们的“大特写”描写的是综合性的社会事件，所以文章相对较长，至少三四千字。当时报社各个部门的记者都会主动来写，这一文体还被沪上其他媒体模仿。

抓广告，扩经营，为报社“开源”

1995 年 5 月，我被提拔为解放日报副总编辑，兼管经营管理。当时中央已经明确，所有的报社都要走“事业单位企业化管理”道路。可企业最核心的是市场化运作，需要独立核算、自负盈亏，但报纸要讲舆论导向，如果追求利润最大化，肯定会影响公益性，所以要做平衡。

我分管经营的时候，一共有五块内容，最主要的是广告，因为跟报社的效益直接挂钩，还有发行、印刷、后勤物业和资本运作。

我在解放日报见证了两次扩版，一次成功，就是 1988 年 4 版扩 8 版；一次不成功，是 1997 年把 8 个版扩成 16 个版这次。那时互联网已经崛起，报纸隐隐约约在走下坡路了，虽然这个迹象还不是很明显，但互联网的发展非常迅速，报纸的影响在逐步缩小。扩到16版大大增加了成本，广告很难跟上，收支无法平衡，所以后来报社又不声不响地把版面缩减了。

报纸的主要收入来自广告和发行，发行一般是常量，广告往往是变量。那时解放日报的广告，可以用“守株待兔”和“移花接木”来概括，就是人家上门来，我们才“接单”，而且一半广告都是同一家广告公司提供的。这家公司同广告部门的负责人还有某种关系。当时《解放日报》的影响力受到了两个冲击：最直接的冲击是都市报大量涌现，另一个是发行量下降，而且很多都是无效发行。这种情况肯定是不适应报业发展的。

为了统一思想，报社特别开了个广告工作会议，我做了个报告，题目是《解放日报的广告要不要、能不能实现跨越式发展?》还蛮有影响的。我提出在两三年内，使解放日报的广告翻倍，几乎所有人都认为不可能，广告能从天上飞过来，从地上长出来吗?

为了实现这个目标，我们主要采取了三个措施：一个是用人。我从编辑部派了一个同志去负责广告业务，此人文科出身，却对经营颇有兴趣，也有经营头脑。第二个是转制。解放日报广告部转为广告公司，实行总经理负责制，绩效挂钩。第三个叫改路。就是改具体的方法，自营和代理相结合，品牌和专版相结合。

解放日报当时最主要的广告有汽车和房产。房产需要通过广告来促销，但房产商资金周转有困难，所以相当一部分房产商想用房子来顶广告费，我们没有收到钱，但收到了房子，等到后来变现的时候，房子已经升值了。这种置换广告应该还是当时的一种创新。另外我们还创造了专版，用文字的形式来宣传某种产品，或者某种需要，实际上就是广告。多的时候，一周有十几个版。我们报纸主要面向机关和企事业单位，他们需要展示的内容用专版的形式表现出来，也是一种探索。

经过这一番改革，广告营收大有起色，当年开会时广告营收不到 1 亿，过了不到三年，1999 年时有 2.5 亿左右。

现代企业制度，指引集团经营之路

2000 年 6 月，我被任命为解放日报报业集团总经理。分管经营管理工作已有一段时间，但这毕竟是广度和深度都不一样的职责。我想，按照现代企业制度的要求，来做好集团经营工作是我的使命。

现代企业制度有四个特征，前两条是“产权清晰，权责分明”。集团成立后，除了机关报《解放日报》，同时又增加了《新闻晨报》《申江服务导报》等十几家系列报刊。从产权角度来说，它们都是集团的资产，归于集团统一管理和经营，都是题中之义。但从体制上来说，又有两种情况：主报解放日报不是独立法人，而其他报刊却都是独立法人。解放日报的广告、发行等经营工作由集团代行，这是顺理成章的，而其他报刊呢？当时文新集团采取的方法，也是由集团统一经营。我觉得，从“权责分明”的角度看，应该有另一种模式，这就是让这些独立法人成为经营主体、责任主体、分配主体，责、权、利统一。这样更符合现代企业制度的要求，也更容易调动这些报刊的积极性。在社长陆炳炎的支持和主持下，我们拟了系列报刊经营责任书。每年经过调查研究，吸取系列报刊的意见、要求，由集团制定经营责任书，规定目标、任务、奖惩办法，责任书一年一签。这种做法，当时在全国还是属于创新的。这样做了几年，效果也比较好。申江服务导报在没有发行增量的情况下，利润常年维持在五千万元左右。新闻晨报更是“芝麻开花”，一年一个台阶，从开始的亏损，到巅峰时盈利一亿多。

当然，分散经营也有矛盾，这就是抢广告。比较明显的是房地产广告。对解放而言，这是广告中的大头，而对新闻晨报则是大有前途的增量。那时还有张报纸，叫房地产时报，顾名思义就是做房地产广告的。三江抢水，渠在何方？只能由集团来协调：一是分工，二是合作。解放、晨报做一手房产广告，房地产时报做二手房广告，各自“势力范围”明确。解放和晨报也各有侧重。解放的读者以机关、事业单位为主，大的房产公司对这类客户有兴趣；新闻晨报的读者以小白领青年为主体，可以做体量小一些的房产广告。不过，也有一些广告，可以在两报同时刊登，在价格上优惠一些，效果却能叠加，客户很乐意。

经营的另一块是发行。我觉得这里的核心是谁在资源配置中发挥基础性的作用。当时全国新闻界热衷于搞自办发行，绕开邮局，自己搞发行通道。对此，我是有异议的。从发行渠道的广度、深度和历史积淀来说，邮局无疑是独具优势的。当然，由于国有企业的体制束缚，效益、效率都有问题，但邮局已经意识到这个问题，正在想办法改，况且我们同邮局有畅通的沟通渠道。不过，集团内也有些报纸摩拳擦掌要搞自办发行，就让个别报纸搞试点吧。千辛万苦搞了好几年，最后同全国几乎所有的自办发行一样，都搞不下去了。这里要补充一点，发行同征订是互有联系又有区别的两个环节。就党报而言，在征订环节有自己的优势，这是邮局缺乏的，这里倒是大有可为的。

印刷厂在大多数新闻媒体都是作为后勤保障部门存在的，成立集团后，要不要试一试新的办法，也让它们成为独立的经营实体呢？似乎可以这样做。印刷厂实行独立核算，他们对外的代印业务，肯定是市场化运作，对内呢，一样签合同，只是价格有优惠，是对外价格的七八折。这样，印刷厂的积极性也调动起来了，还促进了技术的升级改造。

我在总经理任内，还有一件有趣的工作，就是托管沪剧院。由新闻单位托管上海的文艺团体，这是市委领导作出的重大尝试。集团党委决定这项工作由我来分管。当时市财政只管沪剧院的人头费和演出补贴，其他只能自理，缺口每年有大几百万。我想了一个办法，就是把沪剧院出售房产留下的几千万资产由集团代为理财，一年也有小几百万收入，补了很大一块窟窿。沪剧院在集团托管下还是很有起色的。陆炳炎搞了院长竞聘上岗制，这在沪剧院是开先河的。茅善玉院长回忆，在“解放”这几年，为他们打下了好基础。

我在经营工作中也有遗憾。大约是 20 世纪 90 年代后期的时候，海通证券进行股份制改造，希望“解放”入股，一亿股，一元一股。当时的财务负责人未作请示就自行回绝了。后来在无意中他同我谈起此事，我也听过就算数了，未作重视。若干年后，海通借壳上市，股价飙升，由此错失了一次重大的投资良机。在这件事上，我们不如文新报业集团有眼光，因为他们投了。

兴趣和工作相得益彰，是我最大的幸运

我进解放日报后，一直在理论部工作，开始工作量不是很大，读了不少书，积累了一些东西。粉碎“四人帮”后，我主持《理论与实践》，后改为《学习与修养》，可能是来自基层的缘故，总觉得报纸要贴近读者的心声、兴趣，距离越近越好。真理标准讨论时，我觉得很投缘，主动请求搞了个《理论之窗》专版，两周一整版，专门摘录各地报刊上有关拨乱反正的观点，旗帜鲜明，言简意赅，反响很好，让我尝到了“编读者所需，写读者所要”的甜头。后来又做了“关于真理标准讨论的五十问”，里面有一条是“一句顶一万句，句句是真理，为什么是错的?”被社领导、老报人魏克明同志誉为“捅破了窗户纸，这是要有勇气的”。真理标准讨论开始一段时间，当时的上海市委态度比较暧昧，市委内部也有不同声音。市委常委、副市长赵行志让报社给他代笔，写一篇“实践第一”的署名文章，算是表示一种态度。我们完成了这个任务。这个阶段是我报业生涯真正有意义的第一战。

因为编《学习与修养》的关系，1979 年出版社约我为《青年修养丛书》写一本《意志的锻炼》，这里面涉及到一些心理学的内容。我感到把心理学知识运用到日常生活中，释惑解疑，可以成为报纸宣传的一个重要内容。于是，开始学习、研究这方面的知识。在长达十几年的时间里，在学习中写作，在写作中学习，为报纸的版面增加了贴近日常生活、迎合读者需要的新鲜内容，也自我积累，写作了十几本日常生活心理学方面的书籍。

由于研究日常生活心理学的关系，涉及家庭、社会内容比较多，对家庭社会问题也产生了兴趣。于是在上世纪八十年代中期又创办了《家庭·社会》的副刊。在此基础上，后来又扩展成综合性社会副刊《人民广场》。应该说，我的工作同我的兴趣是相得益彰的。若工作需要正是兴趣所在，此乃自得其乐；若非兴趣所致，则可投入其中，渐生情愫，此乃做而得乐，兴趣慢慢也就强烈了。我的信条是“办群众欢喜的版面，写读者喜欢的文章”。因为工作比较努力，版面又受到了读者的好评，我被评为1987年、1989年上海市劳动模范，并获得1990年全国五一劳动奖章。

20世纪90年代初期，在我担任解放日报编委和总编辑助理期间，出于扩大报纸影响和读者面的考虑，我主动提议开办《每周球讯》版面，并请缨出任主编，得到了当时总编辑丁锡满的支持。我把《人民广场》的做法嫁接到《每周球讯》上，提出办刊方针是“永远跟着热点走”。当时在上海，体育报道是《新民晚报》的强项，《解放日报》难望其项背。由于《每周球讯》坚持跟着热点走，在写作上又突出思想性，不是就比赛论比赛，而从比赛中发现带有苗子性的倾向或者可以引起思考的变化，这样就形成了自己的特色。如1992年美国世界杯时，足球格局发生了“强弱模糊”的变化，我写了《当今世界谁也不怕谁》的报道，给人耳目一新的感觉。在大赛期间，如世界杯、奥运会，我经常是每期操笔五六篇之多，最多时大概有八九篇吧。新民晚报同仁说，黄京尧是搞评论出身，《球讯》有思想性，跟我们不一样。他们也感到了压力。

最后想说一说“凝聚力工程”。20世纪90年代初，中央发了一个关于“加强党同人民群众联系”的决定。按照这个通知精神，上海打造“凝聚力工程”，需要用典型来推动这项工作。我跟市委组织部的一位副部长很熟，就跟他说，我们这里有一个现成典型：华阳街道开展的“串百家门，知百家情，解百家难，暖百家心”的工作，很有特色。这个街道也是我们记者徐蓓蹲的点。于是就写了《春风丽日暖华阳》的长篇通讯，配了《了解人、关心人、凝聚人》的评论（《解放日报》1994年4月18日头版）。因为情况熟，这两篇通讯与评论，我花了大半天时间就写就了。后来又接连发了上钢五厂机动车间、华东政法大学国际法系等单位的类似活动，声势、影响都比较大。吴邦国同志参观华阳街道后，题了“春暖华阳”的字，活动中的一些骨干分子后来还走上了重要领导岗位。现在回过头来看，这个主题，其实放到当今也是适用的，只是内容和形式要随着时代的变化而变化就是了。我说这件事，主要是想说，对生活要有兴趣，对典型要有热情，了解生活，发现典型，是记者这个职业的应有之义。

我一生的工作时间，几乎都是在解放日报度过的。工作培养了我的兴趣，兴趣成就了我的工作。这是我的幸运。

采 访 人：陶峰（解放日报社副总编辑）
　　　　　刘雪妍
采访时间：2020 年 11 月 27 日
采访地点：上海市大木桥路黄京尧家中
文字整理：刘雪妍
摄影摄像：王清彬

解放日报一年间

赵　凯

【简历】

赵凯，生于1944年8月，籍贯江苏无锡。1967年复旦大学新闻系毕业，到青海日报社工作，先后任校对、记者、编辑、编报室主任、经济部主任等。1991年回上海，先后任上海人民广播电台副台长、上海东方广播电台党总支书记、上海市广播电视局副局长。1995年8月任上海市广播电影电视局副局长。1997年3月任上海市广播电影电视局党委书记。1998年12月任解放日报党委副书记、总编辑。2000年1月任文汇新民联合报业集团党委书记、社长。2004年6月受聘为复旦大学新闻学院院长、教授、博士生导师。1994年评定为高级编辑。2000年获国务院特殊津贴。参与策划、监制的电视、广播节目《外滩，悄悄崛起的上海金融街》获中国新闻奖一等奖，《邀请美国总统做嘉宾》获中国新闻奖二等奖。论文《对上海广播电影电视事业发展思路和管理模式的探索》获中国新闻奖论文一等奖，《党报如何迎接新世纪的挑战》获2001年度中国新闻奖论文二等奖。中共上海市第七届委员会候补委员、委员，上海市第十二届人大常委会委员、教科文卫委员会委员。曾任上海市记协副主席、上海市新闻学会副会长、中国记协常务理事、中国新闻教育学会副会长。

1999年，世纪之交，恰逢《解放日报》创刊50周年、上海解放50周年，解放日报社也在筹备转型解放日报报业集团。

而这一年，也是我任解放日报党委副书记、总编辑的一年。这一年，《解放日报》首次推出50余版的国庆50周年特刊，也策划了“50年前的今天”“50年50人”等系列报道，影响至今。

离任至今，我依然认为，解放日报记者在上海的新闻记者中是走在前头的。不光是政治上，包括新闻改革、新闻样式的转变等，都是走在前头的。

调任解放日报既高兴又担心

我大学毕业后去青海工作了十几年。后根据人事部政策返沪，由上海市委宣传部接收。回到上海我工作过8个单位，解放日报是其中一个。

1998年12月，我被调到解放日报，此前我毫不知情。虽然我上学时曾在解放日报实习过，也只是短短几个月。对我来说还是比较突然，而且我去广电局时间也不长。刚到解放日报时，贾树枚同志是党委书记，当时还兼着市委宣传部副部长；我是总编辑，主要分管新闻业务。

实事求是地讲，把我调到解放日报，我既高兴又担心。高兴的是我又回到了初心，因为报考复旦大学新闻系的人一般都喜欢搞报纸。我到解放日报年龄也不大不小，还是有一定努力空间。担心的是，我们这个班子大部分同志不是土生土长的“老解放”。好在对新闻还比较了解。

1999 年遇到了好几件大事，包括中华人民共和国成立 50 周年、上海解放 50 周年、报庆 50 周年。当时新闻报道版面安排的很多想法都是和解放日报同仁一起商量的。

我一直深深体会到，我们解放日报人第一个是能干活，第二个是能吃苦，第三个是能创新。我记得那时候夜班的部主任叫陈忠彪。只要你编委会有什么思路，你跟他讲，很快就能领会并落实到版面上。

再一个就是我感觉解放日报人始终不忘自己是代表党、代表上海市在说话。记得《解放日报》头版发过《十个第一和五个倒数第一说明了什么》这篇稿子，还有皇甫平的文章，我们都要学习。

“50 年前的今天”与“50 年 50 人”

我记得报庆 50 周年宣传，贾树枚书记同我们一起研究，逐步形成了一个计划。

当时有一个想法是开设“50 年前的今天”栏目，就是从解放上海战役打响的那一天开始，每天发两张对比照片：一张是 50 年前的上海城市面貌的照片，一张是同一地方今天的照片，两相对照，给读者留下深刻印象。所以“50 年前的今天”这个栏目能够反映出上海战役的情况。当时关于解放军进军的路线，我们做了不少报道。解放军进攻上海，电影《战上海》作了反映，但对宝山月浦和浦东反映得较少。实际上宝山仗打得很艰苦，南面也打得很激烈。所以后来我们就对南路和北路战斗补充了不少报道。

我记得当时读者也有疑问，苏州河四川路桥北边是邮电局，邮电局当时是国民党军队占据的、是架了机枪的，四川路桥很宽，解放军的部队是怎么冲到虹口去的？我记得有一位部队的领导写过一篇文章，说当初是通过污水管冲过四川路桥的（上海污水管比较粗）。老百姓弄清楚后，夸奖说：“解放军真的了不起！”

“50 年 50 人”是先进模范系列报道，以《解放日报》报道过的典型为主，反映上海各条战线的先进人物。

其中有一个人的报道，我印象很深。20 世纪 60 年代初原子弹制造成功，工厂就在青海省海北藏族自治州海晏县金银滩，音乐家王洛宾创作的《在那遥远的地方》这首歌唱的就是这里。解放以后，我们党和国家把这里定为兵工厂，对外称号是 211 厂，并在全国招收技术工人，我们上海去了好多技术工人。

原子弹试爆前，最后一道工序要车一刀，工厂就在全厂工人中挑选，经层层选拔，最后选中的是我们上海去的一位青年工人。

我在青海时，去过 211 厂，厂领导曾跟我讲过这个故事，他当时说得很激动，“你是个记者，你们上海小伙子太厉害了，最好在我有生之年，帮我报道出去。一个是本事大，再一个就是胆子大，第三个是很谦虚。”

这件事我一直记在脑子里，在做“50年50人”系列报道时，我就想如果让大家知道我们上海青年工人在中国第一颗原子弹爆炸中起了如此重大的作用，我们上海人一定会感到很骄傲。所以我当时就与宋超他们商量，老宋也很感兴趣，我们花了很大力气找到了这位工人，名字叫原公浦。经过层层请示，同意采访。这篇稿子发表后，反响极大。没想到国家瑰宝最后这一刀是我们上海人完成的。

1999年11月，“神舟一号”飞船发射也是一个很重要的事情，当时《解放日报》是全国唯一自己采写报道的地方媒体。我们一路在报社夜班守候，负责定稿；另一路是李文祺在北京，采访和核实重要信息。这样就与其他报纸不一样，是独家报道。后来李文祺他们从北京回来告诉报社，总装备部的领导非常高兴。因为一方面比较全面、比较丰富，同时也比较实在，是记者眼睛里看到的东西。

延安中路816的故事

解放日报社现在的社址在延安中路816号，这所房子的由来也是有故事的。那是市仪表局以前办公的地方。改革开放以后，市仪表局要改革，且要搬迁。有一次市仪表局党委书记正好和我在市委开会，他是市委委员，我也是市委委员，我俩坐在一起，我看他愁眉苦脸，就问何事。他说要给老职工发劳保工资，但资金有困难，现在只有延安路的房子可处理。

我说，延安路的房子在哪里？他说，就在你眼皮底下，文新报业大楼南边。我说这两幢房子不是保护建筑吗？他说，是解放前一家弟兄俩、资本家造的房子，所以这个房子有一个特点，两边的距离、玻璃、门都是对称的，右边有一个门，左边有一个门，右边有一盏灯，左边也有一盏灯，里面还有一个池塘。

第二天我就去看了看，他提出来，“帮帮我忙。我这个房子卖给你，在你文新大楼底下，是合适的，卖给有钱人，哪怕价钱高一点都不行，国有资产流失了”。我说我也不好马上答应，这是大事情，需要党委研究一下。

最后还是买下来了，具体操办的人是我的继任者。这是我退休前做的最后一件事情。这房子装修后还没去过。我建议在这组建筑上要有“解放日报”四个字的明显标志。

采 访 人：朱爱军（解放日报社副总编辑）
　　　　　王潇
采访时间：2021 年 1 月 13 日
采访地点：上海市定西路赵凯家中
文字整理：王潇
摄影摄像：沈阳

难忘那段激情澎湃的岁月

汤锡松

【简历】

汤锡松，生于1944年10月，籍贯江苏建湖。1964年9月1日进解放日报社。是当时报社通过市高招办在上海挑选的高中毕业生之一。先参加了半工半读班，两年后，被分配到总编室工作。曾先后在报社政文、文艺等部门任职，也做过资料室资料员工作。1980年被调至报刊文摘编辑部担任第四版责任编辑。2004年退休后又返聘2年。

起点　半工半读学习班

1964 年 9 月 1 日，我参加了解放日报半工半读学习班。当时解放日报的总编辑是王维，正值报社大力发展，需要人才的时候，可当时复旦大学新闻系的毕业生数量非常有限，于是报社领导决定培养自己的人才，训练一支自己的队伍。

报社联系了上海市招生办，在全市范围内挑选了八名高中毕业生，进入报社组织的培训班学习。当解放日报负责这项工作的同志找到我时，我非常高兴。因为那时自己内心正一片迷惘，对自己的前景也没有一个明确的方向，觉得这是一个很好的机会。这个培训班是半工半读性质的，上午学习，下午在车间劳动，学习拼版技能。那个年代的人都以成为工人为荣，而拼版房的拼版工作又是技术活儿。带着满心的期待，我来到了解放日报第一期的培训班。第一天，报社领导就跟我们谈了话，对我们这群从未踏入社会的“学生兵”寄予厚望，希望我们将来能够在报社的各个岗位发光发热。

培训班由解放日报总编办汤家驹老师负责班上的日常工作，我有幸被选为班长。同时，报社领导增派报社资深记者、编辑担任这个班级的授课老师。授课内容还是以传授文化知识为主，这些编辑记者的文学素养都非常深厚，八位同学在这2年多时间的学习中受益匪浅。

报社陆续办过3期培训班，为报社的发展积累了一支属于自己的新闻队伍。解放日报开创了培养人才的新方法，后来其他兄弟单位也学习解放模式，招收学生进入学习班来储备人才。

出发　各个岗位发光热

结束了两年多半工半读的学习生活，我正式成为解放日报的一员。第一个岗位是在总编办，担任解放日报马达总编辑的秘书，主要帮助他处理一些事务性工作。

之后到文艺部、政文部、资料室工作过。

解放日报资料室当时声名在外，强大的新闻资料储备引得当时很多单位和个人来查考相关材料，曾任上海市市长的汪道涵退休后，就经常到解放日报资料室来翻阅各类资料。不同于现在新媒体时代资料储备可以电子化，搜索可以打关键词，那时还是“剪刀+糨糊”的年代，资料员都手工操作，做着剪报、粘贴的工作，把所有同类同时代的资料文章收集、归纳、整理、粘贴，这些材料放到今天也是非常珍贵的史料了。当时资料室有八九位同事，最多时有三十多位。资料室的石士助老师曾被大家戏称为活字典，他家里有面报纸墙，很多资料信息都可以快速给你找到来源。在资料室工作的这段时光，至今回忆起来都让人感到快乐且有意义。

精心 海量阅读选佳作

20 世纪 80 年代初期，我被调至报刊文摘编辑部担任责任编辑，主要负责第三、第四版的辟栏稿件选编，每篇稿件大约两千多个字。《报刊文摘》于 1980 年创刊，是当时全国第一份摘编类报刊，在全国范围内影响很大，鼎盛时期的发行量达到 300 多万份。在那个年代，这个数字是很惊人的。

我在报刊文摘的岁月，可用四个字形容——心潮澎湃。当时作为报刊文摘的编辑，每天都要阅读海量的文章，以自己媒体人的直觉在文山文海中搜索有价值的稿件和话题，那时候订阅的报刊有十几种，许多现在已经停刊了。当时每天在报社要翻阅大量报纸、杂志，来不及就抱回家继续看。我爱人是华师大中文系毕业的，文字方面也比较专业，她也在旁帮助我一起找文章。那时候每天的工作量非常大，但是内心并没有觉得累，反而是非常快乐，尤其是找到一篇有价值、有话题的稿件。摘编稿件很考验一个人的功力，有时候等于重新写一篇文章。这给我带来很大的成就感。

在报刊文摘编辑部工作期间，也遇到过几次惊心动魄的时刻。令我印象最深的一次就是关于“庐山会议”的稿子，凭着编辑的职业敏感，能感觉到政治风向要变了，但同时选用这类稿件的风险也极大，如果站位不对，不只是写检查，甚至会影响到个人的职业生涯，乃至《报刊文摘》整张报纸可能都会面临停刊整顿。登还是不登，冒险还是求稳，本着自身的职业素养和事业追求，我主动上报主编，建议刊登这篇稿件。最终，由时任解放日报总编辑陈念云拍板："登！出了事我们来担这个责任！"那天晚上，我辗转难眠，激动、紧张，多种情绪混杂在一起。第二天见报后，果然印证了自己的直觉，这篇稿件的社会反响非常好，第一时间抓住了新闻热点。还有一篇是涉及为刘少奇同志平反的。《报刊文摘》之所以敢于做些内容有争议甚至尖锐的稿件，是因为报社领导是强有力的后盾，报社领导经常说："你们做，责任我们来担。"这让我们可以放心大胆地做选题。

到了20世纪90年代，国内的政治和舆论氛围发生重大转变。1992年10月12日召开的党的十四大明确提出，建立社会主义市场经济体制是我国经济体制改革的目标。我国进入了全面建立社会主义市场经济的新阶段。我嗅到了改革的新变化，一篇《马厂长出差记》生动地记录下那个年代国有企业改革的轨迹。文章记录了来自北方一个小厂的马厂长，从早期带着烙饼出差，到后来乘坐大型喷气客机南下出差，住宿从普通旅馆到豪华宾馆，以小细节、小人物展现了国企改制和经济市场化的变迁。

《报刊文摘》的选稿标准不拘一格，这也体现了办刊思想的开放与内容选择的多样。在20世纪九十年代，我们的版面就摘编过盗墓题材的文学作品。这在当时还是非常新颖的，新奇的内容甚至吸引了上影厂来谈拍片的版权问题。当然，后来因为种种原因，没有合作成。但是这也体现了《报刊文摘》的内容已经非常市场化，符合大众的审美趣味。在挑选稿件的时候，我往往会考虑读者会不会爱看，是不是有话题。

一个成熟的编辑要有追根究底的职业精神。90年代初，张艺谋作为知名大导演，他的个人感情问题也是公众关注的话题。我曾摘编过一篇《我和张艺谋的婚恋生活》（上、下），以张艺谋前夫人肖华为第一视角讲述了她与张艺谋之间纯真的爱情生活，以及婚后发生裂痕的一系列辛酸事。为了这篇稿件，我前后多次与肖华本人电话联系，确保文章中的各种细节描述没有事实性差错，任何删减改动都经过她本人同意后才刊登。这篇文章刊出后，反响很好。见报稿件要跟当事人确认事实是一个记者、编辑的基本素养，也是自我保护。

珍惜　编通之间的情谊

《报刊文摘》的稿件来源主要是编辑选稿摘编，另外可通过通讯员推荐。通讯员队伍在纸媒黄金时期是一种特殊的存在，相当于报社的编外人员，他们中有些都是报纸的忠实读者，因为喜爱这份报纸，所以逐渐也参与其中。有些通讯员看到自己推荐的稿件见报了，报纸上印了自己的名字，自豪感油然而生。我也长期与这些通讯员保持联络，不止是工作关系，也像是朋友。报社也经常会组织一些通讯员聚会来联络感情，时常听听他们对报纸的建议。

我退休后也一直关注《解放日报》《报刊文摘》等各类报刊，经常会摘编一些自己喜欢的稿件。希望新生代的记者编辑心中永远有读者，尽可能让广大读者看到喜闻乐见的新闻与文章，让《报刊文摘》的风格保持不变，传承延续下去，成为广大读者的良师益友。

采 访 人：钟鸣

采访时间：2023 年 10 月 11 日

采访地点：上海市延安中路 816 号解放日报社

摄影摄像：沈阳

从保卫科长到物业总经理

周锦尧

【简历】

周锦尧，生于1944年10月，籍贯浙江绍兴。1968年3月进入解放日报社。“文革”期间在报社“大班子”、新闻出版“五七干校”学习劳动。1971年6月任组织组干事。1978年9月调至保卫科，后任保卫科科长，于1986年被上海市公安局评为上海市消防保卫先进工作者。1990年6月任解放日报工会负责人。1991年12月任解放日报经理部常务副经理。1993年4月任后勤管理部经理。1994年10月任解放日报物业管理公司总经理，其间担任经营管理系统党委副书记。2004年10月正式退休。

周锦尧

1968年3月，我从部队回到地方，进入解放日报社工作，一直到2004年10月退休。在报社工作的36年中，我从许多老同志身上获益良多，他们勤勤恳恳，以身作则，对我影响很大。总的体会是，在解放日报工作确实很幸运。

从“大班子”回解放日报社

进报社大概三个月后，我被分到了“大班子”，那时候叫“斗、批、改”运动。当时，报社好多老同志都被认定为所谓的“地富反坏右”，我和他们一起被组织到上海市教育学院学习，主要是接受工宣队、军宣队的教育。两年之后，大家就到奉贤海边的“五七干校”劳动，每个星期可以回家一次，平时都吃住在那儿，前后有三年时间。

1971年6月，我回到报社，先后在政工部门工作。“文革”结束后，我参与了对一些冤假错案的清查工作等。清查工作主要是为一些同志进行甄别平反，消除影响。其中，我印象比较深的是资料组的一个老同志，“文革”时期把他作为地主，一直批斗，最后把他遣送回去了。当年，我到山东沂蒙山区那边，进一步深入调查核对，发现他其实早就从老家出来，和当地也没有多大的联系，我们为他平反了。

我在组织组印象比较深的另一件事，是报社党委对下放支农职工的关心和关爱。1962 年，大概有十几个老职工，基本都是工厂管理部门的。他们响应国家号召，从解放日报下放到农村老家，生活艰辛，困难很多。我代表解放日报社到他们家里看望，联系当地，问问有什么困难，再带上点钱给他们作为慰问。后来报社每年都派我去慰问，一去就是一两个月，这个工作做了四五年。

后进青工教育成效屡获肯定

1978 年报社成立保卫科，我被安排去保卫科工作。当时，报社从党政部调了一位叫徐茂福的老同志来当科长，我跟着他干了大概两三年，后来他被调到经理部去当经理了。过了几年，报社安排一位部队转业的老同志到保卫科当科长。在这之前，保卫科只有我一个人，干了三五年。

当时，报社的保卫工作一度全部由我负责，包括外来人员的审查、内部员工的管理教育、消防安全工作等。那时，报社里有大量的青工，主要集中在经营管理部门和工厂车间。那些青工由于“文革”的原因，其中有个别人素质较差，有时候有点小偷小摸、打架闹事等行为。虽是少数，但影响很坏，扰乱了报社内部的安定。对于这些后进青年，我坚决贯彻执行报社做好帮教工作的精神，坚持以“一把钥匙开一把锁”，因人制宜做好他们的转化工作。有的青工查出来在社会上或者在报社内部犯了事，被送去劳教。报社党委一直要求我们要关心、挽救、帮助他们。所以我常常跑到劳教单位去看他们，去做思想工作，促使他们接受改造，争取早日出来。一般劳教都是一年到两年，地方在白茅岭、大丰，路不算近。

我记得报社有一个女青工，因为小偷小摸被公安抓去白茅岭劳教。去了以后，她思想一直转不过弯来，好多问题还是不愿意讲，特别是在报社内部的偷窃行为，报社领导派我去看她。时任报社党委副书记夏其言还特地拿出自己的钱叫我去买点书给她，要求她好好接受改造。我印象很深，我去看她的时候，她非常激动，表示要好好改造，后来提前半年放回来了。回来以后，她在印刷厂工作，一直干到退休。

一般情况下，一个女青工犯了这样的错，所在部门的上级领导是不会管的，但解放日报的领导从不放弃对每一位员工的关心、关爱。这件事对我影响很大，深受教育和启发。在工作中我努力将这些后进的青工一个个挽救过来，而这些被送出去劳教的青工，不辜负报社的一片苦心，也不负我的一份付出，大多在劳教单位表现良好，都能够提前回来。因为对后进青年的帮教工作做得好，我曾多次获市公安局文保处的好评。1986 年，解放日报社还被评为上海市公安保卫先进集体。

探索现代化物业管理之路

20 世纪 90 年代，报社发展蒸蒸日上，经济实力明显增强，开始筹备新闻大楼建设。这在全国省级党报中是名列前茅的。我们的楼建在汉口路，属于南京东路外滩地区，27 层的大厦引人瞩目，如何管理？时任报社党委书记周瑞金、总编辑丁锡满对新闻大楼的管理非常重视。现代化的新闻大楼如何管理，由谁来管理？继续沿用报社传统的行政后勤管理体制和管理手段，自然吃力不讨好。所以我们开始从社会上引进专业的物业管理人才，成立一个物业公司来管理这座大楼。党委确定基调以后，就专门成立班子开始招人。当时引进了一个曾管理过大饭店的人为总经理。另外，大楼里面有很多专业设备，需要懂工程技术的专业人员来管理，所以又招了六十多位专业员工。

在向新大楼搬迁的过程中，那位物业总经理辞职了。报社领导就决定让我去当总经理。我去的时候，所有员工已经全部搬迁到新大楼，那是 1994 年 10 月。

当时，物业公司的董事长是黄京尧，我的主要工作是负责内部建设与管理。原来传统的管理方法就是靠人，现代化的物业管理除了靠人，还要靠制度。因此，我们在建立制度上花了很多时间，比如我们制定了员工手册，对每个岗位都制定了规范，以使员工到岗后能立刻进入工作状态。后来物业公司逐步发展壮大，人最多的时候有三四百人，涉及工程部、综合服务部、营销部、安保部、人力资源部等 8 个部门。除了解放日报大厦，我们物业公司还要管理新闻报大楼、申报馆大楼、解放日报招待所，外面还接管了无锡中汇饭店。

物业公司最难的问题之一就是人浮于事，效益不高。过去，解放日报社常将一些年纪大的，或者一些不适合原岗位的员工安排到物业管理、总务、后勤这一头。因此，物业后勤部门一度出现人多事少，队伍臃肿的状况。如何改革转制、精简人员，发挥员工积极性是当时物业公司要面对的一大课题。

1997年底，报社有领导指出："物业公司连分配、奖励的权利也没有，自主权如此之小，怎么能有活力?""挂的是公司的牌子，走的是行政的路子，不实行独立核算，怎么会有出路?"改革势在必行。报社党委于1998年7月指定物业公司先行试点，并于1999年4月决定物业公司正式转制，实行"独立核算、定额拨款、全责管理"。转制使物业公司更加灵活，也迸发出极大活力，但同时"压力"也随之而来。平衡定额拨款之外的资金缺口，对于公司来说并非易事。因此，我们必须在开源、节流、减人、增效等方面下功夫。后来，公司划小核算单位，将营收和支出分解包干到各个部门，对多收少支的部门予以奖励，反之则扣罚奖金。此举将公司经济效益与员工收入紧密关联，大大提升了员工的积极性和责任心。对于富余人员，物业公司也想办法把他们分配到招待所、中汇饭店等地发挥作用，以此压缩了一批员工。此外，我们对机构设置、用工制度、分配方式、考核督导、队伍建设等一系列领域都作了深度改革和创新，确保内部管理体制行之有效、行稳致远。

在保证做好报社内部服务和管理工作之余，我们物业公司面向市场也开拓了经营服务工作，主要业务是租楼。当时，大厦内部有六七个楼层闲置，因地理位置优越，吸引了不少公司入驻，这为报社带来了不少经济效益。

在当总经理的几年间，我和物业公司团队在贯彻执行报社的决策和指示中，作了一些探索和实践，取得了一些经验和成果。应该说这些仅是基础性的实践。如何做好新闻大楼的现代化管理仍然是个大课题，需要不断深入探索。

采 访 人：龚慧卉

采访时间：2023 年 11 月 20 日

采访地点：上海市延安中路 816 号解放日报社

摄影摄像：沈阳

哪里有改革，我就有兴趣

贺宛男

【简历】

贺宛男，女，生于1944年10月，籍贯浙江宁波。1967年复旦大学新闻系毕业。1970年起在广西钦州地委报道组从事宣传报道工作。1978年调解放日报，任农村部记者。1987年调新闻报社，历任采访部主任、金融财税部主任、编委、新闻总监、总主笔，其间曾调任上海证券报社编委，上海证券交易所《上市公司》杂志常务副主编。2000年评为高级记者。采写的系列通讯《陆荣根其人其事》获1988年上海好新闻一等奖。编辑的《新闻报》"证券市场"专栏获上海好新闻二等奖。著有普通高校"十一五"国家级规划教材《财经报道概论》和《改革，中国的唯一选择——贺宛男热点新闻追踪录》《证券法与股市新理念》等。

1978年起，我在解放日报工作了8年，时间不长，但写了不少记录改革开放的报道，涉及农村改革、个体私营经济、国企改革、证券市场等。

我进入解放日报工作，应该说是生逢其时。那时，经历“文革”以后，大家都觉得要把失去的岁月夺回来，所以常常没日没夜地工作。后来又赶上了蓬勃向上、锐意进取的80年代和90年代，处处都是改革的氛围，我感到非常幸运。

记录走在时代前面的人

中国的改革是从农村开始的，1978年，我一进农村部，等于进入了一个改革的前沿部门。因为《解放日报》曾经是华东局机关报，与华东六省的关系很好，我们农村部副主任吉景峰原来就是解放日报驻福建记者站记者，所以我虽然在农村部，其实华东六省一市也都跑，当然重点还是跑上海。

最让我印象深刻的是报道上海农村的万元户陆荣根。现在一万元不算什么，但那个时候万元户是很了不起的。为什么会报道陆荣根呢？我这个人比较敏感，也比较勤奋，经常会出去跑，嘉定和青浦这两个县我是跑得最多的，因为我觉得这两个县的改革氛围比较浓厚。当时我无意中听到嘉定县的几个干部聊天中说，某地方有个人养鸡养出名堂来了，那个养鸡人就是陆荣根。我就听进去了，就让他们带我去看。

一到陆荣根家，发现是三层楼，印象很深。那时候农村三层楼的房子很少，看着很气派。我就到他的养鸡场里去看，当时其他农户养鸡都是散养的，他却集中养了几万只鸡，可以说是时代的弄潮儿。后来陆荣根还成为了党的十三大代表。

其实陆荣根这样的人是非常普通的，但他通过自己的努力过上了很好的生活，还想着要做一番事业。我把这些情况写出来登在报纸上，影响到了更多的人。我觉得作为记者把一个走在时代前面的人推一下，这是很有意义的。

邓小平同志说，让一部分人先富起来。实际上这些人物就是先富起来的代表。但是只靠勤劳还不行，还要抓住机会。比如陆荣根搞的工厂化养鸡比较新颖，但如果养不好，鸡会死掉一大片，所以也是要担风险的。这些人都有很强的风险意识。

关注农民生活的点滴变化

在农村部时，我经常要从市区赶到郊区去采访。大多是坐长途汽车，到崇明还要坐船。后来到郊区采访，报社偶尔也会派车，但大部分时间都是我们自己坐车去，路上要花一个小时。我印象比较深的是，有一次去采访在车上发热呕吐，到了以后马上就送到医院去输液了。

但是我们那时候觉得很开心，因为真的是想写，我们想把国家从乱到治、从贫穷到富有的变化写出来。

有一年，报社还派我们到村民家里去吃年夜饭。我去的是宝山农村，大概是1984年春节，吃完年夜饭当晚就回报社写稿，因为稿件第二天要见报。那时候我儿子还在念小学，我带他一起去的。

这个点子是我们农村部策划的。我去的那户人家是之前大学读书时搞“四清”住过的一家贫下中农，男主人是副乡长。我记得他家的年夜饭都是早早烧好，所以都是冷的，不是热气腾腾端上来的。记得有一碗肉、一条鱼，还有很大的肉圆子。

当然，我去农民家里不是为了吃，是为了要写报道，要写农村和农民生活的变化。因为以前我在他家里住过，那时是很苦的，现在已经是三层小楼了。这是我亲身经历的，对比鲜明，所以写出来感受真切，报道动人。

我还写过一组救救上海郊区土特产的报道，影响也蛮大的，当时负责农口的陈宗烈副市长还作了批示。实际上我们上海郊区有很多好东西，比如说嘉定三白蚕豆、三林塘崩瓜等，这些都是平时听县里的人说的，然后我就留心了。

我觉得当时写的东西是比较贴近生活的，不是只有大道理。我写郊区的农民，把他们生活的变化一件一件写出来，然后上升到一定的高度。这些事情都是我很愿意干的。

报道温州模式和苏南模式

印象深的还有苏南模式和温州模式的报道，《人民日报》都转载了我们的报道。

当时的改革有两种模式，一种是温州模式，是比较初级的股份制模式，就是先自己干，然后几个人合作，搞个股份制；另一种是苏南模式，基本上是乡镇企业的模式。就苏南模式来说，当时无锡、常熟和江阴这三个县很厉害，经济发展特别快，胡耀邦同志视察时曾经说过："无常江啊，连长江都不在话下！"我们就一个个县、一个个乡镇、一个个企业去跑。

苏南模式的一些典型见报后，其中有些人还跑到上海来发展，如一个皮鞋厂的厂长接受我们采访后，就跑到上海来开皮鞋店，就开在解放日报旁边的河南中路上，很多人闻名去买。当时总觉得皮鞋是比较高级的人才穿的，但一个农民他不光穿皮鞋，还能做皮鞋，而且做出来的皮鞋很时髦。这就很有意思。当时我们作了一些这类典型报道，其实题材并不重大，但是我觉得很贴近生活。

我还在解放日报华东部（开始叫上海经济区部）工作过。

1982年底，以上海为中心，由江苏四市（苏州、无锡、常州、南通）、浙江五市（杭州、嘉兴、湖州、宁波、绍兴）组成的上海经济区，作为长三角改革试验区正式成立。还在上海设立了"上海经济区规划办公室"，记得由王林同志（原电力工业部副部长）任规划办主任。我即从农村部调往上海经济区报道部。

王林同志领头的"规划办"，都是党和国家的高级干部，在那几个小小的办公室内，改革气氛特别浓厚。记得还探讨过德国鲁尔等一些国际上大的经济区怎么搞的问题，大家都觉得好新鲜。

两年后的1984年，上海经济区扩大为苏、浙、皖、赣、闽和上海市“五省一市”，这是我国经济最发达、实力最雄厚的地区，我跑得最多的是江苏和安徽。也是在1984年，国务院宣布开放14个港口城市，我重点采访了宁波等城市，还做了专版予以报道。

当年全国有24个历史文化名城。我曾经和报社文艺部的一位同事设想，想把24个文化名城全部写一遍，她写文化，我写经济，后来一共写了四五个城市，比如苏州建城2500周年，我给苏州做了两个专版。还做过扬州和杭州的专版。当地党报和我们关系都挺好的，他们报社领导有时候也会调动他们的记者一起帮我们干些活。

与领导像朋友一样相处

我和很多被采访部门的领导很熟，关系走得都很近。那个年代，像我们这样的记者是可以直接去市政府采访的，有时候需要出示一下记者证，有时候不用出示也就进去了。至于我联系的农委，他们的政策研究室我是三天两头经常跑的，因为政策研究室就是搞改革的，我和政策研究室的人关系也最好，他们也非常愿意和我交流，把我当自己人。

当时几个副市长，我觉得像自己的朋友一样。所以我就觉得那时候的社会正气盎然，整个社会是蓬勃向上的，真的是中国的黄金时代之一。

再比如20世纪80年代，我在农村部时，和县里的关系也挺好的。记得有一次，上海农村10个县的县委书记和市农委主任到深圳去考察，报社派我随同采访。当时去深圳要特区通行证，还不能随便去。我们到了佛山、顺德、南海等地，还做了南海专版。当时南海是全国最富的县，南海县委书记梁广大，人称“梁胆大”，就是因为在改革开放中跑在最前面。与深圳相比，上海还是蛮封闭的，我们看啥都新鲜，可能是我们封闭的时间太久了。

当然我在报道时也是掌握分寸的，当记者没有分寸感是不行的。你可以随便聊，但是如果要写内参或者写正式报道，就要有分寸感。

哪里有改革题材，我就有兴趣采写。我记得写过上海社科院的职称改革。当时社科院几位年轻学者，一上来就给评“副研究员”“研究员”，引起了一番争议。那种只要真才实学、不搞论资排辈的气氛，非常令人感奋，我便为之写了《职称啊，职称》的长篇报道。

报社领导鼓励指导记者大胆写

当时解放日报的领导都很鼓励记者大胆地去写那些题材重大的、改革的、鲜活的报道。有时候报社领导会直接叫我过去，拿着小样沟通稿件的细节。当然也不是所有稿子都这样，一般是因为领导觉得这个稿子要放到比较重要的位置，或者领导觉得还可以引申出一些更好的思想，就会来找你聊聊。

在解放日报工作的几年时间里，我感觉上下级关系非常融洽，报社领导与记者之间没什么明显的距离。记得我曾和报社领导一起商量报社怎么改革的问题，当时讨论要在报社内部成立一个特稿组，我也参加了。报社找了大概四五个写手专门写特稿，研究怎样出一些好稿子。特稿组不归哪个部门管，直接对总编辑负责，有什么好的点子可以自己申请去采写。特稿组的版面也很大，有大半个版。

那时候很忙，没什么学习的时间，我就自己订了一本叫《经济研究》的杂志，好像是中国社科院出的，杂志里有些比较好的理论文章，我是认真学习的，光看报纸还不行。

另外还有一条，就是跟专家聊天。我有好几篇报道都是采访专家的，例如上面提到的社科院的几位年轻学者，都成了我的专业老师。所以，我觉得成为一个学者型的记者，成为某一方面的专家很重要。

我收到过很多来信，几乎每一篇报道都会有反馈，基本上都是正面的反馈，比如关于上海郊区土特产的报道，我们收到很多反馈，希望报社帮忙组织宣传，他们想推销更多自己的土特产。再比如陆荣根的报道，我们也收到很多来信，说希望去参观学习。类似这种反馈我觉得蛮有意义的。

采 访 人：顾杰

采访时间：2023 年 9 月 4 日

采访地点：上海市延安中路 816 号解放日报社

摄影摄像：沈阳

一个编辑　两张报纸　满腔情义

钱志新

【简历】

钱志新，生于 1944 年 11 月，籍贯上海崇明。高级编辑。1964 年 10 月高中毕业后进入解放日报工作，先后当练习生、记者、编辑。1974 年 11 月加入中国共产党。1976 年 3 月调入人民日报社工作，历任总编室一版主编、记者部编辑组长、群工部副主任。

我是上海人，1964年高中毕业后被选送到解放日报。当时报社人员比较老化。全国学新闻的大学生少，全国高校中只有复旦、人大有新闻系，北大只有一个中文系新闻专业，一年的大学毕业生不到100个人。那么多省级以上报纸有需求，平均一年分配到一家报社的不到一个。所以，解放日报领导就给市委写报告，说自己来培养，从应届高中毕业生中挑选。我有幸来到解放日报。

第二个星期就做了一版责编

解放日报对我们的培养很用心，还专门成立了一个班子，班子里有邵以华，是总编室主任，主要牵头人是汤家驹。去了之后，先做练习生，半工半读，半天上课，由解放日报有声望、名望的编辑老师给我们上课。下午到排字房做工人，目的是让我们以后当记者、编辑，字要写得清楚一点。如果字写得不清楚，排字工很难认出来。当时的老师是华将谟、夏华乙、储大泓、郑拾风等。汉口路274号是办公室，309号是宿舍。记得三毛之父张乐平也在309号。

我们进报社的时候，老职工年纪轻的也已是四十多岁了，我们都20岁不到。老狄（狄建荣）是人大毕业的，做我们校外辅导员，晚上自习跟我们一起互动。按照原来的计划，要对我们培养3年。但后来一连串运动开始了，先是批判“三家村”，来信特别多。1965年“社教”运动又开始了，让我们去搞“社教”，把培养计划打乱了。到“文革”前夕，报社把我分配到情况组，当时情况组有宓善征和一位叫刘士煦的女编辑，我跟着他们当编辑、搞采访。在情况组没有做多长时间，陆炳麟看中了我，让我去上夜班。他说：“上夜班小钱要好好学。”我说我什么都不懂，肯定要好好地学。我被分配到第一版，主要跟着许寅学。

老陆要求稿子不管长与短，每篇稿子改好以后，要做出5个标题，他要在5个里面挑一个。我不知天高地厚，我可能就是这种性格，第一周按照他的要求做5个标题，第二周我只做一个标题。稿子做5个标题干什么？稿子说的就是这个事，我就做一个。一般人不敢这样，他也同意了。过了一会儿，陆炳麟对大家说，今天下班后你们不要马上走，我有一个决定要宣布。决定就是：从明天开始，小钱管第一版。我当了一个星期的夜班编辑，第二个星期等于当了一版的责任编辑。

做夜班编辑要划版样，当时要用红笔画一个样子给陆炳麟，让他审定。上班时间很长，晚上8点钟上班，一般要到第二天早上五六点下班。那是铅与火的时代，文章通过一个一个铅字排出来。一般不能改动，如果改动的话，要把铅字拿出来，重新整理。当时也很简单，上班做好标题，跟好版，最后付印。

后来陆陆续续来了几个大学生，有的还是人大毕业的，他们看过的稿子由我先看一下，再给部主任审核。后来陆炳麟明确对我说，以后的夜班担子由你来挑。

陆炳麟给我的印象非常深刻，他不仅懂多国外语，而且清清白白做人，认认真真工作，对当官没有兴趣，就凭本事吃饭。解放日报有陆炳麟上夜班，总编辑睡觉就踏实。他没有休息天，偶然休息，大样还要送到他家，他同意后才付印。陆炳麟给我的这些印象，影响了我一生，我后来也是这种性格。

在人民日报编头版

1976 年，人民日报夜班缺人，到全国各地挑人，然后看中了我，要把我调走。解放日报好不容易培养一个夜班编辑，就不放我，我也不愿意去。我老婆是外语学院的高材生，毕业后想把户口调到上海，没有解决，被分配到北京，当时属于专业对口。她学过阿拉伯文，在北大附小教阿拉伯文。当时我们已经跟上海外语学院联系，他们可以接收。我就赖在上海不走，结果北京下了三次调令。报社领导说，小钱，留不住你了，你必须去，你不去我们就要犯错误了。后来我就到了人民日报了，那是 1976 年 3 月 6 日。

我调到人民日报后，干得很轻松。解放日报一版只有一个编辑，人民日报一版有 6 个编辑。我觉得是解放日报培养了我，我干了一个星期陆炳麟就让我负责一版，我确实没有给他丢脸。我在人民日报，还管过四版。人民日报都是研究生，没人像我这样是中学生。其中有一个研究生，觉得凭学历轮不到我，应该让他来管，工作上对我有一点不配合。我分配给他稿子，他磨磨蹭蹭不及时给我。我觉得这不行，就跟领导说了。我说他有能力，可以当组长。你们现在叫我当组长，他心理不平衡，不太配合，耽误工作。可不可以组长给他当，我配合他工作。你们非要让我当不可的话，把他调走。第二天他就被调走了。

那时候人民日报不用新华社通稿的原题，解放日报也不用。现在人民日报用新华社原题多了。老陆当时说，业务水平一般的编辑，按照导语做标题，因为新闻是倒三角的，重点写在导语里。如果是水平高的编辑，不一定从导语琢磨标题，而是要通篇融汇，提炼出来，是二次创作。人民日报也是这样，后来改成主编制，我当了一版主编。我们按照中央的意思，领会中央的精神，面对一大堆稿子，自己挑选，并决定明天组成什么样的版面，领导没有意见就实施。

因为一篇报道的处理问题，1989 年冬到 1990 年夏，我和几个夜班同事被停职了。当时我在想，是不是要把我下放到农村？我就给解放日报老陆写了封信，找娘家。陆炳麟没过几天就回信了，好像还敲了解放日报的公章，意思是小钱你不愿意待在人民日报就回来，欢迎回到解放日报。拿到这封信后，我心定了。

此事过去后，我找了报社领导和人事局，没有回总编室继续做夜班编辑。

不拍马屁重情义

杨振武当时是记者部副主任，他一看我不回总编室，就让我到记者部当编辑组长。就这样，我来到记者部，一直当编辑组长，所有驻站记者稿子全经过我这第一关，而且我跟总编室熟，工作还挺有味道。

有一次记者部分片开会，一位社领导让我陪他到广西参加活动。回来以后，有一天这位社领导叫我去他办公室。去后，他给了我 5 张照片，内容是同一主题：某蓄电池厂工人一丝不苟地生产，叫我配说明。他说，这 5 张照片要经济部登一下。我脑子又热了，毫不客气地说：社长，5 张照片让经济部安排刊登，这是用你的水平还是用你的权力？他当时脸就拉了下来，说老钱你什么意思。我说是为你考虑。如果是 5 张照片反映蓄电池厂各方面工作全貌，可以用。但是现在的主题是一个，你是社长，要登就登，但登出来以后，人家说的话可能比我说的还要难听。他问怎么弄？我说 5 张照片选 1 张登，说明写得多一点，登得大一点，行不行？他说，就这样吧，照你的意见办。

我是忠心耿耿地从办报角度考虑问题，如果我是拍马屁的人，这是多好的机会，但我从来不会这样做。这一点，这位社领导也是认同的。

老陆（陆炳麟）去世的时候，我还在人民日报记者部。我发了一个唁电，因为当时忙没能去。后来回上海，想看看他夫人。通过关系找到他女儿，他女儿是解放日报资料组的。找到后，想请她母亲吃个饭。但老太太已经老年痴呆，不能来，后来老陆女儿来了。我还请了报社一些老同学。当时好像过一两天就是清明节，我掏钱给老陆女儿，说给你母亲买一点吃的，买一个花篮给师父。过了一年多她母亲去世，她给我发了短信，说我这个人重情义。以后每次回上海，我都会请老陆的儿子女儿一起见见面、吃个饭。

采 访 人：宰飞

樊江洪

采访时间：2017 年 12 月 28 日

采访地点：解放日报社北京记者站

摄影摄像：王清彬

我经历了新闻黄金时代

吴谷平

【简历】

吴谷平，生于1945年3月，籍贯浙江鄞县。1967年复旦大学新闻系毕业。1981年进湖南日报，先后任记者、编辑、工交报道部副主任、经济报道部主任、编委兼总编室主任、要闻部主任。1991年9月调到解放日报，任夜班编辑部副主任、主任，1993年任解放日报副总编辑。1998年12月参与《新闻报》一日三刊滚动出版工作，后兼新闻报第二总编辑、新闻报党委书记兼总编辑。2000年2月参与创办东方网，任东方网股份有限公司董事长、党委书记。2001年4月任文汇新民联合报业集团党委委员、文汇报党委书记兼副总编辑，后兼任集团系列报刊党委书记。2007年创办上海影像网。1995年评定为高级编辑。2002年获国务院特殊津贴。1997年获中国新闻奖报纸版面银奖。上海市第十二届人大代表，上海国际关系学会副会长。著有《自己的嫁衣——吴谷平新闻作品选》《吾爱吾友吾爱吾土》。主编《聚集》《一年间》等。

我要感谢解放日报，没有解放日报我回不了上海。

1967年我从复旦大学新闻系毕业之后，被分配到湖南，一直想回上海。1988年我在湖南日报任总编办主任、编委，这一年的年底，我去北京参加中宣部第一期学习班，遇到周瑞金，我跟他说希望能调回上海，这样就接上了头。

到1990年，周瑞金告诉我，可以调动了。在这个过程中，贾安坤帮了我很大的忙。我曾经担任湖南日报经济部主任，贾安坤来湖南开会时，我们成了很好的朋友。

我清楚地记得，1991年9月28日，我回到上海，10月2日就去解放日报上班。当时正好夜班编辑部主任金福安出国访问，时任解放日报社总编辑丁锡满对我说，夜班就交给你了。

为什么我能迅速接手？就是因为我在湖南的时候，《湖南日报》对标的就是《解放日报》，所以我对《解放日报》的版面非常熟悉。

《解放日报》和《湖南日报》虽然都是党报，但《湖南日报》比较传统；《解放日报》舆论导向正确，既开放又有主见，这是《解放日报》的特征，非常难得。

多打了一个电话

我先来讲讲我印象比较深刻的几个有影响力的新闻作品。

1997年2月19日，邓小平逝世。那天晚上10点左右，我接到湖南日报同仁一个电话，问当天晚上还没有看到新华社的稿子，什么问题？我也搞不清楚，问北京朋友，北京也没消息。11点多，上海市委常委、宣传部部长金炳华给我打电话，说今天报纸先不要动，他要去市里开常委会，等他回来再定版面。我当时反应很快，通知资料室的同志马上赶来报社，把1976年9月9日毛泽东主席去世时的报纸（9月10日的报纸）拿出来。

当时就感觉一定是出大事了，我判断有三种可能：一是可能有人走了；二是可能新疆出现暴乱；三是可能西沙群岛发生冲突了。

报纸的编辑工作全部停下来了，因为如果有领导人逝世，报纸娱乐版、副刊都要撤销，大家都在等。那天晚上，各地的报社有很多电话打来，问发生了什么事情。我回答，我们也不清楚。来问的电话太多了，我让朱长元专门负责接电话。

金部长参加完市委常委会来报社，看到我翻出来的报纸资料，问你怎么知道的？我说，凭职业敏感判断的。金部长告诉大家，小平同志去世了！我们就开始准备版面，给人民日报夜班打电话，询问版面安排的想法。在报纸开印的前一刻，我又给人民日报夜班打了个电话，《人民日报》在标题上加了三个字——“敬爱的”，“敬爱的邓小平同志永垂不朽”。

为什么要打电话？因为不放心。后来我们的标题就加上了“敬爱的”三个字。《人民日报》是我们解放日报印刷厂代印的，我一直等到《人民日报》的版面传过来，才签字开印《解放日报》。

这时候已经是早上八点多了。我们夜班的人就一起去乍浦路吃油条，那时候还有个行政干事蔡志诚师傅，会经常帮我们买大饼油条。

那一天，朱长元接了两百多个电话。兄弟报纸没有打第二个电话，标题就是“邓小平同志永垂不朽”，一开始印了 4 万多份，后来不得不重印。

标题尽可能大

1997 年香港回归，又是一件大事。从 6 月 23 日起，《解放日报》推出了“喜迎香港回归”专刊，每天三个版持续到 7 月 4 日。

“香港回归专刊”只是个铺垫，真正的“大仗”是 6 月 30 日。我晚上 7 点半到办公室，夜班主任陈振平的意见和我不谋而合，他也是想把稿子整合做在一起，把主标题做大。

晚上 8 点多，我召开夜班、电脑中心动员会，请总编辑秦绍德来作动员。我只讲了一点，小心小心，保证万无一失，不出一点问题。为了保证万无一失，我要求稿子统一由陈振平调配。

当天晚上，有几十家报社打电话来问我们，今天版面如何处理，标题怎么做。我回答说，今天上面没有要我与《人民日报》对版面，我也就不问了，自己安排。凌晨时分，金炳华打来电话，只问了有没有广告，我说，全拉掉了。金部长也没再说什么。我心领神会，今天全部做“自选动作”。

凌晨一点多又开了一次碰头会，确定版面的基本配置。

一版原设想做竖标题，从上到下，边上放两张照片，这样会有气势。但新华社照片传来后，发现原先的想法不能实行。照片是交接仪式会场，场面很大，一边是英国国旗已经降下，一边是中国国旗高高飘扬。开始时陈振平想做六栏的照片，标题还是竖的。我想了许久，觉得六栏还是小了，执意想做通栏照片。新华社发出的江泽民主席的照片是竖片，照片拍得相当好。这样，版面的基本框架就能确定了，大场面照片沉底，右上是江泽民主席的照片，左上放文字，能放下多少就多少。看似一个简单的版面，因为照片做得超常规之大，就“弹眼落睛”，很有视觉冲击力。

新闻标题怎么做？标题字号要大，才能与下部的大照片对应，才能稳得住。而标题要做得大，字数就要少，我和陈振平都不主张把各种要素都做上去。先是陈振平做的标题：香港今回归祖国。我觉得读起来有点拗口，加了一个字：香港今日回归祖国。秦绍德看了觉得少了点感情色彩，改成《香港今回祖国怀抱》，简洁明了，富含感情。

这次新闻大战从某种意义上来说是技术大战。赴港采访的摄影记者金定根用数码相机拍的照片，请大公报的朋友用网络传回。为了这次赴港采访，报社特意为金定根配备了一台数码相机，这大概是上海纸媒装备的第一台数码相机，13 万元。

7月1日早上，报社组织了200名记者编辑上街送报。我们原计划印10万份彩报，最后加印到32万份。当天的报纸十分抢手，到下午一两点钟，别说报摊，就是报社办公室里也是一报难求。

7月8日晚上宣传部长金炳华打来电话，表扬我们香港回归报道搞得好。到这个时候，我的心才算定了下来。

至今，我家的书柜里还珍藏着两份1997年7月1日的《解放日报》，24年前的报纸还留有余香。打开报纸，映入眼帘的是报纸上签着51位解放日报编辑记者的名字：秦绍德、金福安、吴谷平、陈振平、陈大维、陈忠标、张文昌、薛石英、徐蓓蓓、程祖伊、胡微、张陌、杨健、忻玉华、杨立群……在我们的新闻生涯中，能为这举世瞩目的大事编辑出版报纸，是我们的荣光。

50岁以下记者都要学会电脑写稿

我个人比较喜欢技术类的东西，所以就让我去主管报社信息化“9508工程”。

在报纸还没有实现网络化的时候，1996年，我们已经办了一个《电脑广场》专刊，每周出一次，四个版。一共就三个人——我、徐松华、刘斌（女），但这份专刊当年的广告营收就超过了1000万元，第二年达到1400万元，第三年甚至达到1980万元。

我为什么想到办这个专刊？当时市场上有一份《电脑报》，专门针对技术人员，我说我反其道而行之，办一份让领导能够看的电脑报纸。那个时候电脑运用刚兴起，各单位都要买电脑，决定买什么型号电脑的是领导。而领导多数读《解放日报》，办个《电脑广场》可供他们参考。因为这份专刊的关系，我和很多搞电脑、网络工程的人相熟了，这就让我能够熟悉如何去实施“9508”工程。

我在湖南日报的时候，经历了告别铅与火的过程；到了解放日报，又经历了告别笔和纸的过程。当时报社党委很支持，没有不同声音。我负责技术部分，组织专家论证方案。招商也很简单，采编应用软件选择北大方正。当时最大的问题是，北大方正的采编系统还不成熟。我对软件的修改提出两百多条意见，反复跟他们沟通，北大方正采编系统里有我们很多想法。后来想想，我们应该向北大方正提出分享专利的。

当时只有一个矛盾，记者需要学电脑输入。我学了五笔输入法，每分钟可以打一百多个字。报社办了学习班，举行了各种相关的学习比赛。

报社规定，50 岁以下的记者都要学会电脑写稿，50 岁到 55 岁有个过渡期。过了过渡期，夜班不接受手写稿。并非所有记者都愿意接受电脑写稿。比如国内部有位老记者怎么也不肯学，有一次他出差到东北，写完之后要发稿，别人用电脑马上传回稿件，他写完稿还要去邮电局发传真，但邮电局已经关门了，稿件没法发回来。回来之后他就说，一定要学会用电脑。

解放日报重视国际新闻

解放日报胆子比较大，历来注重国际新闻。1991 年，《解放日报》将新华社发布的一则外电预测稿《海湾战争可能在24小时内爆发》刊登在一版头条位置。清早报纸送到读者手中时，海湾战争真的已经打响了。1989年，布什总统当选美国总统那一天，《解放日报》也把《布什就任美第四十一任总统》的新闻安排在头版头条的位置。

当时中央有规定，国际新闻只能用新华社稿子，地方报纸不得对国际新闻发表评论。后来这两条我们都突破了。

为了扩大稿源，解放日报与中国国际广播电台有协议，采用他们驻外记者的稿件，丰富国际新闻的内容。这是夜班老前辈、副总编辑陆炳麟老师开创的。采用新华社以外的国际稿，我们《解放日报》在全国是第一家。所以，我每年要去北京拜访国际台台长，这个过程中认识了不少国际问题专家、前驻外大使。

那时候，我一年要飞北京十多次。碰到国际热点问题，就让北办主任狄建荣邀请一批国际问题专家，在北办开座谈会。当天整理成稿子发回报社。当时很多外交官是上海人，北办的食堂很好，一起吃顿上海菜，其乐融融。我们请的外交部朋友中，有两位新闻发言人，沈国放和陈健，陈健后来当了联合国副秘书长。还有外交部政策研究室主任、中国国际问题研究所所长杨成绪，请他撰写每年的年终专稿，他的稿子客观公正、前瞻性强，刊登在元旦或1月2日的报纸上。杨大使一写写了二十多年。后来这些作品结集出版，杨大使还请我写了序，报社为他开了座谈会。

有一年，吴邦国同志刚当副总理，陈至立也刚去北京。我去北办后，狄建荣问我想不想见邦国同志，我说好呀，狄建荣说，我们请他来吃饭。这样邦国同志就来了。我不知道现在的记者能不能、敢不敢去找领导，当时我们这帮记者都是敢直接找领导的。我们在上海也常常就国际热点问题请专家来座谈，汪道涵同志也请来过几次。我当时担任了上海国际关系学会副会长、上海市台湾研究会副会长，这个角色可以联系很多专家。

新闻晨报是“散养鸡”

1999年，市委将《新闻报》《消费报》交给解放日报，要求办一张一日三刊的新闻报，即《新闻晨报》《新闻午报》《新闻晚报》。因为是几张报纸合起来办的，一开始矛盾比较大，所以调我去。当时我是第二总编辑，一共去了10多个人，包括裘新、毛用雄、马笑虹、黄琼、秦川、刘斌（女），都是这一批去的。有一阵子，新闻报内部吵得很厉害。时任解放日报党委副书记张止静同志跟我一起做工作。

后来市委副书记龚学平在虹桥召开了一次座谈会，听了大家意见。我提出观点，这些矛盾是文化不一致造成的。《解放日报》是党报，党性原则强，有自己的传统。而《新闻报》和《消费报》更多的靠市场，是“散养鸡”，要自己“找米吃”。这样就平息了矛盾，三刊就做起来。选稿的标准是只看稿子，不看作者原来是哪个单位的，稿子好就用。

一开始提出“一日三刊、滚动出版”，是想把电视台滚动新闻那种模式拿过来用。我们查了资料，发现午报全世界大概只有两个国家有，一个是新加坡，一个是英国。在实践中，我们发觉，“三刊联动、滚动出版”做不到。为什么？《新闻午报》中午12点、13点要上市，9点多钟就要截稿，而昨天的新闻，已全被《新闻晨报》抢掉了，今天早上发生的新闻不多，政府9点才上班，9点多各种会议才开始，所以连会议新闻都很少，午报就没东西登，三刊联动不起来。

当时三报联动，新闻报一共才一百多人。现在我依然觉得《新闻晨报》是很好看的报纸，大块文章少，实用性很强，更加贴近老百姓，很多东西别人没有，只有它有，比如疫情期间春节怎么过，《新闻晨报》登得很详细。《新闻晨报》有个“七调查”，我非常喜欢看，常常留下来作剪报。

我在新闻报的时候，遇到中国驻南斯拉夫联盟共和国大使馆被炸事件。我马上布置摄影记者王杰、文字记者周虎、毛依栋，坐接送我上下班的车连夜赶路，直接开到许杏虎烈士家乡丹阳。我们是第一个到达的新闻媒体，当天的《新闻晚报》刊登了独家报道。

还有一件事印象特别深刻。1999年4月6日上午，一架韩国货机在莘庄上空坠落。当时正去莘庄采访体育赛事的摄影记者顾力华立即调转方向，赶往飞机坠落地点。还有一位记者恰好到市公安局采访，看到有几辆警车往外开，他意识到有事发生，立即挤上一辆车，跟着去了现场。当天有四位新闻报的记者，在没有接到编辑部指令的情况下，主动赶去坠机现场。新闻报的记者到达时，飞机残骸还燃着熊熊大火。当天，我们做了跨版大照片。当年，我们的记者真有激情啊！

《新闻晚报》关掉是很可惜的。还有一个很可惜的是把《申江服务导报》关掉了。

《申江服务导报》创办的第一年面临诸多不确定因素。报社开党委会，讨论要不要办下去，要不要吸引外面的资金。当时说办报需要600万元。我第一个发言说，既然只要600万元，应该我们自己拿出来。

我专门查过资料，近十多年来关掉了一百多份报纸，主要关了都市报、娱乐类报纸、晚报，党报、机关报、企业报没有关。而期刊杂志的品种数在增加，少儿类的、动漫类的、校刊类在增加。当然，报纸的发行总数和广告总量是断崖式下滑！《解放日报》是全国媒体中的优质品牌！报社要研究如何把品牌运营好，报社有写稿的人才，但缺乏经营人才。

新闻界公认的黄金时代是20世纪八九十年代，我有幸在解放日报经历了这个黄金时代。

采 访 人：李芸（时任解放日报社党委书记、社长）
陈抒怡
采访时间：2021年1月19日
采访地点：上海市沪青平公路吴谷平家中
文字整理：陈抒怡
摄影摄像：王清彬

我在解放日报做国际新闻

陈大维

【简历】

陈大维，生于 1945 年 11 月，籍贯上海。1967 年复旦大学新闻系毕业。1968 年到青海省军区独立师农场劳动锻炼。1970 年 3 月到青海日报工作，任编辑、记者。1982 年复旦大学新闻系研究生毕业，获文学硕士学位。1982 年进中新社工作，先后任记者、上海分社社长。1994 年起任中新社美国分社社长。1997 年进解放日报，任国际部主任。1999 年起任解放日报编委、总编辑助理、副总编辑。2000 年评定为高级记者。编辑的评论《媒体自身也要讲荣辱观》获第十七届中国新闻奖二等奖、第十六届上海新闻奖一等奖。

1962年，我考进复旦大学新闻系，在学校6年，两年遇上“文革”，剩下4年学习。真正在课堂上课的时间只有一年半，另外两年半下乡参加“四清”运动。

和前几届相比，我们这届的读书时间少了，但社会实践让我真正接触了农民，初步了解到中国农村是个什么情况。这段到实践中去、到老百姓中去的经历，对我以后从事新闻工作很有帮助。

对新闻的兴趣在青海萌芽

那时候大学是5年制，正常情况下我们应该在1967年毕业，因“文革”，延迟一年分配。1968年8月，我和另外几位同学被分配到青海省，在青海省军区独立师农场劳动锻炼了一年半。那时条件虽然艰苦，但也培养了我们不怕苦不怕累、碰到困难坚持下去的精神。

1970年3月，我和赵凯等三人被分到青海日报工作，很幸运，专业对口，又在省城。我在青海日报一直工作到1979年8月。一开始做校对，养成对报刊纠错的习惯，即使后来到解放日报工作，也常常能习惯性地看出错别字或者标点符号用得准不准确，这大概就是那时打下的基础。在青海日报我还做过一段时间夜班编辑，因为眼睛不太好，组织上照顾我，把我调到了政文部理论组（后调整为理论部）上白班。

在青海日报这几年，极大地丰富了我的经历，新闻业务也慢慢从不熟练到熟练。“文革”期间的大政方针是有问题的，但新闻的基本业务相同，对我以后的新闻工作还是有用的。我在理论部，有机会接触到省里搞理论的同志，省里面办的干部读书班，我也去听课，对提高理论素养很有帮助。

另一方面就是吃苦耐劳的精神。青海的采访环境相对来说比较艰苦，有一次我到县里去采访，内容比较空，就是关于县委中心学习组如何抓学习，但到公社（乡）的那段路让我印象深刻。小几十里山路，高高低低，就靠两条腿走了半天多。晚上回到县招待所坐下来洗脚，脚都抬不起来。

再一个，《青海日报》是省委机关报，在那里慢慢树立起我的党报观念。做党报，当然要站在党的立场上去宣传。新闻报道的目的是什么？就是为了宣传，影响人的思想。

1979年3月，我和秦绍德在青海参加了恢复高考后的第二届研究生考试，都被录取了，回到复旦新闻系再念硕士研究生。当时我们都有一个感觉，以前读的书太少了，确实需要补课。

我的导师是余家宏老师，秦绍德的导师是李龙牧老师，李老师当时是系领导，研究“五四运动”的专家。开学后，李老师和我谈过一次话，给我定的研究方向是马克思恩格斯的报刊活动和报刊思想。现在很多人对马恩的新闻思想不屑一顾，美国的新闻传播理论、所谓“新闻专业主义”成为教学的主流。但我还是觉得，越是深入地研读马克思恩格斯，越会被他们的思想所吸引。他们没有禁区，什么问题都可以讨论，都可以思考。可惜后来我的工作重心又回到新闻工作上，这一块理论研究没有继续下去。现在退休了，应该抓紧时间，好好读一点马列的书。

担任中新社驻美记者的日子

在复旦大学学习时，我渐渐萌生了一个想法：做新闻还是要搞实践，纯粹新闻理论研究意思不大。

在青海日报时，我主要是当编辑，处理来稿和约稿，采访不多，所以我特别想当记者。1982 年研究生毕业后，余老师推荐我到中新社上海分社工作。当时是改革开放初期，百废待兴，发展比较快，我作了一些蛮有意思的采访。

比如说，采访国务院上海经济区办公室、如何引进桑塔纳汽车、南黄海石油开发等。我和一个摄影记者坐工作船到钻井平台，路上非常颠簸，吐出来的东西都是绿的。我在钻井平台上待了几天，利用工人、技术人员工作间隙和他们聊天、做些笔录。

还有就是采访运—10 飞机的研制，让我印象特别深。研发人员自豪地说，飞机上没有一颗螺丝钉是外国的，全部是国产，包括发动机。1983 年 11 月，我和上海新闻单位好几位记者一起，乘着这架飞机到乌鲁木齐。乌鲁木齐机场停着一架苏联制造的朝鲜飞机，据说是朝鲜人民军总参谋长出访路过中国。他们的机组人员从没见过这架飞机，很惊奇。有人告诉他们，这是中国自己造的运—10飞机。这个场景，现在想起来都感到非常骄傲。

我在中新社工作了15年，前两年是记者，到1984年秋天，分社正副社长都离休了，组织上任命我为分社社长。1994年5月，中新社派我去美国分社任社长。分社设在纽约，华盛顿还有一个记者站。

在纽约工作3年，破除了我对美国的迷信。那时候很多人不自信，对美国很向往，我多少也有点，觉得能到美国去工作，很开眼界。但出去之后就发现，纽约这座城市问题也是蛮多的嘛。

这一段经历，提高了我对外宣传的理念和能力。外宣和内宣有相通的地方，也有很多不一样。对外宣传面对的读者不是从小接受我们党的教育的人群，让他们能接受我们的一些主张，需要策略和技巧。我在中新社工作期间重点是宣传改革开放、浦东开发开放、“一年一个样三年大变样”等等，但这不能空洞地喊口号，要思考怎么写得更专业一些。还有一点就是做标题，现在很多人对“标题党”深恶痛绝，但通讯社的稿子到报纸编辑手里，人家首先看标题，如果不吸引人，就会扔到废纸篓里。所以“标题党”在一定程度上还是有它的合理之处。

说到底，做好外宣工作考验的还是思想能力和写作能力。李龙牧老师提出，新闻工作最最基本的东西是“两典一笔”，经典、古典和写作。在学校学再多的传播理论，做记者不还是天天要写稿子吗？写稿子最基本的就是写作能力。如果文学水平不够，那肯定打折扣。我原来对文学不太感兴趣，后来觉得，哪怕是很功利地为提高新闻写作水平，也要好好学文学，尤其是古典文学。相比新闻传播理论，我觉得记者能力的培训和提高，要在这方面多下功夫。

做出解放日报国际新闻特色

到 1997 年，我在中新社工作了 15 年，也想换个环境。秦绍德是解放日报总编辑，我向他提出，想到解放日报工作。经过解放日报党委研究，同意接收我。1997 年我调入解放日报，分配到即将组建的国际部。那时候国际部有尼寅良、杨健、张陌、刘宏等同志，现在的国际部负责人杨立群那时已经来实习了。

国际报道一直是《解放日报》的一大特色，我是继承传统，不是开创者。在我之前好多同志已经做得很出色，解放日报历任分管领导金福安、吴谷平、陈振平等都对国际新闻非常重视。成立国际部这事，一方面是解放日报有眼光，另一方面也是水到渠成。改革开放后和国际接轨，读者有了解国际新闻的需求，国际报道必然要扩大版面。

按照以往规定，国际报道的稿子只能用新华社稿件。《解放日报》是一家大报，有自己的国际版，应该要有比较独特的国际报道，这就要找到突破口。

一个是国际评论，我听说江泽民总书记有一次看了一篇《解放日报》的国际评论，称赞说，这个评论写得蛮好，一句话就把《解放日报》的国际评论给解放了，从此以后《解放日报》就时不时发一些国际评论。杨立群有一篇评论《太阳照样升起》，用的是海明威某篇作品的标题，这篇稿子还得了上海新闻奖二等奖。

另一个，我们可以把精力放在新闻分析、综述、述评这样的稿子上。写综述就会遇到一个问题，观点、稿子从哪里来？单靠解放日报记者编辑的力量是不够的，要建立一支后援队伍。这支队伍的成员主要来自北京和上海，特别是外交部退下来的一些老同志，他们有的做过大使，有的是部里的工作人员。最支持我们的是杨成绪大使，他是上海人，复旦学德语的，长期在外交部的研究部门工作，理论功底深厚，对国际问题的判断很准。他长期在德国使馆工作，还担任过驻奥地利大使，退休后当了很长一段时间的中国国际问题研究所所长。从那时起，杨大使几乎每年元旦都给我们写一篇回顾和展望的稿子。这个传统一直延续到现在。

上海也有很多专家学者，比如上海国际问题研究院，现在的院长陈东晓当时还是青年学者，杨洁勉也当过院长，他们都给了我们很大支持。另外，上海还有好几所高校，复旦、华师大、上外等等，复旦有美国研究中心，华师大有俄罗斯研究中心，上外有中东研究中心，加上上海社科院，基本就齐了。遇到国际上的大事，比如美国大选、纳卡冲突，可以请他们谈谈看法，给我们的新闻分析稿子增添了很多色彩。

2006年，中宣部开过一个讨论国际报道的会。当时的国务院新闻办主任赵启正和中宣部一位副部长，以及时任外交部副部长何亚非都在会上作了报告。解放日报很荣幸应邀出席，我作为代表在会上介绍经验，主要讲专家资源和队伍建设。我们的队伍很珍贵，国际部比较清苦，又要上夜班，对记者的要求也高，不仅要能沉下心，还要有能力。这里的能力不仅是写作，还要有和专家学者打交道的能力、外语能力等等。我记得，国际部最多时有7到8人，好多都是研究生，少的时候只有4到5人，这种时候我就很怕队伍青黄不接。

国际部每天都有稿子，现在印象比较深的是2003年的伊拉克战争，解放日报派了杨健和张陌两位记者，晨报也派了两位记者。杨健和张陌分别带一个人，一组在以色列，另一组在叙利亚，发回来不少稿子。起初，宣传部对他们去采访还有点意见，报社最后还是决定派他们去。那次派记者去，报社领导还是下了很大决心，不仅牵涉到经费，还有安全问题。

做国际新闻，政治坚定很重要。听党的话，做任何稿子都要从国家利益出发，原则性非常强。现在自媒体发达了，谁都能来讲一下国际关系，我们主流媒体要起权威作用，一个是观点要站得住，再一个是声音要大。主流媒体想在汪洋大海一般的国际新闻中吸引人，题材、内容、体裁上都要下功夫，现在侠客岛、牛弹琴就是这样。如果单看一般的国际报道，那确实很枯燥。侠客岛就帮你解读，告诉你这是怎么回事，应该怎么看。

寄语

我从1999年起开始担任解放日报总编助理，2000年任副总编辑。除了国际部，还分管理论部、周末部，这也让我增长了不少知识。周末部的记者们像徐蓓、尹欣、黄玮、曹静、顾学文，她们能力都很强，花了不少功夫，选题好，稿子也很不错，我其实比较轻松。难得也和他们一起做过一些采访，比如2005年到青海去采访当时全国唯一的女省长宋秀岩。

我觉得，《解放日报》的特点可以用四句话概括：有立场、讲原则、守纪律、听招呼。首先是要有立场，不仅是报纸要有立场，记者编辑个人也要有立场，不能当面一套背后一套，党中央的大政方针、基本理论，心里认同不认同，真认同还是假认同，这也是原则问题，不能动摇。其次是纪律问题，《解放日报》这点做得很好，退休后我到宣传部阅评组，对《解放日报》和《上观新闻》做阅评，业务上可能难免有错，但在大问题、原则问题上不会有差错。

对我来说，解放日报像个温暖的大家庭，记者王潇参加好记者讲好故事评选，要网络投票，我每天早上都给她投一票，有时能投两票，感觉赚到了。很多退休的老记者都很积极，虽然大家可能不认识她，但这是解放日报的事情，要帮忙。我已经退休13年半了，还是觉得背后有依靠。

采 访 人：周智强（时任解放日报社党委副书记）
　　　　　王闲乐
采访时间：2020年11月11日
采访地点：上海市延安中路816号解放日报社
文字整理：王闲乐
摄影摄像：沈阳

真诚的时代，人们相信理论与人文的力量

房延军

【简历】

房延军，生于1945年11月，籍贯江苏江都。主任编辑。中学毕业进入上海锅炉厂当工人。1975年从工厂调入解放日报社，为理论部编辑，编过《理论与实践》《读书》《家庭生活》等专版，主要是做《读书》版编辑。历年来所著及编的图书有十余种。

我在解放日报30年，正是改革开放的春风吹拂大地，中国社会发生历史性巨变的年代。

从工人到“读书人”

在1975年进入解放日报社之前，我是个工人。我是“老三届”中最“老”的——高三届。起初当了三个月码头工人，在黄浦江边扛大包，后来调到位于闵行的上海锅炉厂当工人。

大概是1974年夏，我参加了解放日报理论部办的一个通讯员班。班里有七个学员，大都是工人，我们在报社楼顶还有一张合影。这个班办了三个月，后来留下来的只有我一个。1975年我离开工作了六年多的工厂，正式进入解放日报社。

学习班就在汉口路309号原申报馆的楼上，负责人姓狄，他会和我们随便谈谈，其实没有正儿八经上过什么课。后来，我到报社理论部，刚开始是让我看读者来信和来稿。尽管没有经过岗前培训或轮岗，也没有“老师傅”带我，但我也很快就上手了，开始参与编辑一些稿子。

大约在1982年，理论部创办《读书》版，这在全国都算是比较早的。社、部领导让我来编。在此前和之后，我写文章有时用本名，有时用笔名，主要是用“伊人”。

那时报纸每天四大版，一个星期28个版，整个报社记者、编辑大概有二三百号人。而我编《读书》版能占半个多版。在选题上，我比较偏重于文化思想类，及读书界和出版界。

当时我们的工作流程是这样的：部门每周都要开会谈选题，定了选题后编辑组稿或自己撰写，稿子既成送给部主任初审，审定之后编辑用糨糊把稿纸一张接一张粘贴起来，这是为了方便排字工，那时还是用铅字排版；排定文稿小样出来再审读，随后出版样，送到排字房由工人拼成大样；然后送审大样——给部主任和分管副总编辑，当然还得给报社校对组，让他们予以核校；最后编辑综合领导签发的大样及校对大样，交由排字房改成清样……这好像是“白头宫女话天宝”吧，在现如今的记者编辑看来，简直是“老土”了。

当然，我也曾做过一些人物采访。

大约在2004年，有一次从上海到重庆的长江游活动中，恰巧“神探”李昌钰也在船上。在此前不久，他刚就“陈水扁枪击案”做了检证调查，我当然不会错过这难逢良机。好在“神探”很随和，也挺健谈，采访轻松地就OK了。

还有一次是采访滑稽演员嫩娘及其丈夫于飞。采访是在“嘻嘻哈哈”中完成的，就连后来写这篇访稿时，也会忍不住“偷着乐”，自我感觉写得有点“上海风味”。

我虽不是专做采访的记者，但也有点心得体会，例如：采访前当然要做功课，然而采访时还是放松些，宜用随便聊的方式，在聊的过程中抓住“亮点”。有时还有“笑点”，我不喜欢摆出“一本正经”的架势，弄得双方都紧张。采访稿写成文字，最好也不要一个调调，得跟采访对象“贴切”，自然，不造作，若有幽默感，那就更好。

植根于头脑的思想解放

我刚到报社工作那几年，中国社会刚刚经历过十年“文革”，还有“两个凡是”的思想遗留，从总体来看，思想上的“拨乱反正”难度相当大，但就我们理论部来看，难度不算大。

1978 年在关于“实践是检验真理的唯一标准”的大讨论中，在报社一位领导的支持下，理论部让黄京尧和我撰写一篇关于“实践是检验真理的唯一标准”的文章（《解放日报》1978 年 11 月 3 日第 2 版《恢复马克思主义实践性的权威》），我写前半部分，是以马克思等经典为依据，从理论上对真理标准加以阐述；黄京尧写后半部分，是从国际及中国革命实践角度予以论证。

这篇文章整整一个版，署名“赵启”，意为此文是由当时市委中支持真理标准讨论的一位领导启发而撰写，事实上我们根本没见过那位领导。不过那位领导很客气，将稿费买了一条中华香烟和两盒花生牛轧糖作为犒劳。我们硬要那位支持这件事的社领导收下两包烟，其余的就大家分享，皆大欢喜。

听说系统目前能查到的关于我的第一篇稿子是发表于 1980 年 3 月初的《共产党人的正气篇——重读〈论共产党员的修养〉》

（《解放日报》1980年3月6日第2版）。事实上我写的“第一篇稿子”要早得多。我还记得这篇稿子的写作背景，那是1980年2月，党的第十一届五中全会作出为刘少奇平反的决议，这篇应是当时配合性的文章。

当时，我在理论专刊《新论》上登过一篇题为《马克思主义关于人性、人道问题的探讨》的文章（《解放日报》1981年3月19日第3版《新论》），是对周原冰先生《人性和人道》一文的质疑。周原冰为我国著名的马克思主义伦理学家，曾担任过上海市委宣传部副部长、中国伦理学会副会长等职。当时，本报理论版刊登周原冰的文章《人性和人道》（《解放日报》1981年1月14日第3版《新论》），经历了十年“文革”，人们开始对人性、人道很关切，知识界也对人性、人道予以论说。对周原冰的观点，我想写篇文章与其商榷。部主任老金跟我一起请示储副总编辑，他不假思索，随即说“可以呀”。于是，我便引经据典，写了篇8000余字的“商榷”之文，整版刊出。

那是个思想解放、理论破冰的年代，我一个小编辑撰文跟一位赫赫有名的伦理学家“商榷”，在当时没什么大不了的。

这种对“权威”的平视，也体现在了一篇叫《从马克思的梦里看到……》的文章里。此文提到要破除对马克思的“神”化和偏见。事实上，这种打破“神”化，厌恶颂“圣”的理念，自上世纪70年代末的思想解放运动勃兴，就植根于头脑中，任什么风都不能丝毫动摇。

这几篇文章都发表在《新论》版上。这个版面的前身是理论部编的内部“未定稿”，大概是在1978年或1979年初，后来改为公开的见诸报纸版面的《新论》，如其所名，就在于“新”。在当时，理论探讨是被提倡的，这也是《解放日报》理论版生机勃勃的年代。

浓郁的人文风气

工作期间，买书、看书几乎是我唯一的嗜好，我想要的“丰富”在书里面。

曾经，跑书店、觅杂书，是我乐此不疲的活动。20世纪70年代末80年代初，福州路上海旧书店楼上，有内部书籍专柜，我曾数次凭报社开的证明，在这里觅书。

80年代初，我们还搞过一个全民读书活动，面向群众和工人，这个活动由本报理论部和市总工会联合发起，表彰在读书学习方面先进的个人和集体，还定期推荐一些阅读书目，举办专门的读书会等。

当时，人们的阅读热情非常高，人们渴望读书，像一些国外名著出版之后的售卖往往是几十万本的量级，南京东路的新华书店经常大排长龙。

可以说，自20世纪70年代末开启改革开放，到80年代，社会的确进入了所谓“读书热、哲学热、理论热”之中，亦如学者所言：“80年代的中国是一个人文风气浓郁的时期。”

在报社工作的这些年里，还有几位我很尊敬和欣赏的前辈。

一位是后来当报社总编辑的陈念云，他为人质朴，思维清晰，有创新理念。在他任上实现了报纸扩版，从四版扩为八版。他很有担当，那时《解放日报》发表过不少颇有影响甚至“冒尖”的文章；而且他宅心仁厚，有一次我冒犯过他，他仍宽容待我，使我至今感念。

还有一位是当时的副总编辑储大泓，他儒雅而富腹笥。我记得他惠赠过我一本他的作品《历代咏史诗选注》，这本书共700余页，洋洋50万字，足见其渊博才学，可称得上是“学者型”报人。当时他分管理论部，我编的《读书》版大样，由他签发，几乎都是一路“绿灯”。他的无为而治，让我深感舒畅而荣幸。

理论部主任金维新则是开明的“顶头上司”，从进报社开始，始终对我很信任。因此，我所处的“小环境”一直较宽松，这确是我的幸运。报社同侪中有才气的不少，自然令人欣赏，如胡廷楣，我觉得他不仅富于才情，人也挺好，当然我一般只把“好”记在心里。

退休之后，或纯属自愿或受出版社编辑邀约，我也写了一些书，例如《书城的罗生门》《平视孔夫子》《不死的精灵》《牛康上海话读本》《走近蕾切尔·卡森》等，算是我与图书缘分的延续吧。

采 访 人：肖雅文

采访时间：2023 年 12 月 7 日

采访地点：上海市延安中路 816 号解放日报社

摄影摄像：沈阳

做一头勤勉耕耘文艺新闻的“老牛”

吴为忠

【简历】

吴为忠，生于1946年3月，籍贯江苏高邮。主任编辑。1968年毕业于上海财经大学贸易经济系，赴吴江部队农场接受“再教育”。1970年7月回沪，分配进上海市照明公司。1984年8月，招聘进入解放日报，先后从事文艺部记者、编辑工作。1995年后，历任解放日报文艺部副主任、主任等。1995年，担任第六届上海国际电视节国际评选委员会评委。1993年7月，在《解放日报》开辟《随便说说》专栏，13年间，共撰写了六十余万字。在文艺部工作期间，多次参与策划了《解放日报》的改版扩版和重点报道。多次被评为解放日报报业集团和报社先进员工，并于1991年荣获“上海市优秀新闻工作者”称号。

我出生于1946年，属狗，但以前的同事都喜欢叫我“老牛”，现在的微信昵称也是“老牛”。只因我的性格同牛的特征颇为相似：一是耿直，认准了方向决不轻易改变；二是勤劳，长年笔耕任劳任怨。对于新闻事业，我有一种老黄牛般的执着和热爱，认定了这个事业就不改变，一辈子勤勤恳恳工作。

我从小就对新闻工作感兴趣。1968年大学毕业后，我到农场待了一年半，回来后被分配到上海市照明公司灯具服务部当经理。那段时间，我依然放不下对新闻工作的兴趣，经常给解放日报文艺部投稿，写点诗歌和文艺短评。

1984年，我通过社会招聘进入解放日报工作，那年我38岁。当时刚刚改革开放不久，适逢文人下海风潮，我却反其道而行之，弃商从文，“爬上岸”去当一名记者。很多人不理解我为什么“逆流而上”，还有人因此说我是个“傻瓜蛋”。我笑笑，这就是我喜欢的职业，我无怨无悔。

党报文艺新闻要避免花边和猎奇

我在解放日报工作了22年，一直在文艺部，没有换过部门，干过文艺部的所有工种。1995 年，我成为文艺部副主任，2002 年成为部门主任。

20 世纪 80 年代，《解放日报》从每天四版改为每天八版，一周出六期“娱乐版”，我担任责任编辑。对于党报的文艺新闻，以前业界也有一些讨论。有人认为严肃的党报不能“晚报化”。我不这样想。文化事业也是经济社会发展的一个重要方面，做好文化娱乐新闻报道，同样符合党报的办报宗旨。

当然，党报的文艺新闻不能变成花边新闻、猎奇新闻，文艺记者更不能变成“狗仔队”。我觉得，要做好党报的文艺新闻，关键是抓好以下几个方面。

其一，是抓准文化热点，在热点上要发出党报的权威声音。现在是融媒体时代，网上的声音铺天盖地，一有什么事情就七嘴八舌，但缺少一锤定音的声音，缺少一锤定音的媒体。对于文化热点，党报作为权威媒体一定要发声，该澄清的要澄清，该批评的要批评，该鼓励的要鼓励。党报发声不能“慢半拍”，一定要及时发声，这样才能得到读者、受众的信任。

其二，在争议性话题上，党报要旗帜鲜明亮出观点。我曾经写过一篇题为《“桃花”何必开“商城”》的稿件，讲的是 1994 年上海南汇桃花节开幕式在上海商城举行，剧场很豪华，请了影视明星担任主持人，还有许多著名演员献歌献舞。农民进城办晚会，对比强烈，显得有点不伦不类：农村的桃花节为什么要放到商场里面去办？对于这种大家议论纷纷的事情，党报有义务、有责任亮明观点，不能暧昧。

怎么才能抓准文化热点、对争议性话题把握准确？关键还是在于平时的积累。文艺部的同事都知道，我很少应酬交际，最大的爱好就是沏一壶好茶，点上一支烟，手握遥控器坐在电视机前，一直看到荧屏“雪花飘”。我看电视是带着思考去看的，不是图个乐呵，而是要找选题、抓选题的。

解放日报已故总编辑陈念云曾对我说：“要成为一个好的文艺记者，一定要多交好朋友。演员不仅是你的采访对象，更应该成为你的朋友。”记者要交的“朋友”，当然包括各个方面，但最重要的还是行业内的领军人物，有了这样的朋友，就有新闻来源，对自己的业务开展、水平精进很有好处。

以前我家里常有演员来做客。比如上海京剧院的著名须生李军，刚从山东被调到上海来的时候住在上海京剧院的宿舍里，没事就来我家，带上一盘录像带，把他的表演内容放给我看，我们边看边讨论。有了这样的朋友关系，对我来说往往能获得独家信源，开展新闻工作更方便；对这些演员来说，把人物专访等新闻交给我写，也更加信得过。

用心耕耘《随便说说》专栏

1993 年 7 月，我在《解放日报》上开辟了一个文艺评论专栏，名为《随便说说》，每周一篇，每篇千字左右，持续了近 13 年，共六百余篇、六十余万字。1997 年，《随便说说》在全国新闻工作者协会与中国报纸副刊研究会联合举办的评奖中获得“好专栏奖”。为什么这个栏目名称要叫《随便说说》？究竟应该如何

“说”？

取名为《随便说说》，是因为这个专栏以批评为主，旨在营造一种和风细雨的轻松评论氛围。尽管挂的栏目名称是《随便说说》，但说起来一点也不能随便。因为报纸要坚持正确的舆论导向，写言论尤其要注重思想性、政治性、可读性的统一，培养读者高尚的道德情操和艺术素养。

会写评论的人，抓选题的能力是很强的，还有很多别的报社的记者直接把我的评论当作选题，延伸开去做一篇报道，这是常事。用写评论的眼光去看一个新闻事件，往往能收到意想不到的效果。比如，跑剧场看戏，不能只看舞台本身，也要看看观众反响怎么样。有的记者跑条线，开个会、看个剧，活动刚开始人就走了，这就可能错过生动的新闻点。

2001 年 1 月，西班牙男高音歌唱家多明戈到上海开演唱会，发生了一个小插曲。演唱到一半，多明戈因感冒导致喉咙沙哑、突然失声。当时整个大剧院一片寂静，没人吵闹。在全场观众的鼓励下，多明戈再次登台演唱。这一幕，既反映了大师对艺术的孜孜追求，又反映了上海这座城市的文明素质。后来我从这一幕切入，写了《多明戈失声以后》。文章刊发后，同事比对其他媒体的稿件，疑惑地问我：你怎么写得和别人不一样？我说，那是因为我去了现场。

在文艺圈进行批评很难。在党报开展文艺评论，不是“手里拿着板砖乱砸”，开展批评要说理在前，评论要掌握分寸，不要图一时痛快，行文要言之有物，要在平淡中透出一股力量。

一篇好的文艺评论，语言不是最关键的，关键是观点是否引起人们的共鸣。评论不是文字游戏，这是浅层次的东西，深层的东西是对文化现象的观察和思考。一个很重要的文化现象，你捕捉到了，用平实的语言呈现出来，就是很好的报道。有些新闻工作者的评论语言是很现代的，喜欢搞一些网络语言哗众取宠，这并不可取。

《随便说说》这个专栏之所以能坚持下来，也离不开广大读者的厚爱和各方领导的支持。当时的上海市广电局党委书记孙刚曾对我说："你的《随便说说》我一直很留意，尤其是涉及广播电视系统的，不少文章讲得很有道理，对我们改进工作是一种鞭策。"

"票友下海"终成一"角"

从事新闻事业，我不是科班出身，而是票友下海。进报社之前，作为一名通讯员，我也时常为报社写稿，那只是工作之余的一种爱好，没有压力与负担。当新闻成为自己的事业，作为一名非科班出身的新闻从业人员，要比别人付出更多的辛劳。勤能补拙，只要肯为自己所喜爱的事业付出，就能一分耕耘一分收获。靠着自己如同"老牛"一般的执着努力，我从一个连新闻的"5个W"都没有学过的行外人士，最终成长为上海滩文艺新闻界的一个"角儿"。

当今传媒格局正在发生深刻变化，在融媒体传播的大环境下，新闻工作者怎样树立精品意识，当下应该如何开展文艺评论？我认为，传统媒体现在不是“没事儿干”，而是“要怎么干”的问题。退休后我依然保持读报习惯，我感觉现在的《解放日报》比以前更好看、更活了，也知道这十年来解放日报经历了轰轰烈烈的改革。这种改革是必要的，要回答好“怎么干”的问题。

融媒体环境下，技术手段丰富了，从事新闻的手段更多了，但新闻的本源不能变，新技术永远不能代替新闻本身。记者对于新闻点的判断、对于社会现象的分析和思考，这都不是技术能够替代的。再先进的技术，也抵不过扎实有内涵的新闻本体。我不爱看现在多数自媒体发的内容，越看越糊涂，信息虽然铺天盖地，但分析和思考却不见多，反而好像更少了。

传统媒体的改革，不能走上“歪路”。我也看到，有些传统媒体改革做新闻客户端之后，做了不少异地监督的新闻，或者是在法律法规、政策规定的边缘游走、打擦边球，以此来博取流量，这不是做新闻的正路子。虽然有流量，但媒体的权威性不会因为这种流量而有所提升。

现在，解放日报的“90后”记者占了很大比例，也有了“00后”记者。对于这群互联网的“原住民”，我的建议是要向前辈们学习，学习前辈对待新闻的严肃态度，学习前辈对新闻事业的无限热情，更要学习前辈对新闻业务的孜孜追求、精益求精。

记得自己刚进报社时，报社还在汉口路274号办公。老大楼的办公条件很差，尤其是里面的一排办公室，终日不见阳光。在那里，我与一盏青灯相伴、一支红笔相依，犁纸耕文，乐在其中。老报人的言传身教，在我的心中烙下深深印记。报社的事业在发展，报社的传统要继承，只有发扬好作风，才能多写好作品。这也是我二十多年来的新闻从业经历得出的最深的体会。解放日报是有好作风、好传统的，这些东西不能丢。祝愿《解放日报》越办越好。

采 访 人：茅冠隽
采访时间：2023 年 12 月 25 日
采访地点：上海市延安中路 816 号解放日报社
摄影摄像：沈阳

上海基础教育我跑了 38 年

庄玉兴

【简历】

庄玉兴，生于1946年9月，籍贯江苏武进。1964年7月上海市虹口中学高中毕业。同年9月被解放日报社录取，后被报社安排参加新闻业务学习培训。1968年到群工部从事内参工作。1972年9月到科教文卫部从事基础教育新闻报道，直至2006年9月退休。1986年9月毕业于黄浦区业余大学中文专业。1994年9月评定为主任记者。新闻作品曾荣获中国新闻奖、上海新闻奖、上海市优秀教育新闻奖等。1992年被评为上海市青少年保护先进工作者，1994年荣获上海市优秀少先队辅导员称号及“六一”奖章。

我在解放日报工作了 42 年。在当记者的 38 年里，主要是跑中小学教育。中小学教育，就是现在所说的基础教育，从孩子 2 岁进幼儿园托班一直到 18 岁高中毕业。在这个中小学教育领域，给我留下了不少难忘的记忆。

那年面试还顺利

我 1964 年高中毕业，曾参加过当年高考。当时解放日报从当年的高中毕业生里招生，就把我招进去了。这也是当年报社第一次用这种方式招人。

当时上海高中毕业生约 3 万人，能进大学的大概有 1 万人。我们都不知道自己考了多少分，因为不公布分数和分数线，考完就结束了。从当年 8 月初开始，第一批全国重点大学、第二批地方大学、第三批半工半读大专院校（实际上就是现在的高职）开始陆续招生，我没事就去学校看通知，结果连着几天都没有消息，我就回家了。

没想到 8 月的一天下午，班主任来我家，给了我一封高招委送来的信。拆开一看，里面写的是解放日报社党委叫我到报社参加学习和劳动，先去党委办公室面试。

面试还算顺利。两天后面试通过的通知就来了，我被解放日报录取，但需参加解放日报的学习和劳动，9 月 1 日正式报到。

报到后，我们要在报社先学习 4 年，然后走上采编岗位。记得第一年，每天上午老记者给我们上课，下午参加劳动，比如学习报纸排字。那时都是拿着稿子一个字一个字排成铅字的，将来当记者和编辑，必须要熟悉字体。第二年，整年都在郊区参加社会主义教育运动，还要和贫下中农同吃同住同劳动。第三年，赶上“文革”，我们的学习计划就中断了。

1968 年正式参加工作后，我参与报社的内参工作。当时解放日报的内参直送党中央。内参编好后，每天早晨由头班飞北京的飞机送到北京。当时上海送党中央的内参就是解放日报的内参，我在内参部门工作了 4 年。

1972 年，我正式到采访部门当记者。当时领导问我，你想参加哪一方面的采访报道工作，我说要么当文艺记者，要么当教育记者。因为我从小喜欢文艺，爱看书、看电影、看报纸，教育则是因为我比较熟悉学校的情况，毕竟从小学一直到高中毕业都在学校里面。后来我成为一名教育记者，一直做到 2006 年退休。

争取多做独家新闻

在解放日报历史上，政经类报道一直是强项，而教育则相对要弱许多。怎么办？我想，还是要搏，要做出解放的强势来，要争取多做独家新闻。

但独家新闻是比较难做的。以教育部门为例，通讯员基本都是各家媒体共用的。所以独家新闻要靠自己去找，这就要求记者对条线上的情况非常熟悉。

1978年，受“文革”影响，青少年中的违法犯罪现象还是蛮严重的。中央有指示，要恢复工读学校。上海后来就恢复了工读学校，希望把那些轻微违法犯罪的学生管起来，加强学习，让他们走上正道。

但这也牵涉到一些问题，比如家长不肯把孩子送到工读学校怎么办，学生到了工读学校里面又怎么办。要知道，学生入校以后是住读在学校里面的，集中起来对他们进行教育，以纠正他们身上一些错误的习性。当时这类学生年龄一般在小学六年级到初一初二之间，基本上每个学校占2%—3%左右，男生女生都有。但大多家长有顾虑，不肯送，一怕丢面子，二怕自己儿女进校受欺负等。

当时还有个禁区，即工读学校不能公开报道，这是宣传纪律。那年我走访了几所工读学校，想看看里面到底是怎么教育的。我想，要做独家新闻，就要冲破不能公开报道这个禁区。后来我在卢湾区选了一所工读学校，在那里整整待了一天，观察学校对这些轻微违法的学生是怎么教育的？是否有打骂现象？学生的一天是怎么过的？

采访完回到报社，就面临敢不敢写的问题。我跟领导商量时提出，这个禁区要破。稿子见报，这是全国第一次刊登工读学校的公开报道，把学生在其中生活、受教育的情况一一托出。社会反响很是不错，不少学生家长看了报道说现在放心了，孩子将来能走上正道。

我觉得还值得写一笔的有这么一件事，“文革”结束后，上海很多初中毕业的学生一度找不到工作。当时，黄浦区一所中学有位上海市的优秀模范班主任提出，是不是可以从初二开始就让学生学点技能，为将来找工作做准备。这位班主任联系了上海的表带厂、化妆品厂等好几家工厂，请他们在学校里开设职业班。如果这些厂觉得学生学习能力和动手能力很有起色，等他毕业就可以直接把他招进厂里。我觉得这是扩大学生毕业后就业的路子，值得推广。稿子见报，反映了上海的一所中学打破教育常规设立职业培训班这一新鲜事，引起了上海市教育部门的重视。这在全国也是第一次。后来，职业班逐步开始扩大，上海各区都纷纷办职业班。最初那所办职业班的学校则成了上海市商业职业学校，和高中、中专、技校并列。到 20 世纪 80 年代中期，上海职业学校已经遍地开花。

20 世纪 70 年代末 80 年代初，上海一些智力障碍的孩子无法正常毕业，比例还不小。当时，长宁区聋哑学校里面出现了一个智力落后班。我听到这个消息，觉得这是一件关心智障儿童的大好事，立即赶去采访办这个班的校长。我还去那个班级蹲了两天，回来后写了一篇通讯。五六年后，类似这样的班级在上海全市开花，而且把聋哑学校这个名字去掉，变成上海各区的辅读学校。

后来这位校长被调到市教育局，专门负责这块工作。他退休后给我写了封信，他说，你的报道让上海智障儿童的教育，整整提前了十年。因为报道后，这件事引起了市里的重视。他说，一个城市文明不文明、先进不先进，就是看如何对待残疾人。还说我这篇报道起了很大的推动作用。

报道尺度有的放矢

独家新闻还有一种获得方式，就是“制造”独家新闻，当然，“制造”是打双引号的。

我跑条线时，除了和各区教育局办公室主任、通讯员联系外，我还喜欢和局长、校长打打交道。这不是为了问他们要稿子，而是和他们闲聊，听他们的看法和观点，有时候从闲聊中可能发现一些独家的内容。

20 世纪 90 年代中期，上海出现了师资力量短缺断层的情况，而学生越来越多。当时，上海市区采取的措施是改学制为“54 制”，就是把小学从 6 年改为 5 年，把初中改为 4 年，把小学教师送到中学里面去。因为那时候小学人满为患，初中反倒比较空。

面对师资不够的情况，当时上海各个区大量招聘教师，但招教师也要看学历，至少是本科。有一次，我去闸北区教育局，发现他们正在为一件事争论不休。原来，当时有一名中专生来参加教师招聘，教英语。她的课堂教学能力很强，但由于学历不合要求，局里一直犹豫不决。我说你们应该不拘一格降人才，只要她课上得好就可以招。我给教育局出了个主意，请市教育局下面的教学研究室来听课，他们可以判断这个中专生适合不适合当老师。

后来就把市里两名英语教研员请来，整整听了两节课。我也去听了。最后得到了市教研室的认可，闸北区教育局就决定破格招收中专生当老师。后来我写了个头版报道，讲不要只看学历，也要看能力，也算是独家新闻了。

跟踪典型也是一种方法。20 世纪 90 年代初，上海有一批初中，被称为困难学校，因为师资力量不行，教育质量提不上去。学校的基础也比较薄弱，学生的成绩相对来说比较低。

当时上海采取了很多办法，有一种办法是发挥各区教育学院的作用。过去，各区都有教师进修学校，后来改为教育学院附属学校。当时，区教育学院把一些困难学校拿过来，变成自己的附属学校。比如，静安区就把一所困难学校的名字去掉，改为静安区教育学院附属学校，由教育学院的副院长担任这所学校的校长。教育学院里都是优秀老师，让他们去学校里上课。

后来，静安区教育学院附属学校大有起色，排名从很低变成静安区的第一块牌子，升学率也很高。2004 年，中央发了一个文件，其中很重要的一条就是要减轻学生负担。当时报社总编辑问部主任，你们手里有没有典型？我说有，我就想到了静安区教育学院附属学校，他们的口号就是轻负担、高质量。当时已经快放暑假了，我就带了两名记者去采访了一天，除了采访老师，还采访了学生和家长。报道登上了头版头条，当天中宣部部长就批示，这是一个很好的典型。后来全国各媒体都去采访了。

当然，独家新闻也不一定都能报道。1979 年我就遇到过一个不适合报道的案例。当时我收到一条线索：工读生考进大学。这确实是独家，但我想的是，当时社会上对工读生还有一些偏见和歧视，录取他的大学知道他是工读生吗？如果登报，是不是会害了家长和学生？后来再三考虑，还是没报道。

没想到，这个消息后来被别的媒体发布了。大学知道后，马上勒令这位学生退学。第二天早晨我一到报社，一对夫妻跑到我办公室里痛哭流涕，我感到有些莫名其妙，后来才知道，他们是那位学生的家长。他们请我一定要救救他们全家。

我想作为记者，能帮一把就帮一把。我就帮忙把情况转给高招办和市里，我还亲自跑到大学教务处，告诉他们，工读生上大学这件事本身是没问题的，国家也有文件专门规定，工读学生不影响升学、参军、就业。我说你们应该收回退学的决定，让学生继续读书。后来，市里成立了调查组进行调查，查明情况后恢复了录取。这名学生后来在大学里表现很优秀。

我也写过一些独家批评报道。1986 年，我写过一篇救救祖国花朵的报道。内容是上海某区要把一所很好的正规初中与某硬件条件比较差的政府部门对调场地。当时为了发展经济，很多地方都存在侵占教育用地的情况。我写了内参和公开报道，最终学校被保留了下来。

当然，有的批评性报道不适合登报。大概二十多年前，上海某重点学校里有男女同学在走廊上接吻，被监控拍到。校长觉得太不像话，在全校进行讨论，批评这两个学生。很多媒体对此都报道了，但我觉得这件事有争议就没报道。我认为校长拿此事来进行全校讨论并不合适，从未成年人保护法来说，也是有问题的。其他媒体报道几天后，市委宣传部果然下达了停止报道的通知。

采 访 人：顾杰

采访时间：2023 年 12 月 26 日

采访地点：上海市永兴路庄玉兴家中

摄影摄像：沈阳

解放日报为我的成长铺就道路

李文祺

【简历】

李文祺，生于1946年10月，籍贯上海。1986年黄浦区业余大学毕业。1966年进解放日报，历任记者、农村部负责人、科教部党支部书记、驻京办事处主任。2002年评定为高级记者。1984年11月参加中国首次南极考察队，被国家南极考察委记三等功，受到中国记协表彰，被评为上海宣传系统先进工作者，解放日报记大功。1999年7月参加中国首次北极考察队，成为中国新闻界唯一参加首次南北极考察的记者。采写新闻作品《古尸身上抢宝》获1986年上海好新闻一等奖，《从装卸工到发明家——记科技精英包起帆》获上海好新闻二等奖。2007年10月被中国科普作家协会授予有突出贡献的科普作家称号。2000年获上海范长江新闻奖。曾任上海科技传播学会副理事长、中国科普作家协会理事等。2006年起任上海老新闻工作者协会理事、浦东分会会长。著有《南极之行》《来自北极圈的电讯》等。

我赶上了好时候。1966年，党和国家决定培养自己的记者，在农村务农两年多的我被选调到解放日报社。自那之后，我在解放日报待了整整40年，20年在上海，20年在北京。“解放”从头至尾培养了我，为我的成长铺设了一条金光大道，才有我今天在新闻事业上的一点光彩。

抓住线索，向南极进发

1984年的夏天，国家海洋局东海分局在停泊黄浦江的考察船上举行了一场新闻发布会，上海科技记者应邀登船采访。中午，东海分局局长董万银请大家吃饭，提及“我国秋天将从上海出发，进行南极考察”的消息。当时我就很关注，作为记者想要记录这一历史时刻。

但加入南极考察队并没有那么简单，首先要通过单位向国家海洋局提出书面申请，经领导审批审核才能参加。我回到报社，马上向我所在的科教部主任余建华报告。第二天再次去东海分局询问详细情况后，我以科教部的名义向报社党委会作专题汇报。当天晚上，党委会决定，《解放日报》虽然是上海市委机关报，但国内的重大事情我们也要参与。在报社党委的大力推举下，我作为最早发现线索的记者，参加了中国首次南极考察队。

当时身上的担子并不轻，考察队涉及国家 23 个部委，派出 592 人，每个人都有额外的任务。除去记者身份，作为考察队员的我，在南极建设长城站时，要做搬运工和水泥搅拌工，还要当炊事员。那时，上海市科委副主任魏瑚也向我布置了一项任务，希望我能为上海自然博物馆采集标本，在自然博物馆展出，普及有关南极的知识。因此出发前，我还在自然博物馆培训了一周，学习如何采集标本、保存处理等等。

首次南极考察，风险未知，我们都写了生死状。我们立下誓言，为了中华民族利益，为了国家的利益，考察队员写了遗书。我没有写，只把当时护照上的照片拿到南京东路上的王开照相馆放大，放在家中写字台玻璃板下，对我的妻子说，如果你要是想我的话，就看看这张照片。

1984 年 11 月 20 日，592 名考察队员离开上海。考察船刚刚驶离港口，就有考察队员突然脑出血，只能把他留下，于是 592 名考察队员变成了 591 名。

航行在太平洋，危险和困难一个接着一个。其中最大的危险是台风。台风卷起的惊涛骇浪，严重影响船只的航行。我们也都晕船了，呕吐，反胃。但就是在晕船的情况下，我在考察船上发出了第一条新闻。当时条件很艰苦，没有像现在可使用 E-mail 和电脑。我拿的是一捆稿纸、两支圆珠笔，这就是我的采访工具。在《人民日报》记者杨良化的帮助下，我将第一篇稿子发到人民日报，人民日报再传到解放日报，也就是那篇《考察船遇到台风，避开台风正面冲击，继续前进航行》。

我们到了西风带，风浪依旧很大。当时考察队中有一名22岁的大学生，上海师范大学毕业的，名字叫葛棣明，突然下腹疼痛。随队医生经过检查诊断为急性阑尾炎，这在陆地上不算大病，但是在船的航行颠簸中，手术很困难。只能将他全身麻醉，捆绑在手术台上，当风浪向右边倾斜的时候，手术刀下刀，向左边倾斜的时候，手术刀拔起来。手术就是在这样严苛的条件下完成的。我作为一名记者，进入手术室拍下了这张照片——《在风浪中的手术》。

我们就是这样一路航行，一路奋斗，一路风雨，向南极进发。有位考察队员写了一首《远航》的诗：

远航
蛟龙劈波斩浪
向着南极的怀抱投去
虽然西风带狂风巨浪
但它阻挡不了炎黄子孙坚定的步伐
等待着我们去插五星红旗！

南极在向我们召唤，我们要踏上南极的土地，要插上我们的五星红旗，建立第一个科学考察站——长城站！这就是我们的志气，这就是我们的向往。

从 1984 年 11 月至 1985 年 4 月，历时半年，我们在十分艰苦的条件下建站和进行南大洋考察。在与极地飓风和大洋恶浪的搏斗中，经受了生死考验。在船长的指挥下，我们还登上南极大陆，插上了五星红旗，写下《把五星红旗插上南极大陆》长篇通讯。这一情景，至今回想起来依旧激动不已。我也完成了有关部门交给我采集标本的任务，把两大铁箱内装得满满的标本交给上海自然博物馆。

两手准备，为神舟助力

1999 年，我从北极考察回来，接到通知去参加一个内部机密会议。去了以后才发现，除《人民日报》、《光明日报》、新华社、中央电视台等中央媒体，地方报只有《解放日报》一家，地方记者仅我一人。会上宣布，我国马上进行神舟一号试验飞船的发射。这艘飞船发射上去以后，经过 20 多个小时飞行，在我国内蒙古中部落地成功后，才可以报道。中途，不能透露任何消息。

纪律要遵守，但我心里憋着一股气，总想作为党报，要及时跟上宣传节奏。

于是我去找有关负责同志，想把这条凌晨 3 点的新闻抢出来。这位负责同志也觉得这个要求很合理，便向最高层去请示。答复：同意。作为记者来说，千年一遇的新闻就在眼前。我很兴奋，没有吃饭，没有睡觉，决定守候在那里。

我把信息向当时的总编辑赵凯同志作了汇报，他也很支持。于是，我向他提出两条建议。一、我把前方经领导审核好的稿子发回来，先拼版，同时把日常的版面也拼好。二、如果成功了，推出我从北京发来的报道；如果不成功，把这个日常版推出去。

赵凯同意了我的建议，于是大家前后方配合起来。在现场整整等了 23 个小时，成功了！我把手机打开，把现场的欢呼声、鼓掌声发到报社夜班编辑部，让他们也能感受到现场的气氛。赵凯也把第四版单独列出，作为我前面新闻的互动，告诉大家中国人发射飞船成功了。这条新闻震动很大，真的很大，《解放日报》成功了。当时的总装备部部长曹刚川（后任中央政治局委员、国防部长、中央军委副主席）兴奋地说“《解放日报》立了一大功!”特地把我拉到他的身边与我合影。

神舟一号发射成功了，后来每次发射都邀请我参加。发射神舟五号，我到酒泉卫星发射中心送杨利伟升空，我也看到总书记胡锦涛同志亲自送杨利伟出征。神舟六号发射时，我也去送费俊龙和聂海胜两位航天员出征。坐在向发射场进发的大巴上，我手里捧着照相机，很兴奋也很激动。当时我坐在大巴最后一排中间的位置，这个中间的位置现在叫尾穴位，前面是空的，也是最危险的位置。

大巴在戈壁滩上猛开的时候，前面有两个凹坑，我坐在最后一排，嘭一下把我弹射到车顶，重重摔在地板上。我的背脊马上疼起来，头上直冒冷汗。同行的同事想停车送我回去，但我说不行，大家都有采访任务，不能影响你们，继续开吧。

大巴开到发射架东南方约 1500 米处停下，大家都下车抢占有利地形，架设拍摄架。我起不来，但是我有任务，不能起不来!

我两只手拉着扶手，忍着痛站起来，慢慢向车的中间移动。打开车窗，目光注视着前方的发射架，等待发射的时刻，拍下 5 张清晰的照片。照片在《解放日报》头版头条刊出，圆满完成了报社交给我的任务。

善于挖掘，在日常中找到新闻

报社对我特别关照，一些重大事件的报道我都参与过。美国总统尼克松访华、日本首相田中访华、法国总统蓬皮杜访问上海等，我都在现场。粉碎“四人帮”后，为落实知识分子政策，我深入科研单位采访，先后在《解放日报》发表《“门外客”请进门——中华造船厂党委落实知识分子政策记事》《一场意义重大的讨论》《制冷专家陈廷骧为什么会出走》《就应当派这样的人出国》等系列通讯，被国家科委评为落实知识分子政策好新闻三等奖。1978 年召开全国科学大会，我被选为全国科学大会的代表赴北京采访。当时我的身份有这样几个：一是代表，二是解放日报的特派记者，三是担任代表团团长、市委书记韩哲一的临时秘书。在全国科学大会期间，星期天不开会，组织代表到北京展览馆参观我国科技的一些成果。我去了，在旁边跟着看，跟着听，突然发现我们上海的陈念贻研究员与吉林大学教授唐敖庆亲切握手。我们代表团团长韩哲一马上跑上去，握住唐敖庆的手，亲切地说：“上海人民感谢你，给我们培养了陈念贻这样的科学家。”代表团副团长、上海市科委主任杨士法也跑上去握手，邀请唐教授再来给上海的科技人员上课。这是怎么回事呢？当年唐教授到上海为科技人员培训，上海的“四人帮”爪牙知道后，把他赶出去，欠了他这样一个情。此时发生的精彩一幕，我抓住了。我马上请新华社的记者为我拍张照片，写了一篇特写《战友重逢分外亲》发回上海。

“文革”期间，记者在报纸上都不署名的，因此当年我发的稿子也没有署名。但粉碎“四人帮”后，大家的思想都开始解放了。晚上拼版的时候，老总把我的名字加了上去。现在这条新闻被收入了上海新闻史。

我采访包起帆是在1989年。当时上海市科协正在组织评选上海市的科技精英，其中有一个发明抓斗的人叫包起帆，他就在白莲泾码头，离我家很近。那时，装卸木材被称为“吃人的工作”，但包起帆很好学，他开始思考，能不能结束人工装卸木材，用机器抓斗来装卸木材呢？一次受圆珠笔伸缩的启发，他得到灵感，发明了木材抓斗。经过深入采访，我撰写的长篇通讯《从装卸工到发明家》，在《解放日报》头版头条刊发，并获得上海市好新闻二等奖。就这样，“抓斗大王”的名号被叫了出来。最初，我和包起帆是采访和被采访对象的关系，后来成了好朋友，几十年都不变。

党培养我们成为党报的记者，就是要不怕累、不怕苦，脚要勤、手要勤、脑要勤，随时发现问题，经常要思考怎么抓住新闻。我是农村来的，没有经过新闻专业培训，先天不足。为了弥补不足，就要不断地学习，不断地看书。现在年轻人先天条件好，有了这么一个功底，还要善于捕捉信息，在重大机遇来临之际，要牢牢把握。机遇是一刹那的东西，抓不住就没有了。无论在何时何地，要始终牢记：我是一名党报的记者。

采 访 人：王潇

采访时间：2021 年 10 月 26 日

采访地点：上海市延安中路 816 号解放日报社

摄影摄像：沈阳

解放人的特质：文字匠与政治家

徐仲达

【简历】

徐仲达，生于1946年10月，籍贯江苏南通。1986年黄浦区业余大学毕业。1975年进解放日报，历任文艺组、夜班编辑部、农村部记者、编辑。1995年任上海《支部生活》杂志副主编，1997年任上海《支部生活》杂志主编兼《党课教材》杂志主编。2004年评定为高级记者。1996年任上海市记协理事，1999年任上海党建研究会理事。1988年初采写的通讯《126枚图章仍未了》，曾引起较大反响。《沿着伟人的足迹》《WTO给企业党建提出什么挑战》获1997年、2001年全国党建刊物优稿评选一等奖。著有新闻通讯评论集《那些岁月那些事》，主编《上海名特优新农产品大观》《党支部工作手册》等。

有志者，事竟成，破釜沉舟，百二秦关终属楚；苦心人，天不负，卧薪尝胆，三千越甲可吞吴。简单来说就是立大志向，下大功夫，成大赢家。

这句话，鼓舞了我很多年。在此，我希望能够将这种力量送给报社的年轻记者们。

润物无声

我与解放日报结缘，源自一场培训。

20 世纪 70 年代前后，因大学新闻系停办而长时间没有招新人的解放日报社举办了两期工农兵通讯员学习班。当时我在宝山县五角场乡文化站工作，赶忙报名参加了第二期培训，并就此留了下来。

因为文化站的工作经历，进报社分入文艺组似乎顺理成章，似乎比较“对口”。不过，我没想到，第一次采访就挺让人挫败的。当时，我跟着老记者一起去上海电影制片厂采访，导演、编剧、演员围坐着开会，但是他们在说什么我根本听不懂，只能默默坐在一角，期待采访快点结束。

这或许是我进入解放日报的第一课：无论此前工作如何，在这里一切从零开始。后来，一回到报社，我就赶忙跑到图书馆，解放日报图书馆的藏书很多，足够记者学习丰富自己。这个积累的习惯也一直持续到现在。

不久后，努力有了效果。在一则消息交稿后，时任文艺组组长的储大泓对我表示了肯定，还布置了一篇文艺评论给我。我其实很忐忑，之前从来没写过，怕写不好。但老储给了我很大的鼓励：一个是通篇保留了我的语言风格，未做过多修改，我还专门问他，他说他不大改记者稿子，大家各自有各自的语言习惯，只要主题鲜明、逻辑上没问题就可以；另一个就是老储在文末加了一句话，这是整篇文章的点睛之笔。

文艺组待了两年后，我被调去夜班编辑部，部主任陆炳麟的才华再次让我看到解放人身上的魅力。老陆据说只有初中毕业，但知识储备非常丰富，平时看稿子一目十行，哪里不对，立马就帮你改过来。有一次，一篇文艺评论涉及《红与黑》，他觉得里面有个人物的名字写错了，说要核查，结果资料组的同志拿出书来一对照，果然是错的。

我记得，也正是因为此事，有前辈指点说，解放日报的记者首先要学会写检讨。这里的写检讨，并非真的写检讨书，而是说在《解放日报》上刊登的每一个字，都要经得起检验，一旦出错，必须要承担相应的后果。我们时刻谨记“代表市委市政府发声”，无论是文字还是选题，都要格外仔细认真。陆主任身上就体现了这种谨慎和认真。

不过，这并不代表“保守”，在关键时刻，解放人的果敢与担当，一点都不少。

对于十一届三中全会之后的“农村改革”，当时国内的声音并不完全统一。安徽凤阳小岗村先行先试后不久，上海很多农村也开始试点“联产承包制”。其时领导部门对这个问题意见并不明确，大部分还是持观望态度，直到全国农村工作会议之后，才确定要全面铺开。

在两次会议间隙，有记者曾带回农村试点联产承包的线索。“登不登呢?”考虑再三，时任农村部领导贾安坤最终拍板：顺应历史潮流，率先在《解放日报市郊版》刊发稿件，做到了“鼓”与“呼”。在历史转折的关口，怎么把握正确的方向，跟上时代步伐，很重要，非常考验记者、编辑的能力和勇气。当然事后再看，算是为解放日报争光了。

紧抓热点

得益于身边人的言传身教，我在学习中逐渐形成了自己的风格：既抓大热点，也不放过小热点。

所谓大热点，是指某个地区或某个条线在一定时期的中心工作，也是领导反复强调的重点工程，抓住这个热点，可以通过媒体的报道推动全局工作。

改革开放初期，我写过一篇《126 枚图章仍未了》，引发了全社会的反响。当时，时任上海市委书记的江泽民同志正在抓招商引资工作，我在采访的时候听说一家公司吐槽，从列项到签约，整整盖了126个图章。这种效率怎么吸引投资啊？听到这一线索，我就很好奇，怎么会这样呢？赶忙联系当事人，多方调研走访后发现：图章背后竟是“官僚作风、机构重叠”在作祟。文章随后被刊登在《市郊大地》专版头条位置上，引发了广泛关注。江泽民在当年3月召开的上海市农村工作会议上，严肃批评某些部门的拖拉现象；朱镕基也表示要成立一个权威的综合部门审批相关项目，“争取只盖一个章。”

“只盖一个章”，推动了全市行政作风和效率的大改革、大提升，就是典型的以小见大。当时，许多外地报纸也都跟进作了报道。有的人说，100多个图章算什么，我们这里手续更麻烦。

如果说，改革开放是大热点，那么同期每个市民身上的变化，就是记者值得关注的小热点。

比如说《勇敢的求爱者你在哪里》一文，说的是宝山县罗店公社某厂一个女工，因为谈过的两个朋友中，一个因车祸意外身亡，一个生了重病，老人们就说这个女人是克星。其实这是农村的封建迷信行为，我们要提倡科学，就刊发了这个稿件。稿件引起了强烈的社会反响，读者来信每天都有上百封。不同的声音纷纷涌现，有同情的、有支持的、有不理解的、有批评当地这种封建思想的，还有人说我愿意娶她。这就是小切口反映大问题。

还有一篇《女供销员的苦恼》，同样是对农村落后的传统观念的冲击。当时上海郊区改革开放，社办企业、村办企业蜂拥而起，有个女供销员经常出去谈业务，穿戴方面比较时髦，惹来村里的闲言碎语。稿件引起了当地妇联的关注，还专门针对此事开展座谈，引导大家对于女性积极响应改革开放、搞活经济要给予宽容和谅解。

将大小热点相结合，直击社会痛点，展现时代之变，乃至引领社会思潮，也算是个小技巧。我还关注过《菜多为何价不低》这类跟老百姓紧密相关的“急难愁盼”选题，其他报社记者也会写，解放人怎么写出自己的特色呢?

我着眼于菜价，剖析了当时蔬菜产量提高后但售价不降反升的原因。采访时，农民跟我说，青浦的明星产品茭白，批发价才5毛，结果到了市里3元一斤，怎么会造成这种现象?调查走访发现，是因为几个方面原因：流通环节太多、农资成本增加、摊贩生活成本提高。后来既推动了市里政策的改变，也赢得了市民的广泛关注。这样的小热点是党报联系群众最直观的表现。

双向奔赴

记者最重要的是对社会上的各种现象持有一种好奇心，戏说叫“唯恐天下不乱”，不然你很难当好一个记者。解放日报的记者，应该会站在更高视野去看待问题，去发掘小问题背后的深层次原因。

我转岗到《支部生活》，更加深入地去了解党内生活时，发现原来自己身上也被烙下了“解放”的印记。当时，相比当记者，做好《支部生活》这份刊物并不容易。要编好两本杂志，每本杂志10万多字，不能出任何问题。可以说，“解放”的工作经验帮了很大的忙。

既要把关文字，还要负责经营和管理，我一步步适应了新的角色，支撑的核心便是“热爱”。当下这个快节奏的时代，这两个字听起来似乎有些俗套，但我真切地觉得，我现在的职业是我所热爱的，我应该珍惜它。所以不管调到哪个部门，只要我在从事新闻事业，从事我心爱的事业，我还是愿意付出，尽最大努力把这个工作做好。

广阔的成长平台、宽以待人的工作环境、关键时刻的敢做敢当……在这种环境中成长起来以后，我也想以一篇篇有影响力的报道回馈报社。

采 访 人：栗思

采访时间：2023 年 5 月 9 日

采访地点：上海市延安中路 816 号解放日报社

摄影摄像：沈阳

我经历了党报发行的春天

卑 赢

【简历】

卑赢，生于1946年12月，籍贯江苏南通。1968年3月从比乐中学参军，1970年7月提干，先在中国人民解放军航空兵第十三师39团担任伊尔—14型运输机无线电师、师宣传科新闻干事，后调空军政治部宣传部新闻处任干事。1976年底复员后到上海市报刊发行处工作，其间担任解放日报、文汇报、新民晚报通讯员，采写了大量上海报刊发行领域的新闻报道。20世纪80年代初《新民晚报》复刊后，经常为该报头版“今日论语”专栏撰写言论。同时还在《解放日报》“新世说”、《新民晚报》“夜光杯”发表文章，其中杂文《X村民的遗风》被英文报纸《中国日报》摘登。1984年5月调入解放日报社，先后担任发行科科长、发行部经理。1998年11月起担任上海市新闻工作者协会秘书长。2007年11月被中宣部、人事部、国新办、广电总局、新闻出版署、中国记协评为“全国优秀记协工作者”。

我是 1984 年 5 月调入解放日报负责发行工作的。经报社同意，我还是当时报社唯一一个持有记者证的发行人员。

我从进报社到 1998 年 4 月，一直从事党报发行工作。这是一项在特定历史条件下具有特殊时代内涵的工作。

第一，随着改革开放和经济建设大潮兴起，人民群众文化需求日益增长，党报不仅要为宣传贯彻党的路线方针政策和工作部署发挥强大舆论引领作用，还要不断增强信息性、服务性、贴近性，全方位满足广大读者在各领域的多种需要，从而也给党报发行市场的多元拓展和空间扩张带来难得的机遇。这就要求我们更新理念，把工作做得更深入、更广泛、更精细，不仅使《解放日报》牢牢扎根机关企业，还要增强融入社会、走进家庭的渗透能力。

第二，随着党的工作重心转移，党的政治思想工作形式和手段实行了一系列与之相匹配的重大变革，其中包括计划经济下雷打不动的“班组读报”制度被逐步取消，这就直接冲击和动摇了《解放日报》“扎根班组”这块长期来已经固化了的发行根基。迅速对党报发行格局进行战略转移和布局重构，已成为《解放日报》发行工作刻不容缓的第一要务。

第三，经受汹涌澎湃的经济体制改革和日新月异的城市改造建设两股大潮的洗礼，社会形态和城市面貌发生了翻天覆地的变化，比如工厂企业“关停并转”、整个街区动迁拆除，给党报发行的生态环境带来了许多亟待破解的新课题。如何另辟蹊径再出发，“以发展求稳定、以稳定求发展”，打好“以变制变”的主动仗，积极化“危机”为“机遇”，对我们发行工作提出了严峻挑战。

以上三个方面构成了我这十几年从事党报发行工作需要不断思考探索的主题、创新谋划的依据和实现转型的标靶，可以说也是当时党报发行工作的全部内容。

我经历的十几年发行工作可以划分为两个阶段：一是 1984 年 5 月进报社到 1991 年底；二是 1992 年 3 月邓小平“南方谈话”发表之后。

第一阶段：以发展求稳定，在稳定的基础上求发展

一、旅馆订报

改革开放以后，上海的四方来客越来越多，其中有不少是来寻商机做生意的，他们有迫切的读报需求。那时上海除了大宾馆外还有饮服公司、集体办、合作联社、人防办主管的旅馆、招待所，数量大、床位多，订报量非常可观。从 1984 年 10 月开始，我们除了争取各主管部门和旅馆支持外，还积极争取市物价局、市财政局给予政策支持。当时，财政局发出《通知》，规定旅馆

每个床位增收一角钱，其中5分订《解放日报》，2分4厘订本报的《上海经济信息》，余下2分6厘作为旅馆服务员劳务费，为我们解决了经费问题。旅馆工作铺开后，本报发行量几天内就增加了3万多份，发行总数从88万份（当时是一大张四个版）一下跃升到了91万多份，打了一个漂亮仗。

二、“人手一份”

1985年初，上海中药制药一厂停止“班组订报”后，为全厂800多名干部职工“人手一份”把《解放日报》订到家里，这一创举为党报发行开拓了一片“柳暗花明”的新天地。我们一边在报上大力宣传这一新生事物，一边把推广中药一厂经验列为“重中之重”的主攻方向，采取多种有效方式使它转化成了各企业订报的共同诉求。结果全市不仅发展到近50家企业员工“人手一份”，而且还有更多的企业根据实际情况，将《解放日报》订到干部和班组长家里。这样，不仅发行量大大超过了“班组订报”，而且“一人订报全家读”，党报影响力也获得了比“班组订报”更大的优势。可以说，“人手一份”是党报发行“化危转机”的成功案例之一。

三、宝钢订报

宝钢从1991年1月1日起为全厂32000多干部职工“人手一份”订阅《解放日报》，让我们抱到了一个“金娃娃”。但是，由于第一年我们是从邮局把收订发票领回来动员宝钢各部门为职工填写的，难免发生姓名、地址、邮编差错，致使第一天约200家订户收不到报纸，正业宣传部深感压力，打算下一年不再续订。

面临新挑战，我想出一个办法，就是自己设计印制《解放日报订报单》，首先征得邮电局认可，能在全市各邮局通用，然后发给每个人自己填写好姓名、住址交到居住地邮局，这就从根本上杜绝了收不到报纸的差错。宝钢党委认为这个办法好，终于在1992年维持了“人手一份”。《解放日报订报单》后来被邮局演变成了现行的《邮局订阅单》，可以说这也是我们在宝钢“人手一份”中的创造发明，市新闻出版局还将其作为创新发行手段的案例写入培训教材。

四、党报之争

1985年以后，兄弟报纸与本报进行的“党报之争”，可以说是在特定历史条件下的“发行之争”。他们说自己也是“党报”，要求各单位“一视同仁”，在订数上与《解放日报》“一半对一半”。这使得我们在坚持“以发展稳定阵地”的同时，又出现了要“以竞争捍卫阵地”的“第二条战线”。那些年与兄弟报纸竞争成了发行工作的基本常态和重要内容。记得我在报上以“答读者问”的方式解释过“党报是指党的机关报，是党的同级机关的工作部门”，而不是“党领导下的报纸”的简称；摆出过有说服力的论据，就是国家邮局规定：对《人民日报》和各省（市）党委机关报按照报价百分之二十五收取发行费，其他一律收百分之三十五，这就是“党报”和“党领导下的报纸”区别所在；在各种会上大力宣传党报“舆论导向”和“发行导向”一致性的观点，鼓励各单位理直气壮倾向党报，不折不扣订好党报。今天重新审视当年的“党报之争”，我认为“增强党报意识、捍卫党报阵地”是当时党报发行工作绕不开的应有之义。当然，“党报之争”也许只是特定阶段的一个插曲，但作为报业史上的一个与发行有关的事件，还是值得记上一笔的。

五、开设分印点

开设分印点是《解放日报》提高发行时效，实现“兼顾华东、辐射全国”办报方针的必由之路，因而本报也是全国省市党报中仅有的两家之一而且是首家开辟分印点的报纸。1988年我们在分印点光明日报和北京邮局全力配合下，成功将原来的航空纸型版转变为当天凌晨传输的电子版，实现了本报在北京当天“早报早送”的飞跃；二是由于苏锡常历史上就有阅读《解放日报》的习惯，一直是本报外地发行的重镇，1990年我们在无锡日报设立分印点，有效促进了三地发行量“稳中有升”；三是在崇明开设第三个分印点，根治了长期来岛上读者因为天气原因一连几天看不到《解放日报》的老大难问题，同时也在报业史上创造了报社在当地开设分印点这个独一无二的举措，充分体现出本报把社会效益放在首位的理念。

第二阶段：坚持发展硬道理，开拓发行新局面

改革开放总设计师邓小平“南方谈话”发表，为本报发行工作带来了生机勃发的春天。

在这里，首先要回顾一下20世纪80年代中期在全国兴起的“自办发行”浪潮，为什么它会成为党报发行改革的共同突破口呢？主要有三点：一是打破邮局垄断，夺回“发行自主权”，挣脱邮发制约，打开发展新局面的需要；二是加快投递时效，提升服务质量，满足读者诉求的需要；三是反制邮局长期占有报社预收款按月返还的“霸王”条款，维护自身经济权益的需要。从1985年起，我们在陈念云、冯士能、周瑞金、丁锡满等历任领导的带领下，为“自办发行”作了大量可行性调研和准备工作，但是由于阻力重重，最终没有办成。

1992年3月邓小平同志“南方谈话”发表，“发展是硬道理”的论断给我们“大胆试”“大胆闯”提振了勇气和信心。由此，我萌发了一个构想，就是把“自办发行”的优势基因移植到本报现行的邮发体制上，“既不伤筋动骨又能强身健体”，形成一种有创新、有活力的党报发行新机制，闯出一条自主发展的党报发行新路子。于是，我做的第一件事情就是给党委写报告，提出成立“解放日报发行服务部”的构想，周瑞金、丁锡满两位领导很快就批复同意了。

发行部下设立足“邮发”的发行科和立足“自发”的发行服务部两个并列的科级单位，运作的总思路是“邮发轮子和自发轮子一起转”；总目标是“社会效益和经济效益一起抓”；总原则是“邮发为基础，自发为补充；社会效益为主，经济效益为辅”。

这一时期，我们主要做了以下几方面工作：

第一，勠力运行发行科和发行服务部两个轮子，锚定本报发行总目标各司其责，合力推进。首先对发行服务部划定工作范围：一是邮局到不了的地方；二是邮局想不到的地方；三是邮局靠不住的地方，绝不能在邮发环节上“移花接木”，这是不可踩踏的“红线”。发行服务部成立后，成功开辟了全市市场“摊位订报”、医院“病床订报”的新阵地，同时还在轮渡、车站、码头、机场拓展了大量《解放日报》零售点。这些都是在单纯邮发的体制下前所未有也是不可能实现的新增长点。为此还组织了一支投送队伍，每天清晨就能把报纸送到市场、病房的读者手里。以“两个轮子”运作的第一次大收订为例：1993 年 1 月 1 日，本报邮发部分突破了上年同期 57 万份达到了 58 万份；自发部分达到了 4 万多份，两部分相加总数达到近 63 万份，大大超过了党委下达的 58 万份的收订指标，发行部不仅被评为报社先进集体，还被全国报协评为先进单位。

第二，以区委宣传部为依托，以街道为根据地，设置《解放日报》售报亭、阅报栏，为构建“布局合理、方便读者”的自办发行网络探索经验。最后，本报分布在全市商业闹市、交通要道、居民小区的售报亭达到了近 30 座，设置阅报栏近 100 个，形成了很强的社会辐射效应。报亭由街道管理并招募当地下岗人员经营（包括每天张贴阅报栏报纸），承包人签订合同必须每天至少确保零售《解放日报》50 份。这样就使本报每天的零售量增加了一千多份，远远超过了当时邮局的零售总数。

第三，围绕“扩大党报影响”这个根本目标，以实现社会效益最大化为出发点，开展多种经营扩大经济效益。“解放日报发行服务部门市部”，既是《解放日报》以及《支部生活》等本报系列出版物的展销窗口，也是本报自办发行的投递集散点和报纸要数、报款结算的枢纽中心。另外还配合各项重大活动，运用本报宣传资源编印销售学习资料；代理《新民晚报》等热销报纸批销；承担外省市自办发行报纸零售等，形成了一大服务特色。我们充分发挥本报售报亭、阅报栏“点多面广”的辐射优势，在上面发布企业广告，不仅收回了报亭、报栏成本还向报社上缴了利润。1993 年在静安区委宣传部配合下，我们在百乐门楼顶等 3 处竖立了电子大屏幕，每天清晨把夜班编辑部挑选传来的 3—5 条标题新闻和广告串编好，在大屏幕上循环播放。可以说，早在 1993 年本报就首家实现了“多媒体”传播手段。

第四，我在发行工作中还策划了一些有创意、有效果的新举措。1997 年 7 月 1 日香港回归祖国，契合香港的“香”字，出版发行了两万份喷洒“白玉兰”型香料的“香报”；1997 年组织了近 20 家大专院校参与的“大学生卖报队伍”，上街零售《解放日报》“双休特刊”等。

采 访 人：陈抒怡

采访时间：2023 年 11 月 15 日

采访地点：上海市延安中路 816 号解放日报社

摄影摄像：沈阳

要出好稿，
这是解放日报的传统

郑正恕

【简历】

郑正恕，生于1946年12月，籍贯江苏苏州。1966年高中毕业，进入上海化学试剂二厂工作。1984年，经由社会招聘考入解放日报社。先后在发行部、总编办公室等部门工作，1988年进入国内新闻部任记者，2000年任主任记者。2006年12月30日正式退休。

我是1966年高中毕业的，因为“文革”失去了高考机会，被分配到上海化学试剂二厂工作。1984年春天，我在上海静安区业余大学进修时的一位同班同学告诉我，解放日报正在面向社会招聘。我想，这是改革开放给我的一次机会，无论如何我都要去试一试。我就报名了。

经过层层笔试、面试，我终于考进了解放日报。1984年9月15日是我到报社报到的日子，这一天我永远不会忘记。直到2006年12月30日退休，我在解放日报工作了22年，先后在发行部、总编办公室、国内新闻部就职。可以说，在解放日报的22年是我一生中过得最充实的22年。

两位报社前辈对我影响至深

进入解放日报后，有两个人深深影响了我。

第一位就是当时的总编辑陈念云。记得那时我刚刚入社，陈总编辑为我们做报告。那场报告他讲了2个多小时，一气呵成，甚至连一口水都没有喝。他报告的内容对于刚进报社的新人来说，简直闻所未闻，我们的视野一下就被打开了。我至今还记得他强调最多的一句话：《解放日报》的办报方针是立足上海，兼顾华东，面向全国，走向世界。这既是我们的办报方针，也是我们的发行方针。

之所以强调这样的方针，要从《解放日报》的影响力讲起。《解放日报》是上海市委机关报，为什么要提“兼顾华东”呢？因为1949年以后上海曾两次作为华东局的所在地，《解放日报》也两度成为华东局的机关报，所以我们要走到华东各省去报道新闻，去宣传我们的报纸。

那时，我们就成立了国内新闻部。其实“国内新闻部”这个部名也是有一个变化过程的。最初叫长江三角洲报道组；之后国务院成立了上海经济区，范围包括上海、江苏、浙江、安徽、江西，于是就成立了“上海经济区报道部”；后来上海经济区加上了山东和福建，我们又改为“华东新闻部”；最后才改名为“国内新闻部”，报道的范围也不仅限于这几个省份了。

第二位对我影响至深的报社前辈就是我们的王维老总，他是所有解放人都很尊敬的老前辈。很荣幸，我跟他有过一次共同出行。

1984年年底王维老总从领导岗位上退下来后，就很想回访当年干革命的地方——盐城和淮阴，去看看这些地方的变化。1985年，终于成行。我是陪同他一起前往的人之一。

我们一行人乘面包车出发，车开了13个小时才到淮阴。抵达第二天，王维老总就为大家做了一个报告，从下午2点钟一口气讲到5点钟。他为大家讲述了当年他作为新四军战士是怎么在淮阴抗日的，大家怎么在战火纷飞中办报纸，他是怎么从一个普通的战士成长为党的新闻工作者；后来，他还谈到了改革开放，谈到上海和华东，特别是和苏南、浙北的关系。他说，我们和苏北是人缘相亲、人文相通、地理接近、经济相融的。王老总对当地领导说："欢迎你们带队到上海来，看看有什么可以互相合作的，我们解放日报一定为你们做好牵线搭桥工作。"

当天晚上，淮阴市委书记徐燕宴请了我们。席间，王老总走到我身边说："你去敬一下徐书记的酒，请她多关心《解放日报》，多订一点我们的报纸。"我就按照王老总的指示做了。

徐燕书记问旁边的工作人员，当地订了多少《解放日报》。工作人员告诉她，大概四十多份。徐书记当场表态，"明年要涨到2000份！"果然，第二年我们在淮阴的订报量一下子就上去了。

这次出行令我终生难忘。可以说，王维老总影响了我的一生。

1985年至1986年，我在发行部参与并做了很多开拓性的工作：比如"人手一份"。

当时，上海中药制药一厂正在抓生产纪律，他们的厂领导看到许多工人在上班时间看报纸，说："按照劳动纪律，上班时间是不允许看报纸的，但你们看报是好事，这样吧，我们厂为每位职工家里订一份《解放日报》。"后来，这个厂订了1000多份《解放日报》。

陈念云总编辑知道这件事后，自己写了一篇评论感谢该厂，吉建纲秘书长上门向该厂党委书记沈平娘表示感谢。后来，全市许多工厂纷纷效仿，为职工订了《解放日报》。报纸的发行量猛增，当时我们就叫“人手一份”。

此后，报社的发行思路也打开了，我们解放日报发行部的同志就有这种气魄，走进工厂、学校、科研机构等各个地方去宣传我们的《解放日报》。《解放日报》发行量最高时近100万份，这是我们最引以为傲的。

312国道横跨5000公里的见证

1988年我进入国内新闻部，成了一名记者。在我的新闻生涯中，经历过一次特别的报道，让我记忆犹新。

那是1995年的一天，时任解放日报副总编辑余建华兴冲冲地跑到我们办公室说：“一条横跨东西的公路——312国道贯通了，起点在上海，终点在新疆的霍尔果斯。你们能不能写写这条公路和它沿线的经济?”312国道的报道策划由此开始。

1995年9月18日上午10时，一辆从解放日报社开出的崭新的面包车驶入人民广场，停在旗杆下。车上贴有鲜红的字样：“312国道行——中国东西部经济大扫描。”这是报社领导关心下由国内新闻部精心策划的一次重大采访活动。我有幸与报社同仁顾玉祥、胡志刚一起参加了这次采访。此行历时38天，横跨我国东西部8大省区，总行程长达5000公里，刊发报道43篇，不仅在上海，而且在312国道沿途各地都引起了很大关注和反响。

出发次日，在江苏省委大院内，时任江苏省委书记陈焕友接受了我们的首场专访。他强调，从1990年起江苏省就对口支援陕西省，东部沿海发达地区在谋求自身发展的同时，要关注并带动中西部地区的共同发展、共同富裕。

采访结束，陈焕友书记亲自把我们送到大门口。他的秘书轻轻在我耳边讲："陈书记从没这样送过记者，你们是第一批。"

第二站，我们到了安徽。时任安徽省长回良玉开了一个玩笑，他问："江苏省委书记跟你们怎么说的?"我说："陈焕友书记说他们处在改革开放最前沿，在最东边……"回良玉说："那我们安徽算什么？我们不东不西，'不是东西'。"我们也跟着笑出来了。他还讲了阜阳火车站的大改造，可以缓解农民工乘车难的问题，同时保障更多农民工安全乘车，这是他们当时对改革开放所做的贡献。

接着，我们走进了中原大地。时任河南省委书记李长春正在北京开会，他专门致电其他省领导，叮嘱他们一定要接待好《解放日报》的记者，把河南的发展变化写出来。时任陕西省省长程安东也很支持《解放日报》，他说：陕西的地理位置在中国的最中间，一定要承接以上海为代表的东部的改革开放成果，再向西部辐射出去。

甘肃省委书记阎海望、宁夏回族自治区主席白立忱、青海省委书记尹克升、新疆维吾尔自治区主席阿不来提·阿布都热西提也先后会见了我们，并接受采访。

在宁夏西海固，我们看到了真正的贫困村，并发表了多篇报道。后来，宁夏驻上海办事处主任对我们说："你们在宁夏待了3天，写了4篇文章。特别是你们写了贫困村以后，有很多单位打来电话跟我们谈合作，我们很感谢你们。”

新疆伊犁的霍尔果斯边境口岸是我们此行的最后一站，时任伊犁地委书记张国梁恰好是上海知青，对我们分外亲切。他们为我们举行了隆重的欢迎仪式。我至今还记得他说的那句话：“不到新疆，不知中国之大；不到伊犁，不知新疆之美！”

如今，312国道早已全线建成高速公路，沿途更是经济腾飞、日新月异。当年贯通时的这次采访也永远烙印在我们心里。

永生难忘的两次洪灾报道

1991年淮河流域水灾，报社派我前去报道。

在一场新闻发布会后，安徽省委书记卢荣景突然问：“《解放日报》有记者来吗？”我举手并站起来。

他说：“我们安徽这次水灾大得不得了，我们希望得到《解放日报》的报道。我今天下午要秘密去上海，现在抗洪形势太紧张了，我离开安徽会引起各种议论，但我一定要去，因为上海的浦东开发开放开始了，浦东开发的第一个项目就是要让江苏、浙江、安徽、福建各造一栋楼，我们取名为裕安大厦。开幕式定在明天下午，我一定要去。我们安徽要用这样的实际行动来支持你们上海的改革开放，希望你们也能够把淮河水灾的报道做好。”

我连夜写了稿子，那是我的报道第一次上《解放日报》的头版头条。报道一出来，整个上海震动了，各种自发的募捐就开始行动，后来还在上海体育馆举行了一个盛大的捐赠活动。这不是我的作用，这是《解放日报》的作用，我们报纸的影响力太大了。

在安徽，我和摄影记者崔益军发回了一篇又一篇稿件。回上海后，周瑞金书记陪同当时的上海市委宣传部部长陈至立到我的办公室来慰问我。她说，我跟小郑单独谈谈。其他人就出去了。

门关起来以后，陈部长问我："你跟我讲实话，你在灾区到底看到了什么?"我就告诉她，老百姓没有吃的，老百姓吃的米都是发霉的，农村的土房子全部坍塌了等等，把情况全部告诉了她。她还特地问我，你看到抗洪第一线的干部了没有？我说我碰到了一个乡党委书记，他在第一线，而且他相当乐观地告诉我，你放心，到明年这个时候你再来看，我们一定会恢复经济，重新站起来。

还有一次令我永生难忘的洪灾报道，就是1998年特大洪水报道。

当时中宣部有规定，各地报纸不要派记者去。时任解放日报副总编辑宋超说，我们要突破，明天就出发！报社派了三个记者分别赶往九江、铜陵、武汉三个城市，我第二天中午就到了武汉。

在武汉，我完成了《长江大桥风采依旧，风雨中的武汉挺立》等稿件。回上海休整了三四天后，宋超召集我们开会，他说，全国记者蜂拥至武汉驻扎采访，解放日报必须成立一个"敢死队"，派4个人去，去找最困难最危险的地方进行报道，每天不间断地发稿回来。回到上海以后，你们还要拿出4篇大的文章来，随即标题他都拟好了。

在武汉，我们克服重重困难，抵达了嘉鱼县簰洲湾，那是抗洪最关键、最危险的现场之一。后来我们就按照宋超的要求，写了4篇大文章，我写的是科技力量是怎么在抗洪抢险中发挥作用的。我们还出了一本书。

后来，市委副书记龚学平亲自到解放日报社来开表彰大会。当时全上海的新闻界几乎倾巢而出，但是我可以骄傲地说一声，我们《解放日报》是最棒的。

我是2006年12月30日退休的。很荣幸，我是这支光荣队伍的一分子，我们当时是能“打仗”的。用丁锡满总编辑当时的一句话来说：你们要像狼一样冲出去，去“撕咬”，去提问，去报道。解放日报的传统就是这样的：你要出稿子、你要出好稿子、你要有思想性，他给你天地、给你信任。因此，我们也不断要求自己继承和发扬解放日报的优良传统。这个是最重要的。

采 访 人：雷册渊

采访时间：2023年12月12日

采访地点：上海市延安中路816号解放日报社

摄影摄像：沈阳

好的报道要能“一石激起千层浪”

吴德宝

【简历】

吴德宝，生于1947年1月，籍贯浙江绍兴。主任记者。1966年高中毕业于上海市敬业中学，1983—1985年在复旦大学全国党报新闻进修班学习。1973年10月进入解放日报社，历任科教部记者、领导班子成员，主要从事教育条线报道。在科教部期间，于1986年参与创办《上海学生英文报》，任副主编。1997年起，任《报刊文摘》副主编。2001年起，任《房地产时报》副主编。2007年退休。

我是1966年从上海市敬业中学高中毕业的。毕业前夕，我加入了中国共产党。学校原本要保送我到英国留学，体检、政审和英语口试、笔试都通过了，但是因为“文革”开始就取消了。

1968年8月，我毕业分配去了崇明长江农场。在农场，我先后做过连队副指导员、营部副教导员、场部办公室主任和党委书记秘书，还被选为崇明县第四届党代会代表。

1973年10月3日，解放日报社开办工农兵通讯员学习班，从工厂农村抽调大约二三十人来到报社学习。学习班同时也带有考核性质。和我一起分在科教部的共有5人，包括我在内的3人留了下来从事新闻工作。

中学课堂的一件小事，如何成为全国统发

从那时起，我在解放日报社一干就是三十多年。当时，科技、教育、体育、卫生条线的采访都归口科教部。安排我跑教育，我挺高兴的，因为每家都有孩子，教育报道大家都蛮关心的。最初，我在科教部主要跑中小学，后来跑大学。二十多年下来，我对教育条线感情蛮深的，觉得报道教育很幸福。教师是培养下一代的，他们好我们下一代就好，这份职业需要大家引起重视。

在科教部，我做过两篇影响较大的报道。

《一篇作文引起的一场讨论》发表在1979年5月，讲的是我的母校敬业中学对学生进行思想政治工作的一个事例。这个选题是怎么发现的呢？当时，我正巧回了趟母校，学校团委书记、我的初中语文老师朱老师聊起，最近学校老师布置作文，一位高一学生在作文里描写除夕夜在大光明影院附近看到乞丐，引发了一番“大光明并不‘光明’”的感想。

老师看了文章，觉得这个问题提出来很好。“四人帮”刚刚粉碎，国家开始好起来了，但确实有一些问题存在，那么如何客观全面地看待这些问题？老师在班级里组织讨论，让大家各抒己见，实事求是谈谈自己的真实想法。在讨论的基础上，学校还专门请了华师大政教系副主任吴铎教授来作报告，进一步引导大家思考，提高同学们的认识。

我觉得这件事看似很小，但关系到怎么样正确引导年轻人的思想，怎么样通过心平气和的讨论达到教育的目的，这是个很好的题材，于是马上回去向部主任沈光众汇报。

老沈一听，说这个事情我们要好好写一写。他指导我再进一步从哪些方面去收集材料、补充采访，深入详细地看他们讨论的过程与结果。老沈特别提醒我，要把整个事情的前因后果，怎么开始的、怎么发展的、怎么讨论的、怎么取得共识的，一步一步都要写清楚，力求全面客观公正，这样才能让读者信服。

报道发表在《解放日报》第二版头条。发出没几天，《中国青年报》转载了。第五天，《人民日报》也转载了，编者按是这么说的："他们对待一些学生表露的真实的思想，既不是回避问题，也不是打棍子、扣帽子，或板起脸孔进行生硬的说教，而是采取实事求是、生动活泼的讨论方法，和同学们一起具体分析事物，明辨是非，使大家都受到教育，都提高认识"。接着，新华社统发，全国各地的党报都刊登了这篇文章。地方报纸发表的一篇报道，在全国各地党报统发，这是很难得的，我心里感觉有点自豪。当然，这是部主任老沈辅导我完成的。

实事求是，让不同意见充分表达出来

第二篇比较有影响的，是 1990 年 3 月发表的《她该不该被退学——一个值得探讨的问题》。当时，市商业职业技术学校毕业班的一名女学生，在市百一店实习。有位顾客购买东西没开发票，学生轧账时发现多了 30 元，就将其暂放在他处。事情被发现后，她向柜台主任承认自己想拿这 30 元。对于这件事，实习单位和学校持不同看法。市百一店认为学生年纪还小，要以教育引导为主。学校认为这是偷窃行为，要从严处理，劝其退学。我把两种意见都写出来，还专门请教了这方面的专家。

当时写这篇报道的出发点，是为了挽救这个学生。经历此事后，这个小姑娘离家出走、逃到广州，当地一个好心的老同志把她送回来。如果不是碰到好心人，她完全有可能走上另一条道路，甚至被害。我们希望通过这件事情，提醒全社会做好教育引导工作，挽救更多犯过错误的孩子们，让他们健康地成长。

稿子写好后，我想或许市商业职业技术学校会改变想法，就拿给学校看。没想到他们很“硬气”，认为自己没有做错，偷钱就是应该开除。我们认为稿子写的都是事实，公开发表是有底气的。于是，报道在《解放日报》头版发表，引起了很大的社会反响。报社收到大量来信来电，还专门围绕这个问题召开座谈会。市民之间也有不同看法，但大部分都支持学生不应该被退学，应该好好地教育，挽救这个不到20岁的女青年。

有一篇来信让我印象很深，是当时上海市监狱监狱长刘云耕同志写的，他后来当了上海市委副书记。信中谈到他在从事劳改工作中的体会，认为对犯过错误的青少年要热情帮助，不能因处置草率而断送一个人的前程。这篇报道后来获得华东九报头条新闻竞赛二等奖。

《作文》和《退学》两篇稿子有个共同点，都是以一种开放讨论的形式来写。如果一边倒很生硬地写，当然也可以，但我觉得这样不能很好地解决大家思想上的问题，也很难达到双方的互相理解。所以我们尽可能充分地去听取不同意见，让大家充分表达，然后再展开比较、分析和讨论，以达到最终的明辨是非，意见的统一。当然了，这也跟当时的社会环境有关。1979年，实事求是的精神正逐步得到大家的认同，这可能也是报道受到好评的一个原因。

做记者，重在看问题的眼光

做好记者，我有一个心得，就是要会交朋友。和人打交道，一个“诚”字很要紧，真心诚意、不能虚伪，才经得起时间的考验。我到学校去，无论是跟校长还是教师，大家都像朋友一样平等相待，不会因为我是记者就高高在上。大家成为朋友以后，慢慢地就会无话不谈，知道对方的想法和需求，重要的消息和线索才会告诉你。所以，做记者首先是做人，最后要回到真、善、诚这几个字。

当然，培养新闻敏感度也很重要。对记者来说，选对采访的题材远远胜过写作，题材一定要选得准，文字怎么表达是第二位的。有的文章可能文字很好，但是看问题看得不准，采访的事例不能说明问题、反映社会，读者看过了就过了。好的报道，要引起社会关注、产生社会影响，能“一石激起千层浪”，不能激起“浪花”的，就算不上好新闻。

怎么培养看问题的眼光呢？还是要了解这个社会，了解现在大家关心的是什么问题、想解决的是什么问题？想清楚这一点，再结合自己的条线来找线索，那么你写的报道就能引起社会关注和讨论。这是非常重要的一点。

除了要关心社会、了解社会，记者还要进一步服务社会、做好保障。

因为常年跑教育条线，我知道当教师很辛苦，收入也不高，日子过得清贫，所以一直想为他们做点事。1986 年上海有了第一届教师节。教师节能为教师做什么？我想到上海有文艺会堂、科学会堂，为什么没有教育会堂？如果有一个教育会堂，教师就能有个地方聚聚会、互相交流。

于是，我跟上海市教育工会的两位领导谈起这个想法，商定在《解放日报》上发个倡议——建立上海教育会堂、制作教师塑像。倡议发出后，社会各界都很支持，市里的领导也很关心。当时，市政府拿出300多万筹建教育会堂，落成后由陈云同志题词。教师塑像是由上海电缆厂赞助的。那时，电缆厂正好召开为教师办实事大会，我应邀参加，会上介绍了《解放日报》的倡议，鼓动他们捐款。王副厂长当场决定赞助10万元，全场热烈鼓掌通过。教师塑像由上海大学美术学院雕塑系设计制作，设计方案发布在《解放日报》上，请市民投票选定。今天，这座汉白玉教师塑像还矗立在静安公园，我时常会去看一看。

谢市长亲切地叫我"阿宝"

回顾我的记者生涯，王维同志、陈念云同志、冯士能同志、沈光众同志等解放日报社的老领导、老前辈，对于新闻要求很严格，而且不断创新，对我影响很深。记得有一次我写了一条很短的新闻，也在头版刊出，后来头版就设置了一个叫"短新闻"的栏目，专门发短讯。

1983年，王维同志推荐我和俞哲、张坚两位同事，一起到复旦大学新闻学院参加全国党报新闻进修班，相当于大专学历。我有幸担任进修班副班长，和来自全国各家党报的同学们度过了难忘的两年时光。我在科教部当领导班子成员，是陈念云同志提拔的。后来调任《报刊文摘》副主编，要感谢冯士能同志的知遇之恩。

部主任沈光众对我的具体指导更多。写一篇文章，老沈会跟你商量，这个事情我们应该怎么写？文字出来以后，还会给你把关、修改，一起想配什么评论等。那时，他经常让我到他家去写稿子。家里比较安静，他把想法讲出来，我根据他的想法整理成评论文章。这样“手把手”的指导真的很难得。总的来说，那时报社同事之间的关系都不错，上下级之间也不是一本正经的，还是比较随和的。

因为工作关系，我接触过不少市里和中央领导。谢丽娟副市长是分管教育的，我们关系很好，她不叫我全名，都叫我“阿宝”。活动结束，谢市长经常要我搭她的车，一起去市政府吃饭。有一年中秋节，我住在龙华路解放日报宿舍，她亲自送月饼来，让我热泪盈眶。过年了，她还给我寄贺卡。我也经常到市委副书记陈铁迪家里去，及时了解她的想法，知道每个阶段教育重点要抓什么。

当时，报道大会领导讲话，我们都是当场记录，稿子写好后请领导本人签过字才能发。每到市委副书记陈至立的会议，我会提前问她的秘书缪国琴：“小缪，今天至立同志讲话的主要内容是什么?”她透露给我，我心里有数了，稿子就能很快抓到重点，受到陈至立同志的表扬。这是我当记者的小窍门。

印象中，江泽民同志为人随和。1986 年，报社与上海外国语大学合作创办《上海学生英文报》。一次正值江泽民在瑞金宾馆开会，我作为上海学生英文报的一员，请他为英文报题词，他欣然答应，当即题写。我们倡议建立的教师塑像在静安公园揭幕，他也赶来参加，和我们一起合影。

李鹏同志来上海视察时，我跟随采访。晚上去西郊宾馆送审稿子，他亲自审阅，边看边改，和蔼可亲。朱镕基同志稍微严肃一点，我三次随同他下基层视察，两次表扬、一次批评。那是他去复旦大学和学生座谈，会后我立即把稿子给他审阅，他一看就批评说："你们记者写字怎么这么潦草？"后来想想，他批评得有理，当记者写字是基本功，应该练得更好更快。

我做了三十多年记者，觉得这是一份很荣耀的职业。从最高领导到底下基层的普通一员，我能与他们相识，面对面，看到和听到各种各样的表述，拥有很多认识社会的机会。一生能有这些特殊的经历，我感到非常满足。以后的新闻工作跟我们那时候肯定不一样了，但基本准则是不变的，就是要客观全面真实地报道。

采 访 人：周丹旎

采访时间：2024 年 1 月 5 日

采访地点：上海市延安中路 816 号解放日报社

摄影摄像：沈阳

在解放日报经历新闻改革好年代

秦绍德

【简历】

秦绍德，生于1947年1月，籍贯上海。1970年复旦大学新闻系毕业。1982年复旦大学新闻系硕士毕业，获文学硕士学位。1991年复旦大学新闻学院博士毕业，获法学博士学位。1991年被评为副教授，1995年被评为教授。1995年8月任解放日报党委副书记、总编辑。1998年起任中国记协副主席。1999年1月任复旦大学党委书记。2010年6月兼任上海社联主席。党的十五大代表，第十六届中纪委委员。在任解放日报总编辑期间，主持了1996年、1998年两次扩版，创办了《申江服务导报》和《新闻晨报》。长期从事中国新闻事业史、报业理论与实践、宣传心理学等的研究。曾参加"九五"国家社科重大项目"中国地区比较新闻史"研究，担任"十二五"国家社科重大项目"'走、转、改'与加强和改进新闻舆论工作"首席专家，参与撰述《中国新闻事业史通史》《新闻学大辞典》《大百科全书（新闻卷）》等。著有《上海近代报刊史论》《宣传心理学》等。

1995年8月23日，我来到解放日报社工作，到1999年1月5日离开，一共是1231天。这是一段难忘的岁月。现在回过头去看，我们遇到了改革开放的好年代。如果不是那个年代的话，我们不可能做那么多事，也做不成那么多事。

打赢香港回归报道“大仗”

先从一件喜事说起——香港回归。香港回归是百年不遇的盛大节日。《解放日报》的香港回归宣传报道是非常成功的，属于精心策划的正面宣传报道。为了这样一个历史性的时刻，报社在香港回归前半年就开始做准备和策划工作，副总编辑吴谷平负责，以夜班编辑部为主，其他部门配合，夜班编辑部主任是陈振平。

我们的香港回归报道是慢热型的，报道的量、密集度逐渐加大，逐渐酝酿气氛。1997年元旦起，我们每周出一期香港回归专刊，介绍香港的历史与现实，满足读者需求。越是临近7月1日，我们的报道密度越大，最后一个月里是每星期出三次专刊。

7月1日凌晨，中英交接的场景是永远镌刻在历史上的镜头，当天《解放日报》版面上要推出重磅报道，我们策划了 12 个版。当时，我们的采访受到限制。按照规定，除了几家中央媒体外，地方媒体不可自行派记者赴港。我们也想过让记者以私人旅游的形式先去香港，择机报道。但后来想想也不行，因为当时的文字、图片传输条件有限。怎么办？我们除了接收新华社的统一发稿外，还和中新社合作，由他们的记者写现场侧记，从香港带到深圳，再从深圳传给我们。因此，我们比其他报社更早拿到第一手消息。

7 月 1 日当天版面的处理也有颇多亮点。特刊怎么做？新华社给了“菜”，我们怎么“炒菜”？夜班编辑部动了很多脑筋，主要思考两个问题：其一，怎么把英国国旗降下来、五星红旗升上去的那一个历史瞬间突出呈现出来？其二，头版怎么处理，才能突出这个历史性时刻，表达中国人民对香港的感情？

按照常规做法，我们可以用新华社的统发稿，直接用统发稿的标题；版面设计上，同城一家兄弟报社直接参考了《人民日报》。不过，当天《人民日报》还有其他稿子，不可能太突出这个事件，我们讨论后觉得这样不行，要让那个百年一遇的历史场景永远留在我们《解放日报》的版面上，使大家忘不掉。当天晚上我们拿到新华社稿子后，花了很大心思讨论该怎么排版。最后决定，整个头版发两张照片、一篇新华社消息，尤其是用近半个版的篇幅（下半版）刊登中英交接的照片。文字上，消息要发半个版，字数有点少，怎么办？我们剔除了新闻标题中的种种累赘，只留“香港今回祖国怀抱”八个大字，醒目而饱含深情，视觉冲击力极大。要让八个大字撑满通栏，在我们当时的字库里无法找到足够大的字号，排版车间聪明地用图像来制作这八个大字。

那天我们还根据发行部主任卑赢同志的建议，印刷了2万份带着香味的报纸，让写有香港回归报道的报纸香飘万里。7月1日一早，报社党委书记冯士能和我上街赠报，没料想当天的《解放日报》极受欢迎，早起的市民将我们围得水泄不通。保卫科的同志一看我们有被挤压的危险，派了几个小伙子才将我们从人群中“捞”了出来。

香港回归报道，是一次成功的、经过精心策划的中长期正面宣传报道。这样的“大仗”，现在回顾起来还是令人兴奋的。

派记者到抗洪救灾报道第一线

1998年夏天，长江流域发生百年不遇的洪灾，武汉、九江等地抗洪救灾形势十分严峻。按照当时规矩，地方报纸不允许自行跨省采访报道灾情。那就不做报道了吗？我们有点不甘心。我们的国内部历来兵强马壮，从不缩在后面。

当时毛用雄是国内部主任，分管副总编辑是宋超，和我商量要派人去一线采访。我同意了。我们就派了几个年轻记者去采访、拍照，稿子先不发，一旦宣传放开了，我们马上发。终于在一个星期天，我们逮到了机会。那天新华社发了一张年轻战士背着老大娘撤离现场的照片。这张照片很有视觉冲击力，也传递出一个信号：武汉抗洪救灾的现场报道可以在全国公开了。我们就把这个照片刊发在了头版的中间位置，之后我们就开始刊发许多自采报道。在国内新闻单位，我们是领先报道的几家媒体之一。由于国内部记者出发早、写得早，他们的独家报道使《解放日报》成为读者争相阅读的报纸。

当时的抗洪形势很紧张，最紧张的一刻就是可能要炸荆州大堤分洪。如果水位再高，不炸大堤的话武汉就要被淹了。毛用雄从前线打电话回来请示分管副总编辑宋超，老宋问我：怎么办，记者要不要进去？国内部的记者斗志旺盛，不顾危险请战。我们硬着头皮批准了他们的请求。他们冲到荆州炸堤分洪的第一线，离堤坝不到1000米。当时，不少报社的记者都在往后撤退，我们的记者却还在往里走。我们在后方也很紧张，如果真的出点什么意外，那就是我们的责任了。好在最后关头没有炸堤分洪。正因为有这种舍身忘我的工作精神，我们解放日报的记者才能发回来自抗洪救灾第一线的大量报道。

由"纸和笔"走向"无纸化"

解放日报社采编系统网络化的过程，是我们报社发展史上的一个里程碑。解放日报社有了局域网后，记者编辑开始利用计算机系统来写稿、编稿，大大提高了工作效率。

1996年上半年，春节一过，我们就在筹备采编系统网络化的事宜。为了做这件事，我们专门建立了电脑中心，调派科教部副主任徐松华同志去任电脑中心主任。下半年还紧接着对汉口路300号的采编空间进行了改造，把小房间改成更适合网络化运作的大平层、格子间。1996 年 3 月 19 日，我们在全报社范围内进行了采编系统网络化的动员。当时报社决定，6 月底前，所有 50 岁以下的采编人员都要接受采编系统网络化培训，用电脑写稿、发稿。50 岁以上的采编人员，不强制用电脑，如果写稿后要录入电脑，可以请其他工作人员帮忙。但过了 1996 年年底，如果还要请人帮忙录入稿件，就要自己支付劳务费。决定下达后，一开始报社里还有点议论纷纷，没过多久情况就大为喜人。大家用电脑上网络的积极性很高，绝大部分人员都已过关，有些刚刚退休的老同志也要求给他们配备台式电脑，因为他们也学会了。到 1996 年 6 月底，全部采编人员都可以通过电脑来写稿、发稿，报社编辑部一步到位实现了无纸化运作。

当时我们还考虑一个问题：究竟要采用哪个软件公司的软件？全国 70%的报社用的系统都是北大方正的，不过我们经过讨论，觉得党报的系统比其他报纸更复杂，流程、步骤更多，北大方正的软件在功能上可能无法实现，于是我们找了清华紫光。当时，清华紫光的系统致力于打破北大方正的垄断，也在到处找报社做推广，我们给他们提出两个条件：软件要完全根据报社的采编流程要求来设计，另外价格上要优惠。清华紫光答应了这两个条件。后来，在我们的采编系统里，每篇稿子的修改痕迹、修改流程都有留存，非常清晰。

这其实是一场新闻生产方式的革命，由“纸和笔”的生产，走向了“无纸化”的生产。在报社的历史上，这是值得记录的里程碑。这样的改革顺利进行，说明解放日报作为党报并不保守，也善于改革和创新。

放手让年轻人办《申》报

“无纸化”是技术革命，而创办《申江服务导报》则是开拓“新闻试验田”。1996年年中开始，全国的报业出现一种趋势，党报、大报开始组建集团、逐渐做大，一些无关紧要的报纸纷纷合并。1996年9月份，我去向当时分管新闻的市委副书记陈至立汇报工作时，她明确说：“如果解放日报社要兼并一些报纸，我觉得是可以做的。”为什么后来我们有魄力创办《申》报，领导的态度给了我们底气。

当时正好有一个机会，上海市劳动局打算停办《劳动信息报》，希望有报社接收。我们赶紧派人去洽谈，市劳动局只有一个要求，就是把劳动信息报的人员消化掉。后来我们一查，需要消化的人员只有四个。我们就向出版局申请报纸更换主管单位和更名，事情办得很顺利，筹办新报纸的议程很快就提到了党委会上。

有了刊号，办什么样的报纸？报社党委会上，大家七嘴八舌。有人说，要办一张现代的报纸；有人说，要办一张面向市场的报纸；有人说，要办一张全新概念的报纸；有人说，这是解放日报社新闻改革的探索，路要走远一点、步子要迈大一点。从1997年年初开始，讨论到3月份，党委会成员一致赞成办一家新报纸，而且要筹建一个新报社，采编业务、发行、广告、组织架构及用人机制都要通盘考虑。这是一块试验田，各个方面都要试。办这家新报纸主要有3个目的：其一，是要为组建报业集团壮大力量，占领读者群的空白、增加报纸品种、争夺广告（当时我们的广告业务做不过新民晚报社）；其二，我们要进行现代报纸的试验，把办这张新报纸看成是耕种一块试验田，要全面放手，反过来也要促进解放日报社的改革；其三，我们要培养骨干，锻炼队伍。当时各地都出现了面向市场的城市报、晚报，发行量高，经济效益好。我心里不服气：我们只不过没机会做而已，如果有机会，解放日报会做得更好。除了办好党报、担当起主责外，不妨试一试。我们一定会成功。

这张报纸谁来办？办成什么风格？当时大家心里也没数。不过，既然是试验田，我们就找年轻人来做，这些问题让他们调查研究。后来我们选了四个人：裘新、徐炯、杨荇农和徐锦江。

4个年轻人就在汉口路300号的9楼组建了新报纸的编辑部。为了给新报纸明确定位，报社拨给他们10万元，让他们去进行市场调研，调研时间不限，他们觉得什么时候有调研结果了再开始下一步工作。我们完全放手，给他们充分的空间。几个年轻人对这项任务充满了热情和憧憬，访问调查了《北京青年报》《精品购物指南》《广州日报》《南方周末》《南方都市报》等十多家报纸，最后打算办一张新闻性、实用性兼有的，为年轻人服务的周报，后来定名为《申江服务导报》。就这样，一张从《解放日报》“母体”中生长出来的新报纸诞生了。这不是《解放日报》的克隆版，而是一张全新的报纸，我们让它自由生长，只要设定好边界条件就可以了。

当时，我们决定让年轻同志放开手脚来试验，报社决定给他们几条政策，主要是财权、人事权独立。财权方面，《申》报单独核算成本，根据收益情况自主决定内部人员的薪酬（但也要适当照顾老报社人员，差距不能太大）；另外，他们使用办公室的费用、使用楼内设施的费用、印刷费用等都要单独计算，计入成本。人事权方面，我们允许《申》报在人事指标范围内自主招聘人员（人事部门适当进行审查）。考虑到政策稳定性，1999 年初我离开报社之前，经我提议，解放日报社党委决定给《申》报的政策三年不变。

几个年轻人最终花了约 1 年时间筹备，1998 年 1 月 1 日，《申江服务导报》正式发行。当时裘新说过一句话："这是新栽的一棵树，但我们不希望它从小苗开始慢慢长大，而应该刚栽下去就是一棵大树。"果然，《申》报发行后一炮打响，发行 3 个月就收回了前期投入的成本费用，发行 6 个月就已经盈利。

《申》报在很多方面进行了全新尝试。比如发行，不走邮发老路。考虑到自建发行网络成本高、困难多，《申》报便与《每周广播电视报》发行有限公司合作，利用他们在各区的发行站进行发行，采用"借船出海"战略。再比如广告业务，鉴于上海报纸广告市场已被几家大报和大的广告公司瓜分，借用大报广告部和自办广告公司都不可行，于是就和一家不大的初创广告公司——上海韵意广告有限公司签订广告总代理协议，由这家公司代理《申》报的广告。后来的事实证明这条路走对了，《申》报和广告公司实现了共赢。

《申》报成功的原因是多方面的。其一，定位准确，经过充分的市场调研后精确瞄准了中青年（18—45岁）这个群体。其二，骨干力量很强，筹办者都是做新闻的好手，写出来的东西很好看。其三，副刊做得有声有色，花样很多。其四，发行和广告的创新探索很成功。还有一条很重要的原因，就是全报社的支持。报社上下、各个部门都支持改革，许多老同志为他们出谋划策、排解难题。从编辑部到印刷厂，都给《申》报让路。

创办《申》报也给了我很多启示，其中最重要的一点就是：一定要相信年轻人，不能用了年轻人又不愿意放手。当时，《申》报的副刊有一个版面叫“人间鹊桥”，是生活服务类版面，给大龄男女青年找对象征婚。报社外有老同志给市委宣传部写信：“解放日报是党报，怎么能登这种东西?”市里领导就批评我们：“你们党报办了一张小报，不要办成地摊小报!”我听了以后记录了下来，但没有在报社里传达，连编委会上都没有传达。传达了，年轻人就胆怯了。推动改革的时候，一定要保护干部群众的积极性。

就在《申》报创办后不久，我们又面临一项新的改革——合并《新闻报》和《消费报》，创办《新闻报》一日三刊，滚动发行。这一次是“规定动作”，是在上海整个报业布局调整中接受的任务。我们是1998年年初领受这项任务的。尝试一段时间后，我们和市委宣传部领导商量，能否只办两份报纸，即《新闻晨报》和《新闻晚报》，《新闻午报》交给其他单位来办？领导同意了，《新闻午报》就交给了上海文化广播影视集团。

晨报后来办得很成功，发行方面“两条腿走路”，零售为主、邮发为辅，而且出报很早，这样一来就能及时送到读者面前。晨报是一份综合性都市报，主打都市新闻、社会新闻，并没有抢占《解放日报》重大政经新闻的“跑道”。晨报的广告也做得很好，盈利情况不错，是解放日报报业集团的重要增长点。

从报业改革的历程看，不管媒介环境如何变化，记者编辑首先要热爱这份职业，不能只把新闻工作当作赚钱的行当。记者编辑无论换什么岗位，自身的“武功”不能废。要在“两典一笔”上下功夫，即经典、古典和笔头。经典就是原著，记者编辑要多读经典，不要满足于报章杂志上别人整理好的东西，也不要满足于文件语言，还是要多读书、多积累。古典就是中国传统文化，记者编辑要有这方面的熏陶。笔头就是要落到写作上，最后所有的能力都要在笔端流淌出来。

采 访 人：李芸（时任解放日报社党委书记、社长）
茅冠隽

采访时间：2020 年 11 月 10 日

采访地点：上海市延安中路 816 号解放日报社

文字整理：茅冠隽

摄影摄像：沈阳

从内参编辑到信息技术主管

徐松华

【简历】

徐松华，生于1947年6月，籍贯浙江余姚。主任编辑。1968年向明中学高中毕业，赴崇明长征农场务农。1973年7月参加解放日报举办的工农兵通讯员学习班，1974年进解放日报调研组工作后任内参编辑。1986年黄浦区业余大学毕业。1993年起兼任《科技天地》副刊编辑，1995年任科教部副主任。1996年参与创办《电脑广场》周刊任主编，1997年调任报社电脑中心副主任（主持工作）。2000年任解放日报报业集团电脑中心主任。2003年任解放日报网络部（解放网）主任。2004年兼任集团网宣工作小组组长和行风评议办公室常务副主任。2007年退休，后返聘一年参与新媒体产品开发和编辑工作。1989年获解放日报“记功”表彰。先后被评为“报社先进工作者”“报社优秀共产党员”。

1973年7月，我参加解放日报举办的为期3个月的第一期“工农兵通讯员学习班”。1974年调进报社工作，分配在调研组。当时的调研组主要有两大块业务，一是报纸的评论；二是调查研究，包括编发内参。我被安排做内参工作，这也是我在报社33年职业生涯中时间最长的一项工作。

“文革”结束后，调研组评论业务这一块单独成立评论部，内参业务划归总编室，仍沿用调研组名称，我也随之到总编室工作。

1997年，我转行做信息技术工作，干了7年。

内参编辑，一干就近20年

解放日报内参，全称《解放日报情况简报》，编辑部同仁都习惯称它“情况”。报社有大报与小报，大报即解放日报，有党的喉舌之称；小报即内参，为党的耳目。

最初的调研组成员有周瑞金、敬元勋、王一鲁、沈克乔、邱怀友、朱德明等，后有许天琪、孙乐英加入。

我做内参近20年，编发过的稿件至少六七千篇。记得我的第一位启蒙老师王一鲁曾说过，一年内参要做到“情况过千，批示过百”。据调研组老领导徐世麒统计，每年约发 200 至 300 期内参，甚至还超过，有批示约为 60 期左右，即有五分之一左右的内参有领导批示。如 1991 年，共发内参 240 期，有批示的 70 期，其中中央领导批示和转发的有 17 期，市领导批示的有 53 期。

遗憾的是，当时没想到写工作日志，只能凭记忆或手头现存材料，仅举几例。

纠正不实，还了发明人的公道

1985 年 10 月 13 日，上海市第六人民医院医生于仲嘉的夫人和于的专利权顾问来访本报，要求见总编辑陈念云。缘由是一份内参将“人造手”发明人于仲嘉排除在外，给于仲嘉带来很大的麻烦，影响了业务开展和交流的机会。总编室安排我接待两位来访者。接待结束后，我写了一份接待纪要送交陈总，他立即作了批示，请冯士能、周瑞金两位领导传阅，要求总编室安排记者再作调查。记者陈斌经过 10 天走访调查，弄清了真相，专门写了调查报告，经陈念云、周瑞金修改定稿，报送市有关领导机关。谁是“人造手”发明人终于真相大白，为于仲嘉正了名。

关心统战，促成母子团聚

1989 年，本报通讯员朱扬清向我反映，在崇明农场的陈果夫养女希望儿子能调回她的身边。我编发的内参刊登在 11 月 16 日的《解放日报情况简报》上，得到市委、市政府领导同志的重视。不久，这位养女的儿子如愿回到母亲身边。陈立夫在随后给陈女士的来信中感谢市领导对此事的关心。

直言建议，内参政治待遇高

人民日报社和中国记协曾于1993年起，参照全国好新闻评选的办法，在全国省市级党委机关报中开展优秀内参评选活动，每年一次，到1996年，共举办过4次（补评1991年和1992年的内参）。解放日报有20篇内参被评为全国优秀内参，其中一等奖3篇、二等奖7篇、三等奖10篇。

解放日报内参享有较高政治待遇，可直送中央。后根据不同内容和阅读对象，增加了增刊、白头（无刊头）和手抄。

历届报社领导对内参工作十分重视，要求记者在做好报纸报道外，还要积极采写内参，并实行稿酬制。有一段时间还专门抽调记者冯长明、张明章、张坚来加强内参采写力量。

老报人贾安坤曾在通讯员培训班上对学员说，为报纸写稿，让自己的稿子变为报纸上的铅字，当然是重要的。但反映情况、写内参，在某种意义上讲，比见报更重要，起的作用更大。

直到退休，我才知道当初是周瑞金安排和提携我从事这份重要工作。在近20年间，我先后与王一鲁、向明生、宓善征、史东、王仁礼、徐世麒等老同志搭档合作过。调研组划归总编室后，陆灏、张伏年、丁柯、陆炳麟、陈迟等老领导分管过总编室工作。

内参在保密车间发排印刷。在近20年间，排字车间先后有吴玲珍、徐秀凤、朱永珍、孔玉琴、杜生根、汤金荣等轮流参加这项工作；装订车间专门指派张根生师傅负责印刷和装订工作。总编室胡光琚负责每天将内参装信封，送交机要局来员赶机场航班发往北京中办，她还打印领导批示分发报社领导。

跨界改行，参与报社信息化建设工作

1994年，我从总编室被借调兼做《科技天地》编辑，后又任科教部副主任，与当时分管夜班的副总编辑吴谷平有了工作上的接触。一天，他要我对两篇材料在文字上把把关，我一看是《“9508”网络工程方案》。这时我才知道，他已经找了几位技术人员酝酿报社的信息化推进计划。“9508”看似数字符号，但这个数字宣告了从“1995年8月”起我们报社即将开启信息化征程。更让我意想不到的是，我的职业生涯就此发生了颠覆性改变，与信息技术结下了不解之缘。

1996年网络工程开始启动，首先是筹备电脑中心。此时，我仍在科教部任职，只能作为编外人员参与。

启动“9508”

汉口路300号报社新大楼是在1994年落成投入使用的，大楼还是按照传统办公模式布局，没有布线建网。

1995年，就在网络硬件建设还在悄悄筹划时，采编应用软件也在积极准备中。1995年10月，夜班编辑部开始试用文件版方正采编软件。这时我才明白，软件的测试和修改需要有了解编辑业务流程的人员参加。经过近20天的试运作，吴谷平和我结合本报的采编流程，向开发人员提出大量的软件修改意见。

就在该年4月，本市一家采用文件版软件的报社发生当天要见报的稿件被删除的严重事故。这给我们敲响了警钟。当时，吴谷平邀我与他一起撰写论文，对应用系统的试用作一总结。我们以《新闻采编系统在计算机网络上的实现》为题，在10月20日完成了这篇论文。在这篇文章里，我们提出采编系统要采用数据库和Client/Server结构的技术要求，确保软件使用的安全性；还颇有创见地提出如何与资料检索、广告管理等其他应用系统无缝链接的问题。

1996年，“9508工程”根据专家评审的“1+1”方案正式启动，电脑中心也在抓紧筹备，接收新华社电讯稿的电讯组人员万一行、金根耀、郭金根，从交大、复旦、华东理工等高校招聘来的大学生江常青、林晔、徐军等，以及张智慧、毛伟众陆续到位，他们后来都成为业务骨干。1996年年底，报社党委书记冯士能找我谈话，将我从科教部调到1997年新成立的电脑中心任领导。由编辑改行担任技术部门主管，在当时还是少见的。这一做法得到几家兄弟报社的仿效。

我们根据“分步实施，逐步到位”的建设思路，“9508工程”第一期工程第一阶段任务：网络结构化布线、网络设备安装和测试，5、15、16楼等分层进行大平面办公空间改造，编辑部人员分批搬到汉口路309号过渡办公，以及采编软件安装和在夜编部试运行。由于报社领导正确决策和指挥，党办、总编办、基建办、物业公司、编辑部等部门与电脑中心密切配合、协同作战，整体工作进展十分顺利。

告别“纸与笔”

到1997年春节前夕，随着编辑部人员全部进入新楼层办公，宣告第一阶段任务圆满完成。2 月后，我们抓紧对采编软件进行修改，并做好 15、16 楼解放日报编辑部门各部和资料室联网工作，到 4 月，解放日报的计算机网络已基本建成，采编软件投入运行，与新华社卫星传输稿件、电脑车间组版系统实现链接，采编人员写稿、传稿、改稿、组版基本做到“无纸化”；广告管理软件和资料检索系统与采编系统实现对接。

“9508 工程”的建成，在该年香港回归以及党的十五大重大宣传报道中发挥了重要作用，大大提高了工作效率。更重要的是，这项工程锻炼和培养了我们报社自有的 IT 队伍。这一年正逢《申江服务导报》创办，这家报纸的网络工程，从方案制定、办公平面布局设计、网络布线，到设备选型、采购和安装，已经完全由电脑中心技术人员自己来承担。还有多名技术人员参加微软培训中心 WindowsNT、SQLServer 和 Internet 等课程的学习，有的人还取得微软在全球授权颁发的证书。电脑中心还制定了网络系统和电脑管理的安全制度，建立了每周“7×24”的全天候值班制度，开通了客服响应热线，全身心地投入到系统的维护保障和用户服务中去。

1997 年，根据分管领导吴谷平的提议，电脑中心参与了解放日报电子版的建设，完成了网站设计和安装，与兄弟部门合作正式出版电子版。至此，解放日报有了自己的电子媒体，即网站的雏形，后移交给解放日报新成立的网络部。在半年时间里，电子版的访问人次超过 70 万，在“上海热线”的排行榜上，名列前茅。

需要记上一笔的是，这一年年底起，我们与清华紫光合作开发一套新的采编系统，这在同行中开创了先例。

1997 年至 1998 年间，先后有 37 批市内外领导和同行来参观。10 月 20 日晚上 7 点 ，被誉为世界“报业巨子”的澳大利亚新闻集团董事长兼首席执行官鲁伯特·默多克一行 5 人作客解放日报社，他们兴致勃勃地观看了电脑中心技术人员在采编网络上的演示。电脑中心及其计算机网络系统一时成为展示解放日报信息化建设的一个“窗口”。

升级多网联通

2000 年 10 月，解放日报报业集团成立，集团已经拥有新闻晨报、新闻晚报、申江服务导报、房地产时报、i 时代等多家系列报刊和电子网络版；计算机用户数从初期的 200 个猛增到 800 多个；新闻采编系统、广告管理系统、电子排版系统、资料检索系统等多种应用软件在网络上运行。由于业务量猛增，网络的带宽已不胜负担，集团决定立项进行网络改造升级工程，仅设备采购就投入近 500 万元，成为集团内仅次于印务中心项目的第二个大项目。

早在 2001 年，电脑中心就开始着手进行网络改造的前期准备工作，作了近 8 个月的调研，提出了网络改造的设想；后又经过 3 个月的技术方案论证、产品选型与商务谈判，从前期准备到后期施工，我们整整花了 1 年零 8 个月的时间。至 2002 年 9 月，以“百兆以太网升级到千兆以太网”为目标的网络改造升级工程全面完成，10 月 29 日，由集团电脑中心、集成商紫光新华、上海计测工程设备监理公司、上海测试中心和专家组共同组成的验收小组一致认为，经过现场检查、技术文档审查、系统测试，同意该项目通过验收。至此，经过8个多月建设的网络改造工程终于画上了一个圆满的句号。

在此期间，我们完成了《集团计算机信息系统管理条例》的制定，进行了申江服务导报的技术改造项目和集团计财处财务管理网络化的项目，配合电脑车间进行拼版软件的升级；后来又进行了汉口路300号本部与309号申报馆大楼，以及谈家渡路印务中心大楼的网络互联工作，实现了异地远程通讯；又与上海电信合作，将总部大楼作为Wi-Fi无线网络的布建点，实现了大楼内的“移动办公”。这次信息系统的扩容和技术升级也实现了电脑中心在《集团信息化建设五年规划的设想》中提出的建设一个“融合LAN技术、WAN技术、WLAN技术、INTERNET技术和VPN技术的‘天地合一’的通信网络”的目标，集团的信息化水平上了一个新的台阶，为集团事业发展提供了更有力的技术支撑。解放日报报业集团新闻业务信息系统还被上海市信息化办公室评为“2000－2002年上海市信息化优秀应用项目”。

报社、集团领导对报业信息化建设都十分重视。我记得在300号进行办公区域大平面改造时，时任总编辑秦绍德明确提出，办公模式的改变，人们的思想观念必须随之转变。他专门嘱我要写一篇文章进行宣传，我写了一篇题为《我们为什么要采用大平面办公》的文章，报社还印成白皮书分发给记者编辑。这份宣传资料帮助大家认识了这样做的必要性和带来的好处，对楼层改造起了推进作用。在网络升级改造时，集团在工作计划中就提出“加大投入，提高采编队伍装备水平”的要求，还专门召开党委扩大会议听取电脑中心汇报，并当场作出立项决定。网络建设还一直得到各部门的大力支持和配合，可以说这是大协作取得的成果

创办衍生产品

伴随信息化工程与生俱来的衍生产品并由电脑中心主办的《电脑广场》周刊，于1996年1月10日正式创刊，这份周刊是根据吴谷平提议，并由电脑中心与广告部共同合作，先后由刘斌（女）、杨立群任专职编辑，倪骏飞为广告业务员。它一上来就取得了不菲的成绩：创办当年广告营收就超过了1000万元，1997年升至1400万元，1998年达到1980万元。《电脑广场》与后来诞生的房地产、汽车、消费周刊形成了解放日报经营性周刊系列。据不完全统计，从1996年1月到2003年6月，《电脑广场》（后改名《网络周刊》）为报社提供了不少于9000万元的广告收入。电脑中心同志在总结这几年来的工作时说，我们“建了一个网，办了一张报，培养了一支队伍”。

2003年，我离开集团电脑中心重新回到解放日报编辑部，在网络部（即解放网）担任主任，又开始与文字工作打交道。2004年我再次改行，担任集团行风办常务副主任和网宣工作小组组长；2007年退休，后返聘到新媒体部做了一年。

三十余年，转换的部门有六七个，调过不少岗位，有幸的是

承担过两项重要工作，特别是亲身参加“告别纸与笔”的报业生产的第二次革命，目睹解放日报发生的巨大变化，可以说是“生逢此时”。

采　访　人：沈轶伦

采访时间：2020 年 9 月 8 日

采访地点：上海市延安中路 816 号

摄影摄像：沈阳

从翻砂工人到党报记者

吴堦林

【简历】

吴堦林，生于1947年7月，籍贯浙江海盐。上海市南中学1966年高三学生。1984年上海电视大学中文专业毕业（自学考试），大专学历。1974年调入解放日报社，先后在工交部、《支部生活》编辑部、科教部、《报刊文摘》编辑部从事记者、编辑工作。采写的新闻作品曾获卫生部新闻奖、上海科技好新闻奖等奖项。1999年评为主任记者。

我叫吴堦林，“堦”是异体字，通台阶的“阶”。当初在学校，语文老师也不一定认识我这个名字。我进报社的时候，一开始稿件不署名。后来要署名了，每次见报，排字车间老师傅还要专门为我刻这个字。我知道工人师傅工作很辛苦，所以有的时候我干脆不署名。

我是1947年出生的，家里兄弟三个。高中毕业后做过一段时间工人，通过学习班遴选进入报社工作，一直到2007年退休。从头到尾算起来，我在解放日报工作近35年。

初进解放日报

1966年，我正念高三，发生了“文革”。高考停止，我们这些学生就下工厂劳动。我和同学先到上港七区煤炭装卸公司，和工人一起三班倒，大概一年时间。到1968年，我们就被分配了。当时的分配，有留在市工矿企业的，有去外地军工企业的，有到上海市郊农场的，还有个别去边疆的。我一个哥哥一个弟弟都去部队了，家里就我一个孩子留在上海，所以分配在市工矿企业上海微型电机厂。

进工厂后，我开始干的是铸工，俗称翻砂工，重体力活，工作很辛苦。但当时我还想上大学，所以一天8小时工作之余，我就在家里看看书、写点东西。我从小搞点宣传工作，当过少先队大队宣传委员，后来进工厂后，也帮助厂里搞一些宣传工作。

当时，我们工厂的上级单位是上海市仪表局，报社现在的所在地（延安中路816号），即是当时市仪表局的办公地。那时，市仪表局对下属企业的思想文化工作很重视。局里还专门举办文艺创作学习班，请老同志来辅导小青年写作。小青年写出作品后，还推荐到报纸上发表。

1973年10月，过完国庆节之后，我来到解放日报社，参加报社举办的工农兵通讯员学习班。我参加的是第二期。记得在学习期间，报社先给我们讲解《解放日报》的光荣史。之后，安排一些老师来给我们讲课，除了报社一些老同志外，还请来复旦大学新闻系叶春华老师给我们上课。

1974年春节过后，报社从参加过两期学习班的学员中，挑选了一部分学员到报社见习。报到那天，编辑部里最大的部门，我们五楼的工交部里，一下子多出好多年轻人。部里很快把我们这些青年人分到几位老同志的名下，让我们跟着这些老同志，边熟悉情况，边采写报道。一段时间后，报社从我们之中又挑选一些人，留在报社长期从事新闻工作，我就是其中之一。

关注机械工业

1974年我正式进入报社工作。一开始进工交部，当时工交部各个条线中，最重要的是体现国家工业水平的机械工业条线。领导安排我采访机械工业条线，和另外一位女同志蒋梦丹搭档，她是从机械工业局出来的。

当时上海有十来家万人大厂，基本上都是机械工业系统的，像上海电机厂、汽轮机厂、重型机器厂，还有江南造船厂、沪东造船厂等。当时强调独立自主、自力更生，所以我参加了风庆号、风光号的采访报道。这两艘万吨轮都是上海造船工人自己建造出来的，体现我们上海工人阶级豪迈志气，对我来说，也很受教育。

我们做记者，主要是联系实际，深入基层，根据当前的实际情况，采写报道。此外，还要参加一些重点工程、重点项目的报道。比如，当年老百姓缺少衣服，毛主席、周总理批示，在上海建造金山石化总厂。建成以后，领导调我去参加报道。

金山石化总厂建在金山海边，先围海造田，再在围起来的土地上建造工厂。要报道此工程，先要报道围海造田。领导把采写围海造田工程的报道交给了我，这是整个金山系列报道中，第一篇要见报的稿件。

我去采访的时候，因田早已造好，民工早都走了，去哪里采访？找不到采访对象，写不出报道，整个金山工程的伟大成就无法体现。于是我想方设法查阅资料，了解这些民工从何而来。还好，这些民工住在离金山卫不远的地方。之后，我就骑着自行车去这些地方采访，回来写出长篇通讯。后来编辑做了一个气贯长虹的标题《众志冲霄汉　“龙”盘石化城——工人、贫下中农抢围金山海堤的事迹》，又配了评论《众志成城》，刊登在《解放日报》1975 年 8 月 24 日头版头条。

工交部领导之一的夏华乙同志，我们叫他老夏。他勤勤恳恳，任劳任怨。每天一早，从家里赶到报社，一直工作到晚上，真是一头老黄牛。他也很有才华。有一天，我买回一套《古文观止》，他说这套书好，里边好多文章我都背过，有些现在还能背。然后他就先背了诸葛亮的前、后《出师表》，又背了苏东坡《赤壁赋》。他那时已 50 多岁了，没有准备，背出来一个字不错。

老夏原来身体很好，后来不知道怎么得了肺癌。我获悉消息，赶到医院去看他。可他却很关心地问我，爱人怎么样，小孩怎么样。他自己的病已经很重了，还这么乐观愉快地与我交谈。面对这样的领导，我心里既难过又很感动。

调至支部生活

我在工交部一直工作到 1980 年。那一年，我生病了，患上消化道出血。正好这年，市里要求解放日报筹划重新出版《支部生活》。这本杂志，“文革”前在上海很有名，像我父亲不是党员，都订阅，所以我小时候也看过。“文革”中，这本杂志停掉了。“文革”结束以后，上海的一些基层党组织要求恢复出版《支部生活》。市里最后考虑下来，让解放日报重新出版。

此时，报社原调到人民日报的邵以华同志正好回来，就由他挂帅，来搭建班子。当时计划从各个部组抽调一批党员同志。我那时还病休在家。有同志建议我，如继续留在解放日报第一线工作，天天早出晚归，匆匆赶回报社写稿，身体很累，不如去支部生活编辑部。《支部生活》是半月刊，节奏相对慢一点。于是我就这样去了支部生活编辑部工作。

我在支部生活待了 8 年时间，度过了一段非常愉快的时光。我们的领导部以华，我认为他是用自己的生命去办《支部生活》这个刊物的。他自己每天一早赶来报社，不断看材料，分析材料。他整天在思考：怎么重新出版？第一期要推出什么文章？

他对我们年轻同志也很关心，常找我们谈话。他几次找我谈心，分析我的业务水平，包括我的写作能力和逻辑思维能力等，他都很坦率地与我交换看法，还希望我能多看一点明清笔记。他确实讲到了我的短处。我虽然从小喜欢看书，看了许多中外名著，包括一些著名短篇小说，什么莫泊桑、契可夫、莫里哀等，但是明清笔记我看得少。他就给我讲，为什么要看明清笔记，看明清笔记对我们当记者提高业务修养有什么好处。

转战卫生领域

1988 年 8 月，我又回解放，来到了科教部。那一年，科教部专刊《祝您健康》的老编辑退休了，这个位置需有人接班。我 1980 年生病以后，对健康开始重视起来，也常看一些养生方面的书籍，故我对编这个专刊有兴趣，这样我就来到了科教部。

我在科教部，正式第一次出去采写卫生新闻，还是在当《祝您健康》专刊编辑的时候。1991 年发大水，安徽灾情很严重，上海派出了好几支医疗队去灾区帮灾民看病，报社也打算派记者去采访。当时卫生条线记者有两个人，费智平和许菊芬。费智平比我小 12 岁，但他患有哮喘，担心路上哮喘发作，因此他提出不去。许菊芬年龄比我大，是女同志，也不方便，所以就由我去了。正好那时上海医科大学领导要去灾区慰问医疗队，还要去送药品，我就跟随他们一起去了。

安徽颍上县，是安徽洪水最大的地方。灾民们生活在淮河大堤上，条件十分艰苦。而这些医疗队员更是不容易，华山医院一位年龄最大的女教授，遇到一个灾民好多天没大便了，实在没有办法，她就用自己的手帮她把大便从肛门里挖出来。一起去的还有不少年轻女同志，八九月份，天还很热，没地方洗澡，她们就在两幢房子之间拉两块塑料布当帘子，简单冲冲洗洗。

我和医疗队结下了友谊。当时的上海市副市长谢丽娟，知道我们解放日报要去灾区慰问医疗队，对我说：除了颍上县之外，上海还派出了其他几支医疗队，希望我也去看看。后来，我在完成了对颍上县的采访报道后，又匆匆赶去巢湖、庐江、和县，代表解放日报看望慰问在当地的上海几支医疗队，他们都很高兴。

大约 2002 年，费智平因患肺癌不幸去世。卫生条线缺人。而那时报社正在调整专副刊版面，我正在编辑的科技文摘版面要停掉了，所以我重新跑条线，采写卫生新闻。

到了 2003 年非典时期，卫生条线新闻报道任务异常繁重，新闻发布会一场接一场。时年 56 岁的我和年轻记者一起在一线采访，差不多是上海卫生条线记者中年纪最大的一位。尤其急人的是，当时报社推进电脑化写稿，记者要用电脑打字代替手写稿件。我小时候读私塾，先识字，没好好学过汉语拼音，改电脑打字以后，我打字慢，速度只有小青年的一半。碰到急的稿件，真的焦急万分。还有，当时新闻办常来电话，叫我什么时间赶到什么地方去，搞得我十分疲惫。所以，非典期间我度过了一段几乎每天早上出门、半夜回家的最艰难日子。后来我积劳成疾，生病在家里躺了 20 多天。

做记者，不是一般人都能适应的，要具备好多条件。我后来就亏在身体不好上。解放日报记者常常一大早就出去，晚上睡几个小时，我们有些老同志，打个瞌睡就精神十足。

现在回想，解放日报社真是个不错的地方。在这里，你会受到一些老同志无微不至的关心。这是一个很锻炼人、培养人、成长人的好地方。

采 访 人：侍佳妮

采访时间：2021 年 11 月 12 日

采访地点：上海市延安中路 816 号解放日报社

摄影摄像：沈阳

当了一辈子专业记者

干　谷

【简历】

干谷，生于1947年9月，籍贯浙江定海。中共党员，高级记者。1966年进入解放日报工作，任工交财贸部记者；1990年进入香港大公报，任驻上海记者。

我的祖籍是浙江定海，但出生在上海。

我的家庭是一个知识分子家庭，父亲解放前任英资百代唱片公司职员，解放后当了中国唱片厂厂长兼中国唱片发行公司总经理；大哥是唱片厂首席录音师，在业内小有名气；三姐毕业于北京广播学院（现中国传媒大学）意大利语系，任中央人民广播电台意大利语播音员；姐夫是新华社驻外记者，20 世纪 70 年代起在阿根廷、智利、秘鲁、哥斯达黎加等拉美国家工作，直至退休。我们的家庭似乎与媒体颇有缘分。

1966 年，我也进入了解放日报工作，任工交财贸部记者。在报社工作的二十多年里，我一直做一名商业记者，负责财贸系统的新闻报道。与我一起进报社的同事，几年里换了好几个部门，而我却从来没有变动过工作岗位。在报社领导的关心和培养下，我成了一名真正的专业记者。

在实践中培养新闻人才

其实，我进报社纯属意外。这还得从当时上海新闻界队伍的状况说起。1966 年前后，每年从大学新闻系毕业，分配到报社的大学生寥寥无几，新闻队伍青黄不接的现象相当严重，其中解放日报编辑记者的平均年龄就高达47岁。所以，当时解放日报就代表上海新闻界向市委宣传部打报告，要求从高中生中招一批优秀人才，在实践中进行培养，以解决新闻单位接班人匮乏的问题。

报社以市委宣传部名义来学校，要求学校推荐成绩好特别是文章写得好的同学面谈，但也没有具体讲做什么。我记得，当时来我们学校的是解放日报记者王绪生（后来知道），面谈之后又让我去做体检，正好碰到一批出国留学生，我还以为自己也要出国留学了。

等到正式接到通知，才知道是来解放日报工作。一起进来的有二十多位同学，都是从上海十几所学校几万名学生中挑选出来的，大部分是高二学生。

报社原先的计划，是把我们先放到工厂、农村、部队锻炼三年，后来“文革”开始了，计划只实施了一部分。我们首先被送到上海郊区北桥灯塔大队，与那里的农民同吃、同住、同劳动。白天在水稻田里插秧，蚂蟥爬到了小腿上；晚上挑着百来斤的棉花到镇上去，压得腰都直不起来。我长得瘦小，体力差，但是没有办法，做得动要做，做不动也要做。贫下中农觉得我们是下来改造的知识分子，对我们极其严格。到了晚上，在地上铺捆稻草当床，盖上被子睡个安稳觉，那真是一天最大的幸福了！

在农村待了半年后，我们又被送到上海第三钢铁厂当司炉工，每天重复干的就是帮师傅递砖。一大炉钢水倒出去以后，钢包里的砖都坏掉了，待稍稍冷却后，师傅跳进去，我们在外面给师傅递砖，把钢包重新砌好。在上钢三厂那半年，正好碰到冬天，天气很冷。我们光着膀子穿一件很厚的石棉衣服，从工厂宿舍到车间，沿途寒风刺骨，切身感受到了工人们的辛苦。本来还要去部队，后来就没去。

“文革”期间，《解放日报》虽然没有停办，但除了新闻以外，副刊、文艺评论等几乎都没有了，一来用不了那么多记者，二来是让大家接受思想改造。因此留了一些人，大部分人都去了奉贤海边的“五七”干校。在那里，我们完全被当成知识分子了，天天接受改造，待了一两年的时间。当时，我跟王维睡上下铺，他是解放日报的老总编辑，但他同样和大家一起种菜、种麦，样样都做，稍微有点时间就抓紧学习，看思想改造的东西。

现在回想起来，下放的经历，让我们对基层有了跟别人不一样的感觉。那些无权无势的人，也有不平凡的地方。看似普通，但是没有他们行吗？至少我们不会像有些人一样看不起他们，而是看到了他们的伟大。

改革开放的号角吹响

20 世纪 70 年代，根据业务需要，报纸栏目逐步恢复。我是第一批从“五七”干校回来的，现在根据人名搜索能查到最早署我名字的是 1978 年的报道。其实在这之前，我们已经写了很多。只是那时署名属于个人主义，不被允许，作者都是写本报记者、本报通讯员。不过，从我分工条线出来的稿件，大家基本都知道是我写的。

“文革”期间，能写的题材非常有限。毛主席最新指示出来以后，当天晚上听好广播就要出去采访，或是打电话搜集反映写报道。

随着改革开放的推进，原来一些被禁止的东西慢慢恢复了。我记得写上海旅行社组织上海人出去旅游时，我偷偷摸摸跟着第一个团去无锡看梅花，装着做导游，拿着旗子在前边走，管管人数。还有南京西路上的上海照相馆，有一个师傅可以把黑白照片着成彩色。但在“文革”时，这也被批判成了资产阶级审美观。后来，他们也恢复了彩色照片业务，我们也及时作了报道。

现在看来，这些事都有些滑稽，但是在改革开放刚开始的时候，它们都有很大的意义。特别是1980年以后，上海马路的弄堂口，又出现了理发的摊头；平时坐在家里，又能够听到修剪刀磨菜刀的吆喝声了。上海街头的个体户如雨后春笋般出现，改革开放的号角已经吹响了。

过去报道这些人物是很敏感和犯忌的，采写他们也可能冒着“宣扬资本主义”的危险。但在当时，他们则体现了时代改革的方向，我们决定迎难而上。经过与各个区财贸办公室联系沟通，我们选择了摆渡口的修车摊、闸北区的裁缝个体户、修棕绷人和长宁区生产铅丝制品的4个人为报道重点，他们不一定是个体户中的代表人物，但他们折射了这一群体的精神风貌。改革开放带来的大事很多，但对居民生活产生影响的一些变化，有时就蕴含在这些小事、小人物当中。所以当时报道刊登后，很受读者欢迎。

写得多了，报社提出设一个专栏，叫“周末特写”，介绍上海哪里可以玩、哪里可以吃、百年老店怎么样了。我很喜欢写这种稿子，软软的，有人情味。其实，做商业记者有一个很讨巧的地方，题材丰富，跟老百姓生活关系密切，市民都反馈得很快，而且也容易被记住。当时我们部门的老记者李音每写一篇东西，商业系统都把它当作文件一样来看待，有什么事情都告诉李音，所以他后来掌握的线索越来越多，写的东西也越来越切中时弊。

我所在的工交财贸部最少的时候只有 8 个人。但我们的领导很有水平，会出主意，在你讲了很多情况以后会给你分析重点。其实经济报道很难搞，但是点子出得好、有新意，你就胜了。那时候，我们天天工作到深更半夜，一点都不感到苦，反而很开心。我很享受这一段时光。

培养专业的记者

过去有一个观点，记者要做多面手，文艺、体育、农村、工业样样都搞。但我认为，还是做一名专业记者为好。幸运的是，解放日报确实也是在这方面培养了我。

实施署名制度以后，报社领导就讲了，要培养一批专业的记者。当时我们部门的李音、高肖笑还有我，就成了解放日报的特例。不管报社怎么改革，我们都没有换过岗位。对分管市长、各区区长等，都很熟悉，他们家里的电话我们都有。这样对报道有好处，可以比其他媒体早一步采访到独家新闻。

这样的模式确实也培养出了名记者。就拿李音来说，他对经济报道很有研究，能从很小的事情出发，记录其后的大背景，提出问题，在上海乃至全国商业系统很出名。刚刚恢复的全国性新闻刊物《新闻战线》，第二期就约我写了一篇专门介绍李音以及解放日报如何培养专业记者的文章。

由于专业记者长期跑一个行业，我们跟基层很熟，都有自己的通讯员，隔三岔五邀请他们过来开会，让每个人把自己这块发生的线索告诉我们，从中选出适合报道的选题，同时也鼓励他们写稿。那时候有一点做得比较好，通讯员写的稿件，我们都会花很多工夫修改，而最后都是署他们的名字。如果这篇稿子改了很多，一大半我们也参与了，则会把通讯员名字写在前面，我们的名字写在后面。所以，他们写稿的积极性很高。

此外，专业记者更容易写出有深度的报道。我曾经写过一篇通讯，题目是《用十分热情做好一分钱买卖》，记录上海“老虎灶”全心全意为人民服务的生动事迹。上海人过去家里经常不烧开水，都到公用的烧水站去“泡开水”。上海人管它叫“老虎灶”，一分钱一热水瓶。而一些小单位要用水，烧水站的人就一桶一桶地送去。我采访这个单位时，跟了他们整整半个月，每天清晨四五点钟跟他们一起烧炉子，推着车、挑着担，一家一家去送水。其实，这就是一分钱的生意，但是他们花的精力远远不是能用金钱来衡量的，而且几年如一日，天天坚持做。经济效益能有多大呢？但是广大老百姓需要。我把这个题目报上去，总编辑王维说，我们要把这个典型发扬光大。于是，我写了一篇长篇通讯，王维老总亲自为我写了评论。《解放日报》在头版用几乎一个版面将它刊登出来，当时在业内震动很大。

其实，专业记者的作用也是很大的。记得当年我去采访金山县张堰镇农村供销合作社时，报社认为是一个不错的线索，于是让当时华东新闻部主任张伏年陪我一起去。为了写好这篇稿子，我们两个人开了五六次座谈会，住在小客栈里，中午就吃面，整整一个星期。最后写了一篇通讯。后来，张堰镇供销合作社成为商业部的一个全国典型。

在解放日报工作了25年，后来我离职去了香港大公报。但在解放日报受到的锻炼，让我终生难忘。这是一种荣耀，也是一种鞭策，是让我一辈子做记者的动力。

采 访 人：束涵

采访时间：2021年11月18日

采访地点：上海市延安中路816号解放日报社

摄影摄像：沈阳

从“宝像师傅”到摄美部主任

张安朴

【简历】

张安朴，生于1947年11月，籍贯上海。1986年黄浦区业余大学毕业。1979年进解放日报，历任美术编辑、摄影美术部副主任（主持工作）、主任。2000年评定为高级编辑。1991年评为上海市优秀新闻工作者，2004年获上海韬奋新闻奖。中国美协会员、上海市美协理事，创作出版数百件宣传画和大量报刊美术作品。1983年和1991年两次获全国宣传画一等奖，作品被中国美术馆和上海美术馆收藏。曾设计发行多套邮票，其中《上海浦东》被评为全国最佳邮票。1986年获上海文学艺术奖美术一等奖。2002年获上海市美术作品银奖。著有《一个拿画笔的报人——张安朴美术作品集》。

我是上海嘉定人，从小喜欢画画。当时家里条件还算不错，所以我的父亲很早就把我送到哈定画室去学画。哈定画室当时是上海为数不多的私人画室之一，水平很高，所以我从小画画基础打得较扎实。

“解放日报”这4个字在我人生中是不可磨灭的。我从年轻时就到解放日报画插图，1978年正式进入解放日报工作，直到2007年退休。“所有艺术都是宣传，但并非所有宣传都是艺术”，我觉得宣传画要少点“宣传味”“说教味”，应该追求艺术性、形式感和塑造感。

农户请我吃“肥皂”

20世纪60年代，解放日报需要一批年轻人到报社来画插图，画有宣传内容的作品，我就经常到解放日报去做美术通讯员，相当于现在的大学生实习。“文革”开始后，我借到解放日报去画插图，画了很长时间。后来样板戏出来了，特别流行把样板戏改绘成油画、水粉画。我们一批通讯员又在解放日报画《智取威虎山》《红灯记》《红色娘子军》等样板戏的黑白水粉画。这些作品都是用铜锌版制版后印刷在报纸上的，人物刻画很精细，得到了中央领导的称赞。

我工作一段时间之后适逢上山下乡，要回到嘉定县，解放日报美术摄影组还专门为我出了一个公函，嘉定给了我一个到农村锻炼的名额，我就在嘉定方泰公社落户。那时候到处搞“红海洋”，到处要画毛主席像，我有画画的手艺，在公社里无疑是佼佼者，他们就让我到处画毛主席像，还给我起了个绰号，叫“宝像师傅”。

有时候农民造了新房子，也请我画毛主席像，我就义务去画。有一次，我到一个新造房子的农民家里画毛主席像，我在外墙和灶头上各画了一张，一大一小。那户农家非常感激，招待我吃他们自家腌制的咸肉。我印象非常深刻，一块咸肉足有一块肥皂那么大，他们热情地给我盛了两块“肥皂”。虽然那时候我年轻、胃口好，但也吃不了那两块“肥皂”，最后只吃掉了一块。

1970年前后，上海的专业美术创作单位都已经停止创作工作，解放日报因为要天天出报纸，所以就把当时文艺界、美术界能够创作的年轻人聚集在一起搞创作。解放日报的美术编辑洪广文将陈逸飞、夏葆元等一批上海油画雕塑创作室（现上海油画雕塑院）的年轻画家“借”到报社进行宣传画创作，我又来到了解放日报。

那段时间，我们和陈逸飞经常在老申报大楼里聊天。我们向他请教，画画到底应该达到什么境界？他想了很久以后告诉我们，画画首先要有形式感，其次要有塑造感。有了这两个“感”，一幅画就不会差到哪里去。这两个“感”对我后来的美术创作生涯影响很大。不管古今中外，不管是摄影作品还是绘画作品，都少不了形式感和塑造感。

“文革”期间，《解放日报》的美术作品并不是跟着所谓“红光亮”的方向走的，而是将革命现实主义和浪漫主义相结合，水平非常高，在中国美术史上也有相当高的地位。我能在这个氛围中学习美术创作，感到非常荣幸。

不过，后来我们画的样板戏水粉画等被张春桥批评说：“无产阶级呕心沥血创造出来的无产阶级作品，竟然成了资产阶级争名夺利的对象。这些人如不改造、如不整风，怎么还了得?”因为这个缘故，我们的老前辈洪广文去了“五七干校”，我们这帮小年轻统统回了原单位。直到粉碎“四人帮”以后，我才正式被调到解放日报。

宣传画要讲究艺术性

1978年，我正式调入解放日报工作，一直干到2007年退休。当时，解放日报农村部主任贾安坤对嘉定县委书记李学广说，你们嘉定有个小阿弟张安朴，画画很不错，我们成立了《解放日报市郊版》，准备把他调过来，李书记要高抬贵手啊！李书记爽快答应。他和县文化馆打了个招呼，让我第二天就去解放日报上班。第二天，我真的就到了解放日报，正式报到后才给嘉定县文化馆的领导写了封信，说是李学广书记让我到解放日报上班的。

我和宋超是同一批拿到记者证的。宋超是一个非常勤奋、敏感、有思想高度的人，我曾和他在20世纪80年代初期一起去绍兴采访鲁迅100周年诞辰。他的采访非常深入，为了一个采访要跑很多地方、核实很多细节，有些地方还要重复跑多次。到了绍兴以后，我觉得风景很好，一直画速写，他就一直在到处采访，去了百草园、闰土后代的家、鲁迅的外婆家、绍兴酒厂。他的勤奋和才气给我留下了深刻的印象。宋超也非常善于发现新闻线索，他发现新闻线索后能咬住不放，不发“文件稿”，而喜欢、擅长做深度的思考类报道，尤擅经济类报道。他曾经问我，阿朴，你看我的文章和兄弟报纸的文章比起来如何？我说，关于经济方面的报道，你的文章是“坦克车”！他听了以后哈哈大笑。

一开始我负责《解放日报市郊版》美编工作。当时的《市郊版》针对上海10个县发行，发行量很大，受到郊区广大群众欢迎，被读者叫作“小解放”。因为是针对农村地区发行的，因此对图文并茂的要求更高，我的主要工作就是画插图、题图、装饰画和漫画。

鲁迅先生说过一句话，大意是说“一切文艺固是宣传，而一切宣传却并非全是文艺”，我深以为然。宣传画也要讲究艺术性才能吸引人，如果干巴巴的、“说教味”太浓，不管是一篇文章也好、一幅画也好，就不会打动读者了。讲究艺术性，一直是我在解放日报创作宣传画的工作准则。

要让宣传画少点“宣传味”“说教味”，必须要反复构思，事先画很多小稿。在小稿上有了突破创新，我才会开始画正稿。我画宣传画，基本上是吃饭的时候在构思、走路的时候在构思、睡觉的时候也在构思，想着想着还要在纸上涂几笔小稿。有时候就是信马由缰瞎画，画着画着灵感就来了。

工作期间，我为《解放日报》创作了一些在社会上颇有影响的作品。比如《书籍是知识的窗户》这张画，作为《解放日报》读书版报头，于 1983 年 11 月 24 日见报，刊登后大家反响不错。后来这张画被选送到全国宣传画展览会去展出。当时，北京王府井图书馆一进门的地方就摆放了这张画的放大稿，足见影响力之大。

这幅画给我带来了很多荣誉，后来获得了平面招贴设计全国一等奖，被中国美术馆收藏。这幅画还引起了当时邮电部邮票发行局的关注，1984 年，他们来找我，让我画新中国建国 35 周年的国庆邮票。我就画了几个图稿，其中有两幅被选为邮票正式图稿，我也感到非常光荣。

真实是新闻图片的生命

后来我到解放日报摄影美术部工作。那时，摄影记者和美术编辑在同一个部门，主要任务就是做图像方面的稿件。后来因为工作需要，我当了部门副主任，之后当了主任。我感到摄影记者的个性都很强，这也是职业要求使然，摄影记者是要抢画面、抓镜头的，如果太“温良恭俭让”，恐怕拍不出好作品。不过，个性强的人待在一起，工作中摩擦就多了。当时报社领导说：“张安朴这个人人缘不错，让他当部门主任吧！”我个人倒是觉得，当了部门主任就和业务疏远了。当时总编辑丁锡满对我说：“你就做一年，然后就‘解放’你。”不过后来他退休了，我也就一直做下去了。我在摄美部总共工作了二十多年。

当摄美部主任，对我来说是一种人生历练。我和部门里的同事们关系都很好，我充分尊重他们，因为我知道拍好一张优秀的新闻照片要投入大量时间和精力。工作中，我喜欢把矛盾冲突通过幽默的、机智的方式去巧妙化解。比如，每到年底，总有摄影记者来找我申请买新器材，我就说，一个部门就像一个家庭一样，花销都是要有计划的，我们“家”不是什么“大户人家”，花钱还是要精打细算。我和颜悦色做解释工作，而不是剑拔弩张去训斥，大家就理解了。到部门分奖金的时候，我也以身作则，让努力工作的人多拿一些，自己少拿一些，或者索性就不拿了。

关于图片编辑工作，有些问题也值得协商讨论，比如，关于新闻图片的摆拍问题。我对摆拍深恶痛绝，我觉得这是最让人不能忍受的。我印象很深刻的一件事是，“文革”期间，我还在嘉定工作时，当时别的媒体一个摄影记者到嘉定拍所谓“农民在田头搞大批判”的照片，拍这个照片要搭台子、要让下面的农民不断走过来，一边走一边读毛主席语录，非常做作，走好几遍就为了拍一张照片。这算什么新闻照片？拍电影也不至于这么大排场。我曾私下和一个老同志说，如果我们也要摆拍，这到底有没有意义，后人会不会批判我们，假照片到底有什么价值？不管是新闻稿件也好，新闻图片也好，真实永远是新闻的生命。

欣慰的是，随着时代变化、新闻观念变化，摆拍的照片越来越少了。我觉得《解放日报》的新闻照片还是比较可信的，而且是遵照新闻规律来拍的。特别是年轻一代的摄影记者，摆拍的技巧是有的，但工作中还是以抓拍为主。这也说明了我们新闻摄影理念的进步。

“解放日报”这4个字在我人生中是不可磨灭的。现在的青年记者编辑，知识面比我们广得多，业务能力、知识结构远远超过我们这一代人，这是他们的优势。但是我觉得，年轻人还是要真正热爱这份职业，这是很重要的。另外，不论是新闻工作、摄影工作还是美术工作，都需要创意、需要激情。有激情了，人的力量也大了，精力也会充沛起来。希望年轻记者编辑永葆激情。

采 访 人：茅冠隽

采访时间：2020年10月26日

采访地点：上海市安顺路张安朴工作室

摄影摄像：沈阳

我在总编室工作的日子

王仁礼

【简历】

王仁礼，生于1947年12月，籍贯浙江上虞。中共党员。1986年黄浦区业余大学中文专业三年制干部专修班毕业。1966年进解放日报，先后任工交财贸组记者；群众工作部、夜班编辑部编辑。1991年起任解放日报总编办公室副主任（主持工作）、主任，2000年兼任解放日报报业集团新闻办公室主任。2004年任上海三联书店股份有限公司董事。曾任复旦大学《新闻大学》期刊编委。2007年12月任解放日报报业集团专员。2002年获上海韬奋新闻奖。2003年被上海市政协特聘为文史委委员。2004年评定为高级编辑。编辑的《肖叔，你不该走》获第十三届中国新闻奖三等奖、第十二届上海新闻奖一等奖，采写的《售票员孟丽昭舍己救大火》获首届上海新闻奖二等奖。

我于1966年进入解放日报，至2013年基本结束新闻工作，前后47年，与11任总编辑共事，其中在8任总编辑领导下担任总编室领导，被同事们尊称为解放日报的“老法师”。

退休后，我还继续担任报业集团的专员，协助领导管理总编室和集团新闻办工作，为解放日报贡献余力。

“服务”八任总编辑

我共事过的总编辑有马达同志、王维同志、陈念云同志、丁锡满同志、秦绍德同志、赵凯同志、贾树枚同志、宋超同志、尹明华同志、裘新同志和陈颂清同志，总共是11位。其中，马达、王维、陈念云3位总编辑，我是在他们的领导下从事新闻采访和编辑工作。1991年开始调到总编室担任主任，一直到退休，我在后面8位总编辑领导下开展总编室工作。

历任总编辑的处事风格、脾气、性格、工作要求都各有不同，我体会总编室主任的角色定位是，在新闻宣传管理当中要当好主管领导的参谋和助手；职业道德的修养和操守是，要熟悉专业、爱岗敬业、倾心投入、秉公处事。

1993年底，当时新一届报社党委成立后，我跟党委书记有过一次思想交心。这位党委书记本身作风很正，我跟他讲，我作为总编室主任，你们在工作上对我有什么意见、建议、批评，甚至是严厉的批评，我都接受，但在人格上我是平等的。这位领导很赞赏。在我担任总编室和新闻办主任这些年里，无论哪一任总编辑，我都是以这样一种角色定位和职业操守去待人处事的。

新闻纪律有规可循

我刚到总编室时，那时讲总编室“总务科，乱哄哄”，那么我自己对总编室的定位就是四大功能：参谋、协调、管理、服务。从某种意义上来讲，解放日报总编室的工作得到肯定，也是跟我们逐渐形成管理系统化、制度化有关系。概括起来大概有几个方面：

第一，上情下达，政令畅通。上级下达的通知和禁令，做到三个都知道：所属每一家媒体的每一位领导都要知道；每个部门的每位领导都要知道；集团系列报刊的每一位领导都要知道。

第二，料事在前，循序而进。除了新闻的突发事件以外，一般新闻宣传的重点有“四大”——重大活动、重大会议、重大工程、重大事件。这些都要做到事先有计划，事后有总结，不能杂乱无章、仓促上阵。这些计划、总结文稿炮制，作为总编室主任责无旁贷。我大概算了一下，如果新闻宣传的计划每个月是4000字的话，一年约5万字，22年就是110万字。

第三，预审广告，防范疏漏。报纸刊发广告跟新闻宣传一样，是报纸不可分割的一部分，其实有好多差错、问题都会暴露在广告上面。所以把广告纳入到总编室的审阅范围，这也是防范报纸见报差错一项很重要的工作。这种做法延续至今。

第四，奖励有据，举措规范。解放日报对奖励优秀奖励先进有很好的传统，也由此产生了一批名记者、名编辑、名评论员。奖励一定要做到及时、公允，不能够偏向谁。对于这个“及时”，也是对以往工作的改进。我印象中，本来有一些奖励是可以起到激励作用的，但因奖励方案拟得很迟，事情已经过去几个月了，奖金才发到记者或者部门手里，就起不到激励作用了。因此，奖励必须及时，有时战役性报道尚未结束，奖励红包已经准备好了。

第五，差错必纠，处置得当。因为我一直向领导部门表示，解放日报记者、编辑、部主任，报社的领导，没有出错的故意。但我们有差错、有问题了，就要吸取教训，不犯重复的错误，更不能犯震惊“朝廷”的大错。那么如实、迅速、有效地写好检讨，这也是总编室主任的一项重要工作。同时，根据工作中写检讨的经历、教训，我归纳了新闻宣传中容易触动的 8 个雷区，向新进报社的编辑记者、各部主任和各系列报刊的主编、副主编介绍，还应邀到市委宣传部、市宣传党校去讲课交流。这不仅使解放日报吸取这方面的教训，也可使其他同行避免出现这方面的差错。

进京请益收获良多

陪同秦绍德总编辑进京，向时任中共中央政治局委员、书记处书记、国务院副总理吴邦国，以及时任中共中央办公厅主任曾庆红同志分别汇报工作，听取他们的指导，现在已经过去二十多年了，但请益之旅依然历历在目。

我记得当年秦绍德同志就任解放日报总编辑，为加强新闻宣传的“对表意识”，就筹划进京一次，向中央领导、中宣部的领导，还有中央主要媒体的负责人请益。得到北京的当面指导以后，市委机关报能更加准确、充分地发挥引领作用。

按照秦绍德同志的意见，我与当时解放日报驻京办事处的领导狄建荣同志具体联系。老狄非常认真，很快敲定了老秦进京要拜访的领导同志和大体上的时间安排。

进中南海见到曾庆红同志后，我第一个感觉，红墙之内并非戒备森严。那天是1995年11月2日，下午3点多，我们从解放日报驻京办出发。到达中南海的大门处，仅一位警卫战士跑到我们车旁询问了一下：“到哪里?”我们报到中办、到庆红同志办公室。他核对了一下，也没有要我们出示什么身份证明，也没有到车上来检查，举起一面小红旗，“唰”一下放行。汽车转了几个弯，一直开到庆红同志办公室门口，一路通行无阻。

第二个印象是，领导的办公场所非常紧凑简朴。庆红同志办公的地方是一座平房，共三间。进门右边一间是秘书办公室，不超过20平方米，中间房间是一个会议室兼会客室，有一张狭窄的会议桌，旁边有一只三人沙发和两只单人沙发。平房左面是庆红同志的办公室。我去看了一下，大小跟他的秘书办公室是一样的，就一个办公桌、一个沙发，装潢都是普普通通的。

第三个印象比较深的是，庆红同志跟我们谈话非常亲切。他作为中央领导，不是居高临下。他对党报是非常热心，也非常亲切，某种意义上来讲又是高瞻远瞩的提醒和关切。

第二天去拜访吴邦国同志，请益侧重于当时的形势和经济发展的态势。党的中心工作转到经济建设上来以后，《解放日报》在新闻宣传中怎么引领舆情、去体现《解放日报》的优势？从领导同志那里得到指示，得风气之先，就是我们的底气，而且是正确的信息来源。

邦国同志会见我们安排在上海驻北京办事处。记得那天是1995年11月3日，晚上7点左右，我们从北办出发，到上海驻京办事处。上海驻京办事处非常简朴，我理解邦国同志的意图，他不在乎场所，而在乎氛围，有与家人叙事谈心的感觉。

谈话一开始，老秦问邦国同志，您到了北京以后，是否有空经常看《解放日报》的报道？邦国同志马上笑容满面地回答：《解放日报》我不是经常看，我是天天看！然后，他就真的如同一个老报人一样，讲今天《解放日报》头版上面登什么，下面登什么。他说，怎么样？这是不是说明我今天看过你们《解放日报》。他接着又说，你们今天头版的下面围了一个框，登了上海通用汽车的一条消息，这个项目是我在上海的时候批的，现在搞得很好。

另一个感觉，谈话一再延长。谈话不是程序性或礼节性的，而是谈得非常畅快。谈到晚上9点半，邦国同志的秘书一直坐在旁边看手表，他后来站起来讲，邦国同志，你明天上午要到云南参加一个重要活动。这实际上是提醒领导，你可以结束了。邦国同志马上笑眯眯讲："知道了，知道了，难得机会，再谈会儿，再谈会儿。"他一而再、再而三地延长与我们的谈话，说明邦国同志对《解放日报》的一种深切感情，对《解放日报》进一步搞好宣传的一种期盼和希望。

返回上海后，报社把整理的材料报送市委宣传部。市委宣传部领导一看到，马上就叫我们送市委办公厅，送 5 份给市委主要领导。因为邦国同志谈的不仅是《解放日报》，对上海的工作提了指导性意见。

这里讲一个小插曲。谈话稿子整理出来后，有一位领导特地来问我是否带录音机去见中央领导的？我讲中央领导同志谈话，不可以带录音机。他又问，是否当场记录下来？我讲邦国同志看到我拿出记事本，就说："小王，你不要记。你不做记录，我就讲得放开一些，做记录就不能放开谈了。"那么，你怎么整理得这么全呢？那位领导问：连语气都像是现场记录的。我讲只能凭当天晚上的记忆。

我当时想了一个诀窍，就是着重记问题。如果不录音，要把他通篇的讲话全记下来是很难的。我当时就想着，秦老总提了几个问题，先提什么问题，后提什么问题，回到报社驻京办事处就拼命将这个场景再现，把谈话内容完整地整理出来。庆红同志的谈话稿子，我整理出来是 3500 字，邦国同志谈话是 4500 字，加起来是 8000 字。两个晚上整理后，脑子就像掏空一样。因为当时除了整理谈话，还要商议明天怎么安排活动，要拜访中宣部哪些领导等。整个北京之行结束的前一天，我实在吃不消了，跌跌撞撞、天旋地转。在北办睡了一天，人才算调节过来。

与解放日报感情至深

我任职总编室主任期间，当然也有面临调职晋升的选择和机遇。之所以一直有定力在解放日报，主要是三个原因。

第一是有敬畏之心。解放日报是培养我的地方，我要知恩图报。我进报社写的第一篇小稿子，是马达同志审阅的，在上面批了一行字："这是一篇小特写，可用"。马达同志能够亲笔审签我一个从基层工厂调来的小青年的稿件，我很敬畏。还有新进报社以后，工作很紧张忙碌，我胃出血了。有一次在报社食堂吃饭，尚在接受批斗的报社原党委书记、总编辑王维同志向我招手，让我坐到他那个饭桌上，关切地说，听说你胃出血了，我给你推荐一个药叫胃膜素。他后来托人从安徽把药买来送给我。这几位领导都是老革命、老干部，这样关心我，我心生敬意，也不忍心离开这样温暖的地方。

第二个是感恩之心。我到总编室工作二十多年，其实以前也不是读管理专业，也没有这方面的管理经验，是通过贵人相助、同事相帮成长起来的。丁锡满总编辑抽出星期天，访问分管夜班的领导，承诺相应的条件，从夜编部调我到总编室。又如，我评到高级职称是比较晚的，因为有两个条件对我来讲是欠缺的。一个是大学本科学历，一个是英语。第一我没有大学本科学历，第二没有英语专长。报批时，宋超同志是市委宣传部副部长兼市高评委主任，他对我的工作比较了解，对我十分关心。他对有关负责人讲，你们先把名单报上来，后续的工作由我来做。后来我才知道，他专门派人去找了当时的市委组织部副部长兼市人事局局长丁薛祥同志，跟他说明这方面的情况——是历史原因造成这两方面的申报条件缺陷。最后丁部长表示，只要宋部长签字，他就批复同意。在那一批申报者中，解放日报一共有三个人是作为突破特批的。这倒不仅仅是一个职称问题，我是觉得领导费心费力对我的关心，我就该有一个感恩之心报答党报。

第三个就是不忍之心。解放日报有很好的工作氛围，解放日报总编室也有一个很好的氛围。总编室的几位副主任，总编室的多位科长，总编室的小朋友、小年轻，对我的工作都很支持。有一天晚上，我们接待会务工作结束，回家的时候已经 12 点多了。那时候夜班只有一部车子，我们不可能去用夜班的车，我们就走回家去。王小兵副主任、黄洁敏和我，我们三人就从河南路一直走到北站附近的小菜场，看到一个正要打烊的小饮食店，跟他们商量是不是能给我们下几碗面条。面条吃完将近深夜 2 点了。然后我们再分头走回家，小兵走到广灵路，黄洁敏走到山阴路，我走到赤峰路家中。平时大家工作再苦再累，都毫无怨言。所以，总编室有一个很团结、很努力的工作氛围。

还有对退下来的老同志，我们要不离不弃，如同他们在位时一样把他们服务好。他们经常要到总编室来坐一坐、聊一聊的，我对陈念云同志印象最深。在他将要退休时，党委会征求陈念云同志意见，他说我没啥要求，就要求由总编室管我，我不到别的地方去。这其实也是对我们的信赖。有鉴于此，我不能离开这个地方。我不在意留在总编室工作吃亏了，也不在乎人家知道不知道我就这么退休了，人不知而不愠。人总是要有点追求的，不仅要有物质追求，也要有精神追求。

采 访 人：王潇

采访时间：2020 年 9 月 22 日

采访地点：上海市延安中路 816 号解放日报社

摄影摄像：沈阳

做群众工作要甘于寂寞

李启刚

【简历】

李启刚，生于1947年12月，籍贯浙江余姚。1978年参加高考，以文科最高分的成绩进入复旦大学新闻系就读。1982年大学毕业进入解放日报，1984年底被提拔为群工部副主任，一年后开始主持工作。与人合作撰写的《信访的定量定性分析》被人民日报内参、《新闻战线》杂志、《人民信访》杂志登载。1997年因眼病加重退居二线。

我在解放日报群工部工作了23年，当过版面编辑、负责过部门采访、内参、专版等工作，做过信访接待。回望这些经历，总结一句话送给后来者："做群众工作要甘于寂寞。"

一年两奖，监督报道直击社会风气

我进入群工部，正是改革开放初期新旧矛盾交织的时候。当时政府部门的信访机构刚刚建立，尚未健全，作为党报的群众工作部门，我们每天会收到很多群众来信，最高时一年有近20万封，其中包括"文革"时期和之前历次政治运动遗留的冤假错案问题、改革开放之后出现的新情况等，几乎涉及广大群众工作、生活的方方面面。

群众的这份信任，我们不能辜负。怎么处理这么多来信呢?当时群工部有近40名工作人员，其中记者为24人左右。从收信、看信、转信到调查、接待都有专人负责，大家分工明确，力争尽可能多地去了解社情民意、为困难群众鼓与呼。我记得当时会把信件分为工、农、财、政、地五个大类，10名记者轮班整理、处理这些信件。当时，每位记者每天都会挑选出四五封可供报道的来信交给部门主任，由部门主任具体研判，并写好处理意见后分发给调查记者，由他们具体开展调查采访，适宜公开报道的就刊登在版面上；如果来信反映的问题属于个案，或者不宜公开，就把信件直接转给相关部门，或者由小内参——《信访摘编》刊发。

信件里反映社会问题的线索，是我们做报道和发内参的重要信源。1984 年底，我被提拔为部门副主任后，继续坚持群工部以批评报道为主的传统。那时，报社领导对我们的工作很支持，陈念云、周瑞金、丁锡满、居欣如等领导都曾说过“要敢于触碰真问题”，这给了我们很大的鼓舞。一个最直观的表现就是，我们每周会有 7 至 8 篇批评稿，除了“读者来信”版以外，有些质量高的稿件还会被刊发在新闻版的重要位置。

印象深刻的批评性报道有：1984 年 11 月 11 日的《赞助请柬何时了　捐款知多少》、1984 年 12 月 29 日《喜洋洋鸿运楼摆下庆功宴　醉醺醺急诊室躺倒酒中仙》，分别获得第六届全国好新闻一等奖、二等奖，当时是俞远明和我一起负责的。

前者是上海一个工人读者的来信，反映社会上“赞助”之风愈演愈烈。一些跟工厂没有直接关系的单位办活动，直接要求工厂出钱“赞助”，如某医院提出，要厂里拿出几万元作为无息贷款，5 年后逐步归还。如果不答应，就不要去寻医院。这种“赞助”，给基层单位，尤其是一些有名牌产品、经济效益比较高的单位造成了很大的压力。来信呼吁舆论界关注这类“赞助”风，帮助工厂摆脱“苛捐杂税”。根据来信反映的问题，记者走访核实，发现的确有不少工厂遇到了这样的问题。于是写成报道刊登在新闻版上，引起了很大的社会反响。

另一篇也是直击当时的不良社会风气，这封来信更是被刊登在了头版上。报道讲的是某厂一个车间在年度总结大会上，获得了一笔超产利润奖，为了“庆功”，他们在大鸿运酒楼订了 34 桌酒席，席间饮酒不加节制，除了吵吵闹闹之外，还有很多人“喝进”了医院。记者在报道中直截了当地指出，类似这样的年终吃喝风，对职工健康、对促进生产有何益处？希望各单位各部门领导深思。

类似的批评监督稿件有很多。有些尽管是以“读者来信”的形式刊发，但都凝聚了记者深入调查的心血，也反映了报社对社会责任的担当。为了更好地记录和分析社会问题，我后来还跟一位专门做研究的同学，运用电脑分析的方法，调查研究过天气、交通等不同因素和信访之间的相关性，最后还形成了一篇《信访的定量定性分析》的专文，在全国城市报纸群众工作会议上做专题交流，后引起人民日报记者的关注，并被人民日报内参、《新闻战线》杂志、《人民信访》杂志刊载。

甘于寂寞，群工部记者需具备的特质

群工部一度是个记者不太愿意来的部门，一是相较于其他采编部门，群工部的工作比较琐碎；二是群工部以批评报道为主，不太受采访对象的欢迎。要知道那时候解放日报记者的社会地位是很高的，出去采访一般都受到热情接待，但群工部的记者显然没有这个待遇。不过，我反倒觉得这里很好，本来自己性格也不太活跃，这样还省去了跟别人打交道的麻烦，能够心无旁骛地做好监督报道。

做监督报道跟其他报道不一样，需要更严谨、更细致，稿子里的每一个细节甚至每一个字都要仔细斟酌，不能出一点错。我当时也在监督稿件的审阅上花了很大功夫。为什么呢？一方面是出于新闻真实准确的要求，一方面还要正确理解和掌握党和政府的政策，还有一方面则是因为一旦有失误，被监督对象找到借口，很有可能会找上门来，甚至到法院起诉，我们还得准备材料、证据去应诉。不过还好，我处理的几则诉讼最后都没有输。

为了防止后续纠纷，我从一开始就要求记者的每一个线索和调查都要跟我沟通。当然，这一做法也是为了把握我们报道的客观与真实。我一直强调，调查记者要格外注意“正直”两个字，不能做“吃拿卡要”的事情，更不能以监督报道去要挟别人。在这个过程中，要“甘于寂寞”。

甘于寂寞的另一个表现，就是不为名不为利，全心全意地为人民服务。1997年，因为青光眼症状加剧，我从领导岗位上退了下来，那时群工部的另一部分工作——信访接待正缺人手，我就主动提出去负责这部分工作。

这项工作跟印象中的“记者”相距甚远，主要是致力于为来访者解决问题，接待者除了要定时定点待在接待室里，还要格外富有耐心和同情心。我记得当时从河南省来了好几批艾滋病人，多次到本报接待室上访，有些人来的时候裤子上还有血渍，根本没有人敢去接待。这些来访者的处境非常困难，基本上都是在卖血的时候被感染的，有的人就流散到北京、上海等大城市，想看看有没有治疗的办法，并寻求经济帮助。我们能怎么办呢？一方面是说些安慰的话，另一方面我们主动联系了上海市慈善基金会，看看有没有相关补助。刚开始确实为他们争取到了一些资助，后来因为人太多，且大部分是外地人，实在发不过来了。我们只好再去联系他们的省驻沪办事处，最起码能够为病人返乡提供车票。最后，他们临走的时候，我们还专门从食堂买了馒头、包子给他们带着，也算是尽我们所能了。

还有一位上海某小学老师的求助也让我印象深刻。1948 年她在浙江嘉善的一所国立小学教书，嘉善解放后，学校被国家接管，她也享受了“供给制”待遇，后来到上海工作。像她这种情况，退休时应该给予离休干部待遇，然而，因种种原因，她被以普通教师待遇退休，曾经入住的学校宿舍也要腾出来，又离了婚，生活极为艰难。她为此多处奔波，但相关部门一直相互推诿。20 世纪 90 年代末，她求助到报社，我们介入后把她的材料转给了很多部门，也跟进了好几年。直到 2004 年，这个问题终于得到了上级部门的回应：确定应享受离休干部待遇，政治、住房、经济问题总算得到妥善解决。此时，距离她退休已有十多年，她也因此对报社的帮助感激涕零。

这样的经历数不胜数，也让我深刻认识到：永葆红心，努力为群众解决问题，是我们党报群众工作的优良传统。不光是信访接待，我们还尝试把报社的群众工作推向社会，争取更大范围地为广大人民群众服务，每年主动筹办为民咨询服务活动。上世纪80年代中期，电视机、冰箱等家电产品陆续进入市民家庭，但售后服务严重跟不上，社会上也没有维修个体户，老百姓家电坏了，找不到地方去修。我们看到群众反映的这些问题，就想办法联络厂商，为大家提供维修、咨询等现场服务。后来，公用事业单位、银行、医院等各服务单位都加入进来，逐渐形成了解放日报的公益志愿服务品牌——“3·15为民咨询服务活动”，一直延续到现在。

对于党报记者来讲，把信访难题处理好了，也是上为党分忧，下为民解愁，是践行党的初心的体现。

采 访 人：栗思

采访时间：2023年10月18日

采访地点：上海市利西路李启刚家中

摄影摄像：沈阳

在党报党刊激浊扬清四十载

张长生

【简历】

张长生，生于1947年12月，籍贯江苏滨海。1966年进解放日报社，任工交财贸部实习记者，师从老记者徐之华。1968年为实现儿时的梦想，主动到黄浦区征兵站要求当兵，经政审、体检后，由报社赴广州空军部队当兵。1973年重返解放日报社，任群众工作部记者，处理读者来信，接待读者来访，撰写内参。1979年进支部生活编辑部任记者，一直负责跑地区条线，其间有3篇作品荣获全国党刊好新闻一等奖；撰写并主持广大读者喜闻乐见的《小品文》栏目长达二十六七年。2007年退休。

我成了“佼佼者”

1965年，我在华师大一附中读高二。学校领导说教育局要检验教学质量，将我们五十多名高二、高三的学生“关”在一间教室里测试。当时做了两套试卷，一套是命题作文，一套是时事政治。

后来我才知道，上海市委为落实毛主席关于无产阶级要有自己的科学家、教授、医生、新闻记者的指示，委托解放日报专门成立一个班子，从工厂、农村、学校招募品学兼优的年轻人进报社从事新闻工作。经层层筛选，我被“相中”。1966年8月，我们二十多名来自全市重点中学的“佼佼者”汇集在汉口路274号解放日报新闻大楼。

报社领导对我们这些初来乍到的学生关怀备至。先是请几位老同志组织我们集中培训，接着安排到编辑部各部门实习锻炼。

我被分到了工交财贸部，由老记者徐之华带我一起下基层采访。后来又到评论部实习了一段时间。

转眼，从学校门跨入报社门一年半过去了。我们服从报社的安排，到工厂去、到农村去、到“革命实践”中去摸爬滚打，我主动要求参军锻炼。

1968 年 3 月，我如愿以偿，穿上了绿军装，精神抖擞地奔赴军营，紧握枪杆子，保卫祖国的南大门。

他挑来一筐哈密瓜

1973 年我从部队复员。解放日报社获悉我这“兵哥哥”复员的信息，赶紧前往武装部，取回了我的档案材料。人未报到，材料已到。

24 岁，正值“青葱岁月”啊！

我先在夜班编辑部当校对。几个月后在信访组，后改为群众工作部任记者编辑，接待读者，处理来信，撰写内参。

那可是棘手活儿。许多读者投诉无门，期盼党报能伸出援手，帮他们解决“急难愁盼”的问题。作为党报密切联系群众的“桥梁”“纽带”，我们一边耐心倾听他们诉说，一边认真做好记录。接下来，我们或电话，或书函，或迈开双腿，切切实实帮他们解决烦心事。

一位在新疆插队的上海知青来信反映，当地组织未按照政策落实知青的待遇。这对他来说，可是一件民生大事啊。我查阅了相关规定，并紧锣密鼓地分别与相关单位进行磋商联系，最终帮那位知青落实了政策，享受了应有的待遇。解决了切身利益问题，读者欣喜万分。一天，这位“不速之客”竟然神采奕奕地挑着一大筐哈密瓜前来读者接待室。放下担子，他深深地向我一鞠躬，嘴里不住地致谢。

看到此情此景，我也按捺不住内心的激动，心头热乎乎的，连忙向他解释说：我是党报工作人员，是按照党的政策办事的。为人民服务是我们应尽的职责。你的一片心意我领了。说完，我与他一起将那筐哈密瓜抬到报社附近的公交车站，送他上车。车已开出好远，仍见他不住地挥手致意。

毫不夸张地说，我所在的群众工作部是一支团结互助、廉洁自律、特别能战斗的团队。上至部门领导张全麟、徐世麒，下至各位新老同事，多少年来，一直默默无闻地为广大读者排忧解难。即便群众来信来访骤增，也十分注重工作效率和质量，用真心换真情，以确保“桥梁”“纽带”作用发挥到极致。

是啊，做好群众工作的学问多得去了，做群众工作大有可为！

“小品文专家”

在我42年半的新闻生涯中，还真与“小品文”结下了不解之缘。

1979年夏秋之交，对我来说，是个刻骨铭心的日子。一是而立之年，血气方刚；二是“转岗”，来到支部生活编辑部，将投入新的战斗。

《支部生活》杂志从1954年创刊以来，一直由上海市委办公厅直接分管。“文革”中停刊。1980年起改由解放日报社重新出版。很快，约20名来自报社各部门的记者、编辑，集中在汉口路309号新闻大楼三楼，紧张而有序地筹备试刊工作。1980年重新出版发行，焕发新颜。

由此，我在支部生活编辑部一干将近30年。我除了负责撰写地区条线基层党组织以及共产党员的先进事迹外，还尝试写起了小品文。当我采写完人生第一篇小品文《霸道书记》后，编辑部领导和相关老同志欣喜地说：小品文有人接班啦。

《霸道书记》披露了杨浦区一家公司一位干部平日里对员工态度专横跋扈，群众十分不满，敢怒不敢言。

由于是真枪实弹，指名道姓，整个采访过程如同开展地下工作，异常艰辛。在这家公司一间小屋内，找员工谈话须小心翼翼拉上窗帘，且一对一单独谈。为打消员工顾虑，我得再三强调隐匿访谈者的尊姓大名。三天下来，经向约三十名员工逐个促膝而谈，才了解到事情真相的细枝末节。

打出小样，我给批评对象过目。他勃然大怒，说完全不符合事实，要上访举报。

事后，我对个别文字作了调整，并再找当事人反复核对。我得对被批评对象负责啊！

事实了然于胸，万无一失。一篇千字文终于完成了。但它所耗费的体力、精力可想而知。

文章刊登后，被批评者果真写了举报信。主编邵以华接到举报信后没有急着否定此稿，而是委派一名实习记者实地核对事实。当所有的调查印证了我的稿件内容属实后，老邵心里的石头落了地，并在第一时间向相关部门反映实际情况。

我迄今都很感念老邵，他在关键时刻敢于担当，秉承实事求是、没有调查就没有发言权的原则。这也极大地激励了我。

头炮打响，连篇累牍的小品文又一一问世。小品文《吃白食》《干部轮训班》《李代桃僵》《“阴阳”教员》……均从不同侧面揭示了党员、干部中出现的思想作风问题。

我的名声也逐渐大了起来。报社同仁在电梯里、食堂里、走廊上，都会亲切地称呼我“小品文专家”。同学、战友等也都如此乐呵呵地称呼我。

虽然支部生活编辑部新老领导、人员更换交替，一茬又一茬。但撰写并主持小品文栏目的重任，一直落在我的肩上。

我也当仁不让地挑好这副担子。我清醒地知道，自己既是受党教育几十年的老共产党员，又是退伍军人，必须“明知山有虎，偏向虎山行，我不干谁干!”

采写小品文所花费的时间精力，远远超越采写正面稿件。

令人欣慰的是，我将近三十年从事小品文的写作和编辑，竟然是“零差错”!

小品文是《支部生活》杂志的传统栏目、名牌栏目。它短小精悍、图文并茂、尖锐泼辣，揭露、鞭挞了党内不正之风。由于小品文的存在，使党刊增色不少，受到广大读者的喜爱。结合工作实践，我撰写了《试论小品文的写作》和论文《我与批评稿》，个中的甜酸苦辣，以及点滴经验体会，我全写入论文中。

党员风采，浓墨重彩

身为跑地区条线的记者，我始终坚持“两手抓”。一手抓批评稿，另一手狠抓正面稿不放。深入基层，及时发现、挖掘、弘扬共产党员身上点点滴滴的“闪光点”。通过“党员风采”等栏目发扬光大。如《居委会的“夜门诊”》《追寻不留名的共产党员》《农家新“塾师”》《虹储情深》《悠悠云中情》《夕阳红似火》《82岁的读书明星郑玲》《崇明岛上的五朵金花》等。

1993年夏季，我获悉静安区七一运输公司党政领导对来自“大墙内”七百多名职工充满爱心，耐心细致地做转化工作，使昔日的“浪子”成为“金不换”的好汉。我冒着酷暑前去采访。一次次召开座谈会，一次次个别促膝谈心，我的心被震撼了。嗣后，我精心撰写了特稿《浪子回头金不换》，刊登在1993年第17期《支部生活》上。

这篇特稿后来被上海其他媒体看中，并以此为创作素材，拍摄了电视剧《何须再回首》，在广大观众心目中激起了不小的波澜。

1996年5月16日上午，汉口路300号解放日报大楼门前，锣鼓喧天，彩旗飘飘。“热烈欢送《长征路上访红军》出发仪式”隆重举行。身为首批队员，顾许胜、盛晓虹和我“闪亮登场”。报社领导冯士能、秦绍德等一起前来欢送。

我们三人报道组风尘仆仆地来到江西瑞金。在当地组织部门的大力支持配合下，短短十天，马不停蹄地采访了几位德高望重的老红军。撰写的《在“十送红军”的故乡》《从草地上走来的农业专家》《我毕业于“爬山大学”》等，分别刊登在《解放日报》和《支部生活》上。其中，1篇被解放日报评为红旗稿，2篇被收进由中组部和解放日报合编的《长征路上访红军》一书中，取得了良好的社会效益。

咱们普通共产党员中的佼佼者要报道宣传，而那些家喻户晓的大牌明星，同样是党员，同样表现出彩的，也应大力宣传。为此，我充分利用本刊“共产党员在家里”栏目，将他（她）们在社区鲜为人知的感人故事分享给读者。

大名鼎鼎的越剧演员王文娟，一度被社会上的谣传所困扰。说啥她与丈夫孙道临关系紧张，还胡说什么对子女教育不严等等。经湖南街道领导牵线搭桥，我们前往王文娟家进行深入采访。通讯《王文娟有个幸福美满的家庭》刊登后，谣传不攻自破。其实，那些大牌明星还是挺平易近人的，一旦建立起信任感，就能挖掘出有深度、有价值的内容。为此，我常骑车去复兴中路上的上海越剧院。仅《皇帝与村姑》彩排，我就去了八次。看戏是假，建立友情是真。

后来，我和徐玉兰也成了好朋友。去她家采访后，撰写了通讯《徐玉兰家事誉满众邻》。同样，我还采写了《李炳淑和她的模范丈夫》等。

采 访 人：肖雅文

采访时间：2023 年 12 月 16 日

采访地点：上海市延安中路 816 号解放日报社

摄影摄像：沈阳

新闻武功　唯敏唯勤

高叙法

【简历】

高叙法，生于1947年12月，籍贯江苏武进。1966年5月，在中学入党，随即被选拔到解放日报社工作。20余年间，在总编办、政法组、评论组、农村部、党政部等多个部门担任记者、编辑，其中在农村部、党政部任职时间长达十五年以上，采写过百万余字新闻报道，擅长政法报道、记人记事的长篇通讯。1988年，经解放日报社同意和派遣“下海”8年，在深圳和海南等多家公司任职经理、总经理。1996年，辞去上海紫江集团董事与董事长特别助理职务，“下海”8年后“上岸”。1999年，进入解放日报社下属的新闻报审读组，负责审读工作。2007年，从解放日报报业集团退休。

我是1966年“文革”前夕进解放日报的。1966年5月，我在高中入党。入党以后没多久就被抽调到解放日报，不久“文革”开始了。一开始在总编办公室、接待室，那时候还没有领记者证，只是参与采访和出去摸点情况回来写写“情况”。

1969年我们全部下乡到农村，待了近一年从农村直接进了“五七干校”，将近两年之后到工厂去了三个月。本来部队还要待三个月的，因为所谓战备的特殊情况改变了，直到1972年才回到报社正式开始搞新闻工作。

回报社待的第一个部门是政法组，待了一两年，又在评论组待了半年。那时候比较年轻，觉得评论组太枯燥，又不能出去，吵着要出来，就去了农村组待了五年。接着去党政部，一待就是十多年，待的时间最长。

1984年我又去了西藏。那时西藏日报来借调人员，我就报名去了，在西藏待了一年多又回到解放日报。回来没多久我就“下海”了，去了海南岛，当时是海南建省的时候（1988年）。“下海”也是经过解放日报同意的，跟上海一家企业合作在海南搞了一个公司，我去当家。

这个海南的公司，在深圳也有个公司，所以我就到了深圳。我一会儿在深圳一会儿在海南，最多一年坐了40多次飞机。

一直到1998年，我又回到上海，“下海”上岸后，我去了新闻报的审读组。这个部门是报纸的最后一道关，负责把关。审读这块也前前后后搞了八九年，直到退休。

改革年代，新闻报道如何引导新风尚

我负责的第一个比较重要的栏目是在“文革”结束后。那时候“四人帮”已经被粉碎，但整个社会仍然十分混乱，社会的道德风尚严重滑坡，怎么办呢?

我主持了一个栏目，叫“砸烂‘四人帮’，发扬新风尚”。大概办了一两年了，中间发表了很多新风尚的文章，比如说哪里居民楼里有互相帮助的好风尚，哪里失火后邻里互相关照。我还记得报道过一个小女孩，她父母在新疆，上海的爷爷奶奶把她带大以后，感觉年纪大了，力不从心，要把她通过飞机“寄”到新疆。中间有很多好心人去帮忙，涉及机场和机组人员等。像这种事情我当时都报道了。

同时我还搞了几个大的报道，其中一个就是我采访了一个人——上海姑娘曹南薇（1979年1月17日《解放日报》头版报道《不灭的理想之火——记中国科学院高能物理研究所研究生曹南薇》），她是高考恢复后第一个高能物理研究所的研究生。这个人的经历很复杂，进入高能物理研究所完全是靠自己在“文革”期间特别艰苦的条件下一点点自学。

“文革”期间，她还是高中生，家庭出身不好，父亲死在监狱里。他有一个姐姐一个哥哥，跟母亲生活很贫苦。当时她用来做高等数学研究的草稿纸，是从废品店里几分钱一斤买来的。在母亲、哥哥都被当成“牛鬼蛇神”隔离审查的情况下，用菜场捡来的菜叶烧一锅菜，一吃吃三四天，馊了也不舍得倒掉。在这么困难的情况下，她把高中、大学所有课程都学完，最后考取了高能物理所的研究生，还听过杨振宁的报告。

我们从上海开始采访她，后来又追到北京去采访，写了一篇很长的报道刊登在《解放日报》的头版。当时的总编辑王维看了我写的报道，也掉了眼泪，很欣赏曹南薇。

我后来也写了很多代表新风尚的先进人物，大概有十几个吧，包括劳动模范桑钟培的徒弟、杨浦酒家 5 号服务员郁季辉，以及救人牺牲的孔宪凤等等。

知青回城风下，首报江西共青垦殖场

改革开放以后，我已经在党政部工作。那时的社会变化，一个是比较直观地反映在经济上，还有一个就是意识形态方面。

1979 年，上海知青为回城而产生风波。关于这一段历史，我写了一些典型报道，其中一个是江西共青垦殖场，这是一个非常了不起的地方，是我“文革”之后发现的。

上海那时候的市长彭冲要求解放日报派两个记者到江西、安徽去看看。因为上海插队落户在江西、安徽的最多。

我就和报社同事贾宝良先到了安徽。那些插队的知青里，男的都在马鞍山的钢厂里，女的就留在淮北的棉纺厂里。苦啊，吃水要去拎，烧煤要去拉。再加上当时淮北发生地震，女孩尽管已经从农村抽到棉纺厂，但因为地震住在抗震棚，有的还带着孩子。

知青办的人还带我们去了颍上县，那里有一个女知青，先前在上海母女两个人都是吃“补助”的。当时的补助费用我记得上海是一个人 12 块钱一个月，母女两个人是 24 块。后来她没办法也去插队了。照理说她可以不去的，因为就一个老母亲在上海。她去了，就只有母亲一个人在上海了。人家过年过节还能回家探亲，她连家也不能回，因为没钱回。怎么办？唯一的办法就是赶紧嫁人，最后就嫁到当地，有个依靠。

这个女知青第一个生的是姑娘，公婆看不起他，第二个生的又是姑娘，好了，更没她的地位了，男人还打她。于是她两次跳河自杀，最后被人家捞起来。

我带着地区知青办几个人去她家里看望。家里一下买了五瓶高粱酒来招待我们，但那个女知青在灶间烧饭，不能上桌吃。我就说把你男人和公婆叫来，上海家里来人了。我就和她老公说，生女儿是你的责任，染色体 XY 你懂么？

之后我再给县里面讲，给她安排一个乡镇企业。乡里面当时很穷，县里也就一家企业——一个农机厂。

后来和这个女知青也没有联系过。这些情况我回来当然都写了“情况”，向市委市政府领导汇报了。

到江西的时候，接待我们的是省知青办的主任万绍芬，她后来做了省委书记，再后来是中央统战部副部长。万绍芬给我们介绍说，你们上海还有一批老知青在德安县，离南昌不远。

这得说到上海刚解放的时候，整个上海非常困难，面临金融危机、粮食危机、煤炭供应不上，所以1953年动员了一批待业的青年到江西，第一批只有98个。去的时候很隆重，上海一位副市长亲自带了一队人乘火车送过去。那里到处是荒山野林，在那里确实不容易。我去的时候已经是1979年，总算搞出了一个共青垦殖场。

参与垦殖场建设的一些人，有的调到其他地方去了，有的回了上海，剩下也没多少人了。这些人在垦殖场非常不容易，在鄱阳湖旁边，时不时还会发大水，经过风风雨雨二三十年总算把这共青垦殖场搞得像模像样了。

我们去采访，记得请了8个老垦荒队队员给上海知青、上海青年写封信，讲讲他们当年是怎么样响应党和国家的号召，为了什么原因到这里来，在这里艰苦创业奋斗了二三十年。

还请他们每个人签了字，之后在《解放日报》上把这封信连带签字都发出来。当时在上海发生知青回城风波的背景下，这样的文章就能起作用，对不对？

解放日报也是第一个发现和报道这个地方的新闻单位。这篇报道在上海乃至全国都引起了很大反响。后来光明日报记者也去采访，写了一整版的报道。在共青垦殖场30周年的时候，还搞了一个30周年庆祝活动，全国很多报纸都报道了。后来我也不止去过一次，和这个地方结下了很多缘分。

30周年活动之前，我还和上海青年报的记者去采访，他们复刊的第一篇报道就是报道江西共青垦殖场和共青城，我作为第一个报道这个地方的记者帮忙带路。结果在路上翻车出了车祸。当时司机驾驶不小心，一下翻车了，把我一下甩出去，四根腰椎脱臼。我差点死掉，在那里抢救，他们说从我耳朵里抽出来了700 cc 血。最后在那边休养了 5 个多月。

所以我的命是捡回来的，他们都开玩笑说我是血洒共青路。

也是因为这个，我和江西共青垦殖场的缘分更深。共青垦殖场 40 周年、50 周年的时候都请我去了，我还帮他们办展览会。

社会剧烈变化中，见证报道了上海的大案要案

因为我是搞政法的，报道的大案要案有好几个。

挑大的来讲，就是 1987 年 11 月发生在上海的于双戈持枪抢劫案。这个案子影响非常大。这是个什么案子呢？于双戈原本是一艘大轮船上的乘警，当时上海跑青岛、跑温州等地都是这种大船。因为赌博输掉了钱，于双戈利用他是乘警的工作之便，在工作的船上偷了两把枪。一天中午到上海的一个银行抢劫，直接打死了一名女性工作人员，一时间造成很大影响。

于双戈这个案子当时紧张到什么程度？从案发到缉拿凶犯归案前后只有 8 天时间。上海出动了几十万警察、民兵跟进这个案子，抓人，因为犯罪分子身上有枪。最后查下来，发现他身上有六把枪、两百发子弹。

当时全城都在议论这件事情，解放日报、文汇报、新民晚报还有电视台、电台，都在跟进报道，竞争非常激烈。

后来我的这篇报道比较“抢眼”（《解放日报》1987 年 12 月 2

日第2版《于双戈出逃的五天五夜》），因为我掌握到了关键信息。我认识的一个朋友在803（上海市刑事侦查总队的办公地点，门牌号码为803），从他那里我尝试多搞点资料信息。

在于双戈外逃的几天中，全市公安民警全部出动，布控在全市的每一个角落。最后发现他逃到了宁波，在宁波把他抓获。

怎么逃的？这个过程中发生了什么？大家都很关心。在把于双戈从宁波押送到上海的路上，公安民警就对他展开了审讯。

我当时通过803的朋友拿到了“宁波—上海”审讯资料的复印件。解放日报当天傍晚的编前会有点紧张，都在找资料、找线索，说这个案子怎么报。有人说高叙法手里有材料，我也不客气，就说：我有这个材料，现在在家里。但这个材料不能随便动，因为多少眼睛都盯着，包括市里领导、公安局领导都盯着，我们不能随便动。这涉及我们要掌握好报道的度。

结果编前会上，总编辑拍板说：“上，明天上。”

然后马上派车送我到家里拿材料，把材料弄到报社，当场就写。现场还坐了副总编辑和部门领导，我写一张领导改一张，写完马上送排字车间。

大家看了稿子，一下就知道了于双戈是怎么出逃的，以及那些天里发生了什么。我把整个过程全部都写出来了。后来又有人说要不要请示一下？有的人说要请示，有的人不同意请示，最后没有请示，直接发了。

第二天一发出去，《解放日报》报摊面前挤满了人。

这个案子当时能够率先报道不是说我有什么能耐，而是说你一定要有朋友，当记者一定要有朋友。这个朋友就帮过我很多忙，包括之前1987年我报道过的印钞厂失窃案，也是从他那里得到的线索。

上海印钞厂失窃案的报道当时刊登在头版头条（《解放日报》1987年7月19日头版《上海印钞厂特大失窃案一举侦破》）。这个犯罪分子是印钞厂打包车间的一个工人，他偷了好几叠新印的五元纸币。这些新纸币是发往广东、湖南的，人家打开箱子发现怎么少了？而且箱子里填充了好些废纸。我记得当时中国人民银行行长是陈慕华，为这个案子到上海来了两次。

这个案子有两年破不掉，最后是怎么破的呢？这家伙偷的钱，他老婆拿出去买金项链。那个年代毕竟有钱的人少，里弄里大家的经济状况都清楚，邻居发现这个人怎么戴金项链了？他说是老家房子卖掉了什么的，一查发现根本没这个事。

当时解放日报也不是我在跑这个条线，结果803的朋友向我透露了这个案子的经过，而且告诉我《文汇报》明天就要登报道，头版登消息二版登通讯。我一想完了，现在《解放日报》还一个字都没有。晚上我请人吃饭，摸到了关键几个细节。回到报社“乒呤乓啷”，写了一条比较详细的消息。第二天报道出来，尽管兄弟报纸写得比较多，头版有消息，还加了一个通讯，但我们头版消息内容比较丰富。

这个案子的报道，也是动用了朋友关系。所以说很多事情都要有线索，现在叫信源。

好记者应该做到什么

我认为，当记者一定要注意收集材料、积累材料。过去的条件跟现在不一样，我以前会做剪报，剪贴了很多资料，现在手机、电脑都方便多了。

第二个体会呢，就是腿一定要勤，逮着机会就要往外面跑。这点我当年在解放日报是比较有名的，我就喜欢跑，逮着机会就往外跑，所以一跑就跑到了西藏、新疆，全国各地几乎跑遍了。我在西藏的时候，当时在西藏的昌都记者站当了三个月的代理站长。那时西藏的交通很困难，但川藏线我也穿越过两次，从拉萨到昌都、再到雅安，我还是这个观念，我坐在家里会有什么新闻，我就跑到他们的县里面去，跑了很多地方。

改革开放以后，虽然我在党政部，经济方面的报道参与得比较少，但自己还是会找机会多跑出去看看。那个年月，有一段时间深圳很热闹，大家都到深圳、香港去，我自己也去了两三次。所以这也为我以后“下海”打下了基础。

整个社会在变，尽管有些东西我不一定都能写、都能报道，但是我要参与、我要接触、我要了解。作为一个记者，就是要去追踪这些变化。

采 访 人：何书瑶

采访时间：2023 年 10 月 17 日

采访地点：上海市沪南公路高叙法家中

摄影摄像：沈阳

从出纳记账型到经营管理中心环节

胡迪坤

【简历】

胡迪坤，生于1948年1月，籍贯浙江绍兴。1966年7月从市南中学到解放日报社工作。1971年1月到报社财务组任会计，1978年12月任财务科副科长，1982年9月主持财务科工作，1988年9月任财务科科长，1991年12月任计划财务部副主任兼财务科科长，1995年2月任计财部经理，1997年9月任经营管理办公室副主任兼计财部经理。2000年12月任解放日报报业集团计划财务处处长，2007年8月任集团专员。

胡迪坤

1966 年，我还是市南中学的一名高二学生，通过招聘来到解放日报工作。由于“文革”影响，直到 1971 年 1 月，我们这批 1966 年从中学到报社的同学才从干校回报社工作，我被分到报社财务组任会计，开启了与财务工作的不解之缘。

率先实现会计电算化

当时，报社财务组共有 6 个人，热心的老同事成了我从事财务工作的启蒙老师。他们教我打算盘，帮助我掌握财务基础知识，树立起财务工作必须真实、准确的职业观念。每笔账从日期、内容到金额必须如实反映相应的经济活动，现金账、银行账、各类明细账、总账直至会计报表，相关数据务必准确无误，最终真实体现出经营成果。

说到准确，最好的一个例子就是点钞票。当时报社发工资是发现金的，点钞票要点到丝毫不差，不多一分也不少一分。每位职工拿到工资都不需要检查，都相信我们财务部门发的钱是不会错的。

不过，当时会计工作纯靠手工，非常繁琐。就说所需技能最简单的职工工资核算和发放，从手工盖人名章、填写应发数和扣伙食费等项目、计算实发数、点钞票装工资袋、让职工签收，必须经过多道工序才能完成。一名会计要用绝大部分时间进行这项工作，而且每月周而复始。于是，我产生了一个想法：这么繁琐的事情能否简单化？这也成为我后来推动会计电算化的缘起。

1978 年 12 月，我担任财务科副科长。1982 年 9 月，财务科主要负责人盛福祥到上海交通大学脱产学习，我开始主持财务科的工作。这之后我做了三件事：

一是队伍建设。我认为做好财务工作必须建成一支会计专业队伍，所以自己带头去参加了上海财经大学的自学考试，1988 年 11 月取得了会计专业大专毕业证书。同时，我要求年轻同事必须业余去读会计中专，并鼓励大家考会计师资格证书。最后除了一名年纪超过 50 岁的同事，其他人全部取得会计中专毕业证书，有的还考取了会计师资格证。

二是起草《国营报社成本核算办法》。由于上海经济地位比较突出，作为解放日报财务科的负责人，我应市财政局要求参加了财政部组织的国营报社会计制度讨论。当时各个行业都有会计制度，只有报社没有，所以报社要搞一套会计制度。在这期间，我受财政部文教司委托起草了《国营报社成本核算办法》，并由财政部和新闻出版署联合发文向全国颁布。这是我 1992 年 11 月破格获评高级会计师资格的主要原因之一。

三是推动会计电算化。1987 年年初，我听说上海已经有单位利用电脑核算职工工资，这和我当初希望简化财务工作的思路是一致的。在报社领导支持下，我们经过努力，先后实现了工资核算电算化、记账电算化。以此为基础，由我负责财会设计，由上海计算机厂负责软件编制，共同开发了“解放日报社会计核算应用系统”。经市财政局批准，“解放日报社会计核算应用系统”于1992 年 1 月启用，实现了会计电算化。会计电算化带来的成效非常显著，原来人工结账需要全科人员集中精力一个星期才能完成的工作，会计电算化以后只需要 15 分钟就能完成，使得会计人员从紧张繁琐的劳动中解放出来。这也是我能破格获评高级会计师资格的另一个主要原因。

正是从这时候开始，财会工作职能从出纳记账型向经营管理型转化。从报社整体来说，财会工作为新闻事业服务，从被动服务向主动服务转化。因当时尚无会计电算化商业软件，解放日报社成为全国报业和上海企事业单位中率先实现会计电算化的单位。

从单纯办报到多种经营

不过，那时报社对经营管理的重视程度还不高。报社的一切工作单纯是为了办报，财会工作处于单纯记账报账和收收付付的服务地位。随着我国改革开放的逐步深入，报业经济从单纯办报发展成以办报为主开展多种经营，并朝着报业集团方向发展。经营管理的好坏同报纸办得好坏一样，已经成为报社赖以生存和发展的基本条件，报社财会工作的地位由此得以逐步提高。

1994 年 4 月，报社主要领导召开了一个多种经营座谈会。我在会上发言说，国资管理的原则是“谁投资、谁所有、谁收益”，这个原则不能违背。报社下属公司利润再高，只要原始投资是报社的，那么所有权就是报社的，收益也是报社的，而不是下属公司几个人的。这些观点得到了时任解放日报党委书记冯士能同志的支持，我们财会工作受到重视也是从那时候开始的。

1995年2月，我开始担任计财部经理。我做的第一件事就是搞财务制度，规范报社的经济活动。当时报社只有差旅费借支和报销制度，以及稿费发放制度，要加强经营管理，我们必须逐步健全规章制度，于是制定了九项财务制度。同时，开展内部审计工作。当时报社尚无审计机构，开展内部审计，不仅要实施财务收支审计，对报社下属单位经济活动的真实性、合法性进行必要的监督和评价，更要实施经济效益审计，对报社下属单位经济活动的合理性、有效性进行必要的监督和评价，从而提出合理建议，促进被审计单位改善经营管理，提高经济效益。

除了健全制度和内审工作，受浙江日报启发，1998年3月开始，我着手创建资金结算中心。我首先统计了三个月每个下属单位的存款数，合计数都在3000万元以上。报社作为整体，一方面报社因基建向银行借款2480万元，另一方面下属单位有闲散资金3000万元以上。向报社党委会汇报后，报社领导一致赞成建立资金结算中心。

1998年，“谁投资、谁所有、谁收益”的国资管理原则已逐步成为报社上下的共识，资金结算中心工作开展得比较顺利。当年实现各个单位的资金由资金结算中心统一管理，当年就归还了

2480 万元的银行借款。

同时，我们还做了一件事，就是花 1300 多万元，把职工手里无法兑现的 14 只法人股解套，成为报社的长期投资。

资金结算中心随着报社下属单位逐步增加，开户多达 53 家，按国家对银行的利率规定，存款给利息，借款收利息，起到了单位内部微银行的作用，不仅确保下属各单位发展经营，并监控了每一项资金流动，更因收到的借款利息大大高于支付的存款利息，使报社增加了不少收益（如各单位各自向银行借款，则借款利息就是银行的收益）。资金结算中心的方式和收益，每次市审计局来审计都给予充分肯定。

此外，从 1999 年 4 月起，我们对报社下属各单位委派了会计主管。这段时间，我们还解决了新闻报的独立核算问题。

集团经济实现稳步增长

2000 年 10 月，解放日报报业集团成立。我们集团最基本的特点就是以资产为纽带。换句话说，从解放日报社到解放日报报业集团是一脉相承的，是报社事业发展水到渠成的必然成果。

同年 12 月，我被任命为计划财务处处长。因为我们财会工作的大部分职能在集团成立前就在行使了，所以适应得比较快。集团成立以后，我们首先重新修订并新增财务制度，将 15 项制度汇编成册颁布，推行全面预算，要求所有下属全资单位必须申报各项收入和各项支出，使之成为实施目标管理和统一进行商务谈判的基础。

其次，在统一细化独立核算原则的基础上，实施目标管理，也就是对各个独立核算单位（部门）进行指标考核，使市里对集团的考核指标分解到下属单位（部门），并把考核指标与工资增长结合起来。我负责与各单位（部门）商谈经济指标，组织人事处副处长舒建伟（负责劳动工资）商谈与指标挂钩的工资，指标完成得好，工资就能增长。我们设置了两个指标：一个是确保指标，只有实现，才能保持原来的工资数；另一个是力争目标，达到了工资总额可以增加。我们提倡“跳一跳才能摘桃子吃”。2000 年第一次跟相关单位谈指标时，个别单位谈得比较吃力，后来就很顺利了。我谈了 11 年，在这 11 年中，除个别年份的个别单位没有达到考核指标，绝大多数年份的绝大多数单位都能达到确保指标，许多单位达到力争指标，增长了工资总额，进一步激励了员工的工作积极性，集团也顺利超额达到了市里的考核指标，整个集团的工资总额逐年增长。

另外，我们还开始发挥全面预算的长处，在经济活动发生过程中加强财务监管，推行集团统一商务谈判。集团成立以后，各单位添置固定资产和采购大宗物资，都由集团统一通过招标、商务谈判等符合市场经济的方式进行操作，以性能、价格、服务为衡量标准，经过货比三家，最终选择价廉物美、服务到位的供货商，为集团节省了大量开支。比如当时解放日报的采编软件要升级，技术招标的时候选中了三家单位，三家报价分别是 956 万元、1032 万元、1048 万元，后来通过商务谈判，以 450 万元的价格成交。扫描仪、新闻纸……都经商务谈判，节约了大量采购成本。

此外，我们还把资金拿去投资，收益较好。至此，集团计财处工作成为经营管理的中心环节。

“有作为才有地位”

2007 年 8 月，在退休前半年，我被聘为集团专员，主要工作仍是协助社长管财务工作，包括确定集团和下属单位考核指标、进行商务谈判等。

在我看来，我们单位 2008 年前经济增长稳、企业文化好，主要有五个原因：一是班子顺，二是风气正，三是制度明，四是职责清，五是利润衡。所谓班子顺，集团成立以前，报社所有领导都是搞报纸的，分管经营管理工作的领导仅一名副总编辑，既需分管编辑部一个或若干个部门，又要轮流到夜班编辑部当班，精力肯定不够。集团成立以后，除了社长、总经理集中精力思考、调研、决策关于集团发展的大事，还形成了较为健全的党委决策机制。所谓风气正，是指领导提倡集思广益、群策群力、从善如流，只要有利于集团发展，不同意见也会采纳。所谓制度明，指的是集团成立以来，在实践中形成了一系列规章制度，确保集团事业发展和经济工作健康有序进行。所谓职责清，就是把社会效益和经济效益的指标分解到集团下属各单位，奋斗目标都很清晰。所谓利润衡，就是不搞鞭打快牛，保持持续发展的动力，各主要报刊的利润也比较均衡。

做了四十多年财务工作，亲历了会计技能由繁琐手工发展到完全电算化，会计职能由出纳记账型向经营管理型转化，财务工作成为经营管理的中心环节。我一路的成长离不开诸多良师益友的帮助，也有赖于报社、集团领导的信任和支持。从我的职业发展来看，第一是要有平台。经济越发展，会计越重要。社会宏观和单位微观都如此，单位经济发展了，我们才能施展才华。第二是自己也要多钻研善思考。从入行到懂行，厚积薄发，想干事、敢干事才有干成事的根基和底气，有作为才有相应的地位。第三是作为年利润超亿元单位的财务工作负责人，风险大责任大，一失误就会损失成百上千万元，务必慎之又慎。

现在解放日报社人丁兴旺，新来的同事越来越多，生机勃勃，作为老报人，我希望年轻的同事能够继承解放日报的优良传统、优秀企业文化，把报纸办得更好。

采 访 人：周程祎

采访时间：2023 年 4 月 11 日

采访地点：上海市延安中路 816 号解放日报社

摄影摄像：沈阳

镜头对着五光十色、芸芸众生的社会

俞新宝

【简历】

俞新宝，生于1948年1月，籍贯江苏通州。1966年进解放日报，先后任通联、摄影记者。1992年获国务院特殊津贴。2007年评定为高级记者。1982年5月报道身怀六甲的青年女工陈燕飞下苏州河救人的事迹，引起较大社会反响。摄影报道《当大雾弥漫的时候》获1982年全国好新闻奖、全国新闻摄影一等奖。1988年被评为上海市十佳记者。1991年获首届范长江新闻奖，并被评为上海市优秀新闻工作者。1996年8月举办俞新宝从事新闻工作三十周年暨慈善慰问演唱会，为上海市慈善基金会募集善款50余万元，中央和上海市有关领导发来贺信。2002年初，解放日报第一次以记者名字命名创建“俞新宝与您同行”专栏，中央和上海市有关领导发来贺信或贺词。2006年创建上海市慈善基金会“俞新宝与您同行助困慈善基金”和解放日报“俞新宝与您同行工作室”。2007年获中华慈善事业突出贡献奖（个人），同时被授予“中华慈善人物”称号。著有《俞新宝新闻摄影探索》、《俞新宝与您同行》。

1948 年 1 月，我出生在上海。12 岁时进入上海杨浦区少艺校学习钢琴，与后来成为沪剧名家的马莉莉是同班同学。1966 年读高二时，我从长阳中学经选拔进入解放日报社，先在群工部和农村、工厂、“五七干校”分别待了几年，1971 年我开始担任摄影记者。

从那一刻至今，摄影作为本职工作，改变了我的人生；摄影作为记录时光的艺术，也伴随我至今。

《拔河》成功的启示

我的微信头像，是一张黑白老照片。照片上是一群正在拔河的小孩子。这是我的成名作《拔河》。

1972 年“六一”节前，报社需要一组反映少年儿童风采的照片。为了拍好这一题材，我到报社资料室查阅了世界各地不同时期的儿童摄影作品。怀着寻找儿童生活的感觉，我来到了杨浦区本溪幼儿园。一进门，孩子们纯真的欢声笑语激起了我对自己金色童年的美好回忆，我拍了一张又一张，有孩子们学习、劳动的，也有唱样板戏的……

拔河比赛现场有个叫杨健的小家伙引起了我的注意。他显得与众不同，富有个性。下午拔河比赛开始了，蔡园长叫杨健和张奇虹两个小男孩作排头。比赛紧张激烈，整个操场上气氛热烈。一局、两局，两边战成了一比一平。到了决胜局更是紧张，一直僵持着。小杨健瞪着大眼睛、憋着小嘴，浑身使着劲，周围喊声震天。

当时，我正在拍摄现场全景，紧张的气氛强烈地感染了我，我的情感完全融入了小朋友们激烈的比赛中。不知何时，感情的撞击迸发出了火花，我转过镜头调好焦距，一个箭步冲上去，对准小杨健“喀嚓”拍了下来。说来也巧，闪光灯一闪的同时，杨健和张奇虹这边也赢了。“喀嚓”一声响过，全场一片欢呼，创作者与被摄者之间感情的撞击、闪光灯和那最激动人心的时刻在这一瞬间完全地融合在一起。于是，《拔河》诞生了。美的瞬间和画面构图、光线运用有机地结合在一起，既给人以美的享受，又让人们真切地感受到儿童的纯洁与稚朴。凭借这张照片，我一炮打响。1990 年，这张照片被评为建国四十周年最佳图片之一。

《拔河》产生后，我一直在想：它为什么会成功？经过反复琢磨，我找到两组“成功密码”：一是摄影组老前辈的“润物细无声”，我拍摄完成的照片交到他们手里，他们都会说上两句，看似无心，实为点拨。我不仅听进去了，还消化了。二是拍摄之前做的前期准备——查看和借鉴世界各地的儿童摄影，发挥了作用。循着“成功密码”的启示，我进一步思考下去：摄影报道和一般的摄影作品还不一样，仅仅停留在构图美是不够的。摄影记者不仅要掌握“摄”的技术，更要提高“摄”的思想。

中国新闻界一位令人肃然起敬的人物、解放日报原总编辑王维曾说：“我第一次看到《拔河》这张照片，是在1973年的‘年历卡’上。当时，我刚结束靠边生活，被分配到上海人民出版社工作。以那时的心情，看到这样充满活力的照片，特别高兴。那两个小朋友虎虎有生气，在比赛中既友好，又力争胜利的形象，给我留下美好而深刻的印象。曾想知道这张照片的拍摄者，因为没有署名而未果。1978年春，新的上海市委调我回解放日报主持工作，在一次青年记者的聚会上，我向他们打听《拔河》的拍摄者，一位青年起立笑答：是我拍的。原来是俞新宝。认识的，我们在奉贤‘五七’干校一起生活过。他刚回报社不久，就拍出这样好的照片，真是好样的。《拔河》成为俞新宝的成名作。他以‘拔河’起家，相信他将会继续拔下去，站稳、拉紧，争取新的胜利。”

尝试突破“高大全”

时间来到1982年，这年4月30日夜里我发完图片新闻稿，“照例”又到报社夜班编辑部转转——一是听听各类信息，二是了解编辑思想。这时听说水上派出所的通讯员送来一条新闻：当天晚上一位怀孕5个月的女工在经过苏州河四川路桥时，听闻有人跳河，不顾身孕立刻下水救起了轻生者。

虽然通讯员当晚将这则新闻发到了各家报社，但只有《解放日报》拍板决定刊出这则消息。

那时报道先进人物讲究“高大全”，陈燕飞这样一位名不见经传的女工下河救人的事迹要登报，似乎还“不够格”。是《解放日报》独具慧眼，愿意尝试冲破“高大全”禁区，我也受到激励，决定去采访陈燕飞。

5 月 1 日，我赶到陈燕飞所在的单位，刚要进门，但见本市一位同行正铩羽而归，他劝我不必再做无用功。因为领导说陈燕飞在单位“表现一般”。我听后反而来了劲，经过打听找到陈燕飞的家，在说明身份后，她的长辈让我进屋。

这一年陈燕飞 30 岁，因为救人下水着凉，正披着衣服坐在床上休息。当我问陈燕飞，你为什么敢于挺身而出下水救人？她回答得十分简单：“我见水中的人还有一口气，总不能见死不救。这是做人的起码道德！”

这句简单的话，顿时让我热泪盈眶。回到报社，我写了陈燕飞的人物专访。在领导的支持下，5 月 2 日《解放日报》头版刊出《访问陈燕飞》。编辑还特意加了个短评，短评中写道：“有些同志，平时的表现也许不怎么突出，但关键时刻却极其英勇，这就给我们的思想政治工作带来了一个课题：怎样更好地把蕴藏在群众之中的心灵美发现出来，发扬开来？我们可要善于认得真金啊！”

5 月 7 日，上海市总工会发出通知，要求全市各级工会组织广泛发动职工群众，认真学习青年工人陈燕飞奋不顾身舍己救人的英勇事迹，把学先进、赶先进的活动进一步开展起来，在两个文明的建设中立新功。

此后，我连续数十年跟踪报道了陈燕飞的后续人生。1982 年 9 月，她顺利分娩时，我为她祝福；1988 年，在上海市社会主义学院与上海师范大学联合举办的八六级政治学（统一战线）专科班毕业典礼上，陈燕飞拿到了上海师大的毕业文凭，我为她激动；后来，她离开工厂，到市侨联对外联络处工作，一年到头似"春燕飞"，给老侨胞们带来春风般的温暖，我也及时报道。

她是"文革"后上海第一位突破"高大全"模式见报的平民英雄。党报的连续报道引起了社会巨大反响，数百封赞美的来信像雪花一样飞到解放日报编辑部，彻底改变了陈燕飞的人生，也改变了我的人生轨迹。

解放日报原总编辑王维曾撰文写道："报道陈燕飞，是俞新宝新闻摄影成就的新高潮。1982 年'五一'节，青年女工陈燕飞身怀六甲，奋不顾身，下苏州河救人的事迹让俞新宝感动，他追踪写了访问记，引起社会轰动。从此俞新宝和陈燕飞一直保持联系，他图文并用，连续报道陈燕飞喜得千金、出席全国妇代会、攻下初中高中文凭、考上大学、毕业以后走上新的工作岗位、在新的工作中取得新的成就等等，把这个普通女工的发展轨迹，宣传得深入人心，成为广大青年的学习榜样，俞新宝也在这些报道中，提高了自己的认识水平，提高了知名度。可不可以这样看，俞新宝歌颂陈燕飞，陈受到鼓舞，她继续前进，有了新的新闻素材，俞再作报道，让她再往上攀登，在这个过程中，记者自己也受到感染，受到激励，用现在的流行语言来说，是个双赢的关系。"

原解放日报总编辑丁锡满曾经这样评价我："三十多年的共事，俞新宝给我最深的印象是勤和钻。勤是勤奋，没日没夜，不怕苦累；钻是钻劲，削尖脑袋，猎取新闻。做一个有成就的记者，没有这两股劲是不行的。成功的果子不会从天上掉到平庸者的口中，它需要种植与培育。首先是本人的努力，也需要单位与社会的支持。第一届范长江新闻奖推选报送时，当时报社编委会在推荐文字记者与摄影记者中权衡再三，觉得还是摄影记者有竞争力，还是俞新宝有竞争力。报社领导亲自连夜赶写推荐材料，写到凌晨三时，报上去一发即中。俞新宝的成功，不仅在于他的勤奋，他的创新，还在于他同报道对象的深情。对于记者来说，这一点非常重要。作家没有感情，写不出好的作品。曾有报道说，某个作家写到某个章节，自己会号啕大哭，这是真情投入。记者与报道对象，该爱要爱，该恨要恨。俞新宝就有这种真情。"

走街串巷抓"活鱼"

20 世纪 80 年代，是上海改革开放的起步阶段和关键时期，各种矛盾相互交织，新旧观念激烈碰撞，新生事物层出不穷。我觉得一名摄影记者有责任忠实记录这段历史，也有责任用画面传播改革思想、鼓励改革实践、批评不良行为。我以极大的热情走街串巷，深入社会，把镜头对准芸芸众生，在社会生活中抓新闻的"活鱼"，产生了一大批作品。

1980 年 7 月，我在上海工人文化宫门口抓拍到《为了一张借书卡》，照片反映了上海年轻人冒着酷暑，“赤膊上阵”“轧在一起”排队的场面，原来是为了能领到一张借书卡，以满足自己求知的渴望。1992 年 9 月，我在上海工人文化宫南侧的证券公司门口又抓拍到上海市民“轧在一起”争看股票信息的热闹场面。一个“轧知识”，一个“轧股票”，让我联想到法国写实大师布勒松 1949 年在上海抓拍的市民挤破脑袋“轧金子”、抢购黄金的场面。

于是，我翻拍了布勒松的“轧金子”，将这三幅照片有机地组合起来。精明能干的上海人，哪会无缘无故地挤在一起“轧闹猛”呢？1949 年的“轧金子”，再现了国民党政权崩溃时，上海人争先恐后“抛法币换黄金”的实况；在改革开放浪潮风起云涌的 1980 年，上海青年为振兴中华而发奋读书，为了能领到一张借书卡而挤在一起“轧知识”；1992 年，上海人又挤在一起“轧股票”，他们趴在证券交易所的铝合金窗格上，渴望从改革新事物——股票交易中获得更大的利益。精明的上海人已不仅仅满足于单纯的书本知识，他们要在金融市场里，用智慧去实现自身的价值。表面上看，似乎三个镜头相差无几：都是一大堆“轧在一起”的上海人。但是人们追求的目标，却已大相径庭。

“轧金子”“轧知识”“轧股票”三张不同历史时期的照片组合在一起，给广大读者产生了强烈的视觉冲击力，也生动形象地展示了爱“轧闹猛”的上海人在不同时期的不同追求。“一图胜千言”，在滚滚向前的历史潮流中，有时会重复出现惊人相似的场面，但其中的内涵却永远不会重复。

而发表于1983年11月的一组题为《自学热》的照片，更是从各个不同的角度，通过各种不同的人物，进一步反映了上海人民在新时期到来后对知识的热烈追求。

拍摄于1981年的组照《当大雾弥漫的时候……》，表现了罕见大雾弥漫在上海的上空时，城市的井然有序和温情暖意。照片上，交通警、工人纠察队协同配合，忙碌地指挥着交通要道的车来人往，秩序井然。后来这组照片被评为全国新闻摄影一等奖。

拍摄于1983年的三幅一组照片《九曲桥畔》，是一组路见不平挺身而出的作品。个体摄影户王静虎在豫园九曲桥畔从事合法经营时，遭到豫园青年摄影社某些人员的无理揪打。我不仅当场抓拍，还走访市有关部门，次日即在《解放日报》上作了批评性报道。嗣后，又作了跟踪报道：三个打人者受到处罚；王记摄影室重新挂牌，副区长专程到场表示支持。这组摄影报道大胆触动了当时的一个社会热点：对于个体户的合法经营一定要依法加以保护。

拍摄于1987年的《没有共和国安全，哪有我这万元户》是则征兵新闻。我抓住个体户小老板入伍这件新鲜事，运用特写镜头作了心灵透视，画面中外祖母对外孙的依依送别之情，刻画细腻，“没有共和国安全，哪有我这万元户”的肺腑之语溢于言表。

1992年5月29日，上海天通庵路因邻里纠纷引发流氓案，主犯当众扒光他人衣服被判死缓。“5・29流氓案”震动上海，但谁又会想到这一恶性案件竟由鸡毛蒜皮的小事争吵而起。

为小事争吵甚至斗殴，显然是某些上海人的不文明行为。为了抨击不良风气，规正公序良俗，我下定决心要做好这个报道。我前后花了数天时间，走街串巷，从不同角度抓拍到4幅表现部分上海市民为小事争吵、殴斗的照片。随后，我拿了照片来到上海戏剧学院，请著名社会学家、上戏院长余秋雨教授作点评，剖析产生这类不良行为的心理原因，及如何来防止类似“5·29恶性流氓案”在上海这块文明土地上发生。

余秋雨认为，吵架的原因很多，但主要是出于一种企图过度防卫的弱者心理。越是气势汹汹，越证明他们是弱者。他们时时怕自己吃亏，保持着一种患得患失的，过于强烈的敏感，因此不管事大事小，自己是否有理，是否真的吃亏，总是一触即跳，而且振振有词，希望博得旁观者的同情。说实话，这个现象的出现，与这部分上海人长期没有多少大事可干的现状有关，因此也很可怜。而那些事业繁忙、精神充实的具有现代人特质的上海人就决不会这样。

谈到作为国际大城市的上海人，如何杜绝这种不良的社会现象，余教授说：首先，要让吵架者懂得，吵架对哪一方都是灾难，对自己更是如此。这是一个心理沼泽，一旦失足进入就会越陷越深，钻入一种酿造忿恨的情绪怪圈，身心俱耗，结果往往为了一点自尊而丧尽自尊；其次，要让旁观者懂得，你们津津有味的围观为争吵者提供了一个舞台，使他们很难下台。如果没有能力仗义执言或善意劝解，那就应该施以漠视或蔑视，使吵架显得无聊和无趣。要让更多上海市民懂得，吵架者虽然人数有限，却会成为一座城市类似疥疮一样的表征，破坏一个城市正常的生态环境和心理感觉，弄不好还会传染，所以必须投给他们一种社会性的厌烦。

随着上海进一步改革开放，社会上繁忙、从容、健全的心理强者会越来越多，一种和谐协同的现代人际关系必将形成，随之而来，防卫过度的弱者心理和吵架机制就会逐渐疏淡。

《争吵斗殴 多为鸡毛蒜皮 如何克服 请听学者忠告》一组图文于当年6月27日在《解放日报》发表后，引起强烈的社会反响，上海街头的争吵斗殴也越来越少了。我深深感悟出一个道理：照相机不能拍思想，但拍摄片者必须有思想和强烈的社会责任感，有时要借助于著名专家学者的经典阐述，使自己的图文更具有社会震撼力和影响力。

有意思的是，6月20日那天，我去上戏找余秋雨时，院办同志看了我的记者证后进了院长室，不多一会，那位同志对我说："余院长说，你是名记者，他再忙也要亲自接待。"

是肯定更是鞭策

我能在解放日报这个集体中工作无疑是十分幸运的。每当我取得一点成绩时，报社领导和同事就会给予我充分的肯定、热情的鼓励、有力的支持。

1988年11月，市青年记协为我举办了一场特殊的"俞新宝新闻摄影作品回顾展暨研讨会"，之所以谓之"特殊"，除了由市青年记协主办，还有解放日报的5名记者编辑——毛用雄、许锦根、李尚智、俞远明、黄京尧个人捐款协办。这创下了上海和解放日报历史的诸多“唯一”。

那天，上海新闻界、摄影界人士的“重量级人物”王维、陈念云、丁锡满、冯士能、陆炳麟、陈迟、余建华、张煦棠、陆诒、徐大刚等40余人到会，许多同志在会上作了发言，对我的新闻摄影实践和作品给予了较高的评价，也提出了许多宝贵的意见。他们说，俞新宝闯出了一条新闻摄影社会化或曰社会新闻图像化的路子，他的作品系统地反映了社会生活，形成了个人特色，在上海新闻记者中是不多见的。

比如，当时的解放日报顾问、原解放日报总编辑陈念云说，俞新宝的照相机一直对着五光十色、芸芸众生的社会，总是用深一层的眼光和头脑去观察，去思考，更用一个摄影记者的社会责任感，去对准镜头，按动快门。时任解放日报党委书记周瑞金说，俞新宝依靠勤奋、好学，把文字记者和摄影记者的各自优势，恰到好处地糅合在一起，走出了自己的路子。也有人说，俞新宝工作不分八小时内外，无上班下班之分，不管风霜雨雪，常年活跃在生活的热流中。这些金玉良言，是肯定、是鼓励，更是鞭策。

我的努力不仅得到了读者的认可，也得到了组织上的充分肯定。1988年，我被评为上海市十佳记者。1991年，我获得中国首届范长江新闻奖。次年我又获国务院专家特殊津贴殊荣。

竭尽绵力为慈善

20世纪90年代中后期开始，社会上逐渐出现比较明显的贫富差距，我曾经的采访对象、老劳模中间也有人一时陷入窘境。社会的进步需要有关爱弱势群体的慈善事业，我觉得我职业生涯上半场，主要专注于社会新闻的摄影，获得了许多荣誉和关注；职业生涯下半场，我要把更多精力去聚焦慈善事业和慈善新闻摄影。

1996年8月31日上海三报两台联合举办《俞新宝从事新闻工作30周年暨慈善慰问演唱会》。2002年，在时任解放日报报业集团党委书记、社长陆炳炎，解放日报党委书记、总编辑宋超，副总编辑王富荣的支持下，在《解放日报》上创建了《俞新宝与您同行》栏目，这是解放日报历史上第一次以记者个人名字命名的栏目，时任市委副书记龚学平同志亲自题写了栏目名称。

2002年，热心慈善事业的捐赠人、受到帮助的困难群众和慈善基金会的工作人员以及本市新闻界同仁，汇聚解放日报研讨"俞新宝与您同行"慈善摄影。时任市委副书记龚学平，市政协副主席陈正兴，市慈善基金会副会长毛经权、余慧文、觉醒等观看了我的慈善和城市变迁摄影作品。

陆炳炎书记曾说："我感到俞新宝在精神上是有追求的。在市场经济条件下，人们的思想和观念，价值取向出现多样化趋势。俞新宝同志在取得成绩的时候，想到的是要回报社会，要关心社会上的困难群体，这也体现了他的社会主义思想道德的水准。我认为一个人做一件、两件好事不难，难的是做好事持之以恒。我一直认为，做好事有两种方式，一种方式是以前60年代给我们留下很深的印象，也就是无私奉献，默默无闻地做好事，像雷锋式的人物，这种精神在新的时期应该不断地发扬光大，进一步提倡。还有另一种做好事的方式，也就是在社会主义市场经济条件下，在社会经济、组织形式、就业方式和分配方式日益多样化的情况下，这种做好事也可以用公开的形式，以个人捐助的方式来充分表现出来，我想这也是一种新的风尚，应该充分肯定和发扬。俞新宝同志做好事，是属于后一种的，而且我想他在做好事的时候是认真对待的，认准方向，而不是凭一时的感情冲动，我们对这种行为是给予充分肯定的。”

2006年我创建了上海市慈善基金会“俞新宝与您同行助困慈善基金”和解放日报“俞新宝与您同行工作室”。2007年我被评为高级记者。2008年，我光荣退休当年，汶川地震不幸发生，《俞新宝与您同行》专版不仅及时报道上海市民争献爱心的慈善行动，“俞新宝与您同行助困慈善基金”还通过上海市慈善基金会向灾区捐赠爱心捐款。

2012年，由市慈善基金会主办、“俞新宝与您同行助困慈善基金”承办的“劳动最光荣——上海老劳模赴台湾访问团”开始台湾之行，我也邀请了陈燕飞加入。这是六十多年来上海首次老劳模组团访问台湾。

一位作家曾经说过“我一生最怕是闲，一闲就把生命的意义全失去了。”我虽然从工作岗位上退休了，但始终秉持“人的精神和意志以及心态却不能退休”的理念。只有对生活无限热爱，对梦想保持向往，那么心灵就不会干涸荒芜，生命本真的力量就会源源不断地喷涌出来。

采 访 人：沈轶伦

采访时间：2021 年 12 月 7 日

采访地点：上海市延安中路 816 号解放日报社

摄影摄像：沈阳

我在 11 个部门工作过，这些事让我印象深刻

邱怀友

【简历】

邱怀友，生于1948年2月，籍贯上海。1966年7月参加工作。先后在解放日报调研组、农村部、评论部、党政部、工交部（经济部）等11个部门工作，曾参与《上海经济信息》《解放日报·保险周刊》的创办工作，历任记者、评论员、主任记者。代表作有《屹立的山峰——云南老山前线纪行》《血与火的考验——光新路道口严重骚乱事件抢险纪实》《人民会牢记他的功绩——写在倪天增荣获特等科技功臣之际》《平凡岗位 辉煌人生——记新时期劳模包起帆》等。

1966 年，我在上海市第六十中学就读，7 月 23 日，我高中还没读完，市委组织部就开了介绍信，从闸北区转到解放日报。

起因是，中共中央政治局在 1965 年召开了一次扩大会议，提出要按照毛主席的指示，从学生当中招一批接班人。那时解放日报的人员青黄不接，上一批搞新闻的人都五十多岁，下面没有年轻人。我们这一批人进报社后，让整个解放日报采编人员的平均年龄明显下降。

记者生涯从“上私塾”开始

在报社工作期间，我一共进过 11 个部门。“文革”时，调研组设有一个内参组，这是最早我工作的部门。后来我们去劳动锻炼，回来以后报社把我分配到理论部。有一天，有位老同志碰到我，得知我分到理论部，他说，你不懂理论，去干什么？建议我去群众接待室，因为有 17 位老同志被造反派批斗受处分在那里工作，都是曾经的老干部、老记者，我能学到很多东西。

于是，我找到组织部门，要求调到接待室去。组织上同意了。在接待室，我半天搞接待工作，其他时间都在读书。当时和我一起工作的老同志有肖木、原来的人事组长李忠等，他们给我开了很多书单，还特别关照图书馆按照书单每次借我10本。李忠和肖木他们轮班，每个人一个星期，下班以后和我一起吃晚饭，陪我看书，到晚上10点他们再回家。

那段时间对培养我做一个真正合格的记者很有意义。一年当中我看了几十本书，有不懂的地方我还可以随时随地向他们请教，学到了很多东西。后来上手记者的具体工作，我进步很快，和那段时间这些老同志的帮助是分不开的。报社里有些人很羡慕，他们说："小邱，这是在给你开私塾啊。"

这是解放日报在很长时间里的一个很好的传统，不管你是大学生还是博士生，进报社后必须有老师带教。基础好，学得快一点，老师带个半年；基础不好，就带个一年两年。我的感受是，跟过老师的年轻人，他的业务能力进步就快。很可惜，这些好的传统后来没有把它传下来。

1972年起，我调到农村部工作了两年。采访条件很艰苦，但给了我很大的锻炼。在农村部工作期间，我写了很多接地气的稿子，引起了领导的重视，他们觉得这个小家伙是个业务尖子，好好培养有前途的。

1974年三四月份，我被调到了评论部，当时叫调研组。到那以后，我继续坚持看书，又得到了周瑞金、敬元勋等老师的关照。凡是我不懂的东西，他们都会一点一点地给我讲解。当时调研组有一条规矩，隔天必须写一篇东西出来。一方面，我们自己要找题目写几百字的小评论，另一方面，时任报社主要领导有时会在晚上把我叫过去，要求给当天的某一篇稿子配评论或短评，着急的话10点多钟就要交稿。

到1977年，又有两位老同志跟我说："小邱，你整天坐在办公室，还有出息吗?"我一想觉得很对，得到第一线去继续当记者。我找到了当时总编办负责人陆灏，缠着他安排我去采访部门。他把我借调到党政部，同时规定借调部门评论工作都要我来完成。这一借就是8年。我在党政部主要负责公安、检察院、法院的报道，也负责过共青团报道和青年版面。后来政府部门不断改革，又增加了司法局和一个搞外事的部门。

参与创办《上海经济信息》

1984年左右，我离开了党政部，跟贾安坤一起参与筹办《上海经济信息》。创刊才一年，它的发行量就到了30多万份。我当时写了一篇很短的关于经济信息的文章，结果这篇文章被48个国家的媒体转载。因为在此之前，中国几乎没有什么真正的经济信息方面的报道。我们的《上海经济信息》发行之后，国际上很快就拿到了我们的报纸，一下就传播开了。

在《上海经济信息》工作期间，我碰到过一件事，差点闯了大祸。当时我到秦皇岛参加一个全国经济信息会议，会议过程当中，我们得到消息，负责筹办会议的一个领导的秘书贪污了巨款。我们和文汇报，还有全国其他地方的16家报纸记者联合起来，由我牵头写了篇内参。当地知道我在写内参后，就不放我们走了。我们住在秦皇岛的一家宾馆里，晚上11点多，我们从三楼爬下来，一路跑着去找秦皇岛市长。市长说，这件事现在不好说，三天之后我们在北京见，到时候我再和你说。

于是，我就坐车去了北京。秦皇岛市长果然把所有的事情都讲给我听，包括开这次会议的原因、钱都到哪里去了等等。我根据了解到的情况发了一篇内参，该内参很快就获得中央领导胡耀邦同志的亲笔批示。后来连国务院办公厅的人都找到报社来了。据国办的同志介绍，解放日报内参上报后，那个贪污秘书的领导出面，说我写的内参是在造谣。我们报社党办和总编办就向国办解释，我们的记者不可能造谣。我也把全国16张报纸记者的签名统统拿出来。国办的人一看，说这件事做得对。

1986年，报社正式决定把我调到工交部。真正到工交部工作则是1987年。当时工交部有位老记者黄础华要退休了，他跑的是海陆空大交通。这是重要条线，一共有35个局，他一退休，一时没人能顶上来，报社领导就想到了我。

我跑大交通一直跑到2002年。这一年报社领导和市有关部门商量，打算专门搞一张讲彩票的报纸，和民政局谈好了合作，还拉了中国移动2000多万元的赞助，成立了一家公司来经营。我就离开了工交部，去担任公司副总，负责报纸的编辑工作。没想到就在一切都已准备好的时候，民政局有个秘书因为贪污被查了。这下报纸办不成了，项目也停了。但是我已经离开工交部，采访条线也给几个年轻人接过去了。

恰好当时部门同事计划搞《保险周刊》，领导就让我先去帮忙，还提了点要求，希望几年后能搞成4个版甚至8个版，内容上不仅要有保险，最好能把银行什么的都带进来。本来我到2008年就要退休了，后来报社决定，让我再干5年，把《保险周刊》做好。这时候工交部已经改名经济部了，负责《保险周刊》的都是上海财经大学、复旦大学毕业的金融高材生，他们熟悉金融，但写出来的稿子新闻性不够。我给自己定了个目标，3个月之内，我要助力他们把业务能力搞上去，半年内成为“免检产品”。他们都是大学生，很优秀的，很多事情只要点一下，通了就好了。

我参加过的那些重点采访

中越边境冲突时，我曾奉令到老山前线采访。那时候老山前线打得很厉害，但是前线的通讯能力不行，部队向上海求援，请上海派人去前线搞好电话通讯。时任解放军总政治部主任余秋里、副主任黄玉昆批准了，同时让解放日报派记者去前线采访。

我这趟到前线采访一共去了23天，真正在一线大概半个月左右，离越南边境最近的时候只有几十米远，到处都是枪炮声，走路的时候头都不能抬起来的。在前线碰到死亡是很正常的，凡是上前线，事前必须把给家里的遗书留下来，放在昆明军区。等活着回到昆明了，再把遗书还你。回不去了，就寄给家人。

有一天，解放军报两个记者一回来就说：“老邱，今天差点看不到你了，差点光荣了。”原来他们到哪个师哪个团司令部去，要从后山绕过来，结果路上耽误了点时间，赶上越南军队开始炮击，开在他们前面的两辆车就被炸毁了。

前线还有个问题是缺水。没下雨的时候，军用帐篷里的温度很高。军长和军政委特别关照，老邱每天晚上要喝茶的，保证他能够有一杯水，再弄个脸盆，给他一盆水，让他擦一擦身子。

结束在前线的采访，回来时我们还差点出事。因为连日大雨，路上发生了泥石流。我们的车子开到一半，前面山上掉石头了。于是赶快停下来，下车把地上的石头搬开，挪出了一条很窄的车道。车子就这样开过去了。幸好我们动作快，只几分钟，后面这条路就被泥石流彻底冲掉了。我们回到昆明的时候，昆明军区的一个政治部副主任正着急呢，很担心我们的安全。因为这次泥石流很猛烈，把我们一个排的部队冲掉了，也把越南的一支部队冲走了，还有好多人都被堵在了半道上。

从前线采访回来之后，我一共写了五六篇稿子，最主要的一篇叫《屹立的山峰》，是六千多字的通讯。另外还有四五篇附带的小稿子。余秋里和黄玉昆后来还专门表扬了解放日报的记者素质过硬。

还有几件事情我印象很深。一个是纪念倪天增副市长这篇文章。写这篇稿子阻力很大，倪天增去世了，报社想发长篇通讯，有个别领导有顾虑，但我们还是觉得，倪天增是位好市长，值得刊发这篇稿子。报道刊登后，大家都说，报道把上海的好市长写出来了，好！

还有一篇关于包起帆的文章。包起帆是抓斗大王，他的事迹主要集中在《平凡岗位 辉煌人生》这篇报道中。这篇稿子当时是市委领导安排解放日报、文汇报合作完成的。据说包起帆可能要担任重要职务，一旦宣布了，这稿子就不好写了，所以市委让我们先把这篇报道发出去。当时连宾馆都给我们安排好了，明确规定这几天就别回家了，住这儿吧。第一天把人都叫到宾馆来接受采访，第二天写稿，第三天领导审稿，第四天就要见报。所有流程必须是一遍过，这稿子没有时间打回票重写。报社领导又把我派去了。我前后写了两篇稿子，一篇 1 万字，一篇 5000 字。

1997 年初春，市委决定建设上海新的深水港，经过国内外专家多次论证和实地考察，选择了大小洋山。市领导希望《解放日报》在宣传上发挥先发和关键作用，尽快派记者采访，了解实情，写一篇高质量的内参，引起中央领导的重视和支持。

报社领导决定双管齐下，一面着力宣传深水港的重要意义，一面精心准备写好内参。1997 年 5 月 27 日，《解放日报》在《经济周刊》上整版刊发了记者编发的多篇“经济新观察”，介绍建设国际航运中心，上海港需要做什么的稿件。后我撰写了《上海深水港建设已刻不容缓——专家建议：大小洋山为建港最佳选址》的内参，这篇内参立即引起党中央和国务院主要领导的重视和支持。不久后，各路大军云集大小洋山，投入深水港建设。

解放日报记者就是要做新闻业务的尖子

作为一个记者，我年轻时得到了很多老同志的私人真传。这些老同志对我的要求也是很明确的，做一个好记者第一必须交朋友，三教九流都要交。第二，想要做一个有出息的、能够上档次、能够打得开局面的记者，就必须成为你联系的这个行业主管部门领导的座上宾，跟他们做朋友。具体怎么做，那就要看个人的能力了，但你至少要有诚意，哪怕是写一些看起来负面的稿子，你的目的也不是要把人家整下去，而是为他着想。

我记得很清楚的一件事情，当时上海的电话很少，装电话要排队。渐渐出现了一种现象，电话局的人私下里跑去帮人家装。当时排队等的人很多，人家登记很长时间了都还没给装，有些人却插队装好了。我了解到这个情况后，就写了一篇批评报道。稿子发了之后，有一天，电话局的局长带着好几个人到报社来了。

他说，老邱，你怎么能这么干呢，当不当朋友了，我们关系老好了，你怎么可以这样？

我说，你们今天来，是我希望看到的。写这篇批评的稿件不是我真正的目的，我是想让你们电话局改进工作。我正在准备写第二篇稿件，内容是你们员工在私装电话，老百姓意见很大，面对这种情况你们怎么整顿，让全市老百姓满意。

他说，你真的假的？

我说，不信的话，今天你就派两个人来。按照我的要求，把有关工作介绍一下。我也不是表扬你个人，而是表扬上海，表扬上海的电话局碰到了问题，老百姓有意见，但是正在努力整顿，满足老百姓的要求。私装电话这件事情正好可以作为整顿的切口，让你们把上海的电话安装工作做好，让老百姓满意。

稿子思路变了一变，局长非常高兴。这一年，上海电话电讯局被评为全国邮电部门的先进单位。他们得到奖金之后，还说要来谢谢我。我说，我又不是你们职工，怎么好拿。作为朋友，拿两包香烟我们一起抽就行了。

许多老同志还教了我一个规矩：解放日报在新闻上必须做榜首。我从20岁左右开始从事新闻采访，接受的教育里面就有这一条，记者要逢官大一级。记者去采访任何人，不管你是市长、局长、部长，都要逢官大一级。采访过程中要学会以你为中心，这不是说记者可以蛮横无理，要求对方必须怎么样，而是要让人家很开心地把心里话讲出来，这个就要凭各自的本事和长期的工作经验积累了。

采 访 人：王闲乐

采访时间：2021年12月20日

采访地点：上海市延安中路816号解放日报社

摄影摄像：沈阳

老新闻编辑的“热”与“能”

忻玉华

【简历】

忻玉华，生于 1948 年 3 月，籍贯浙江宁波。1975 年 10 月就读复旦大学新闻系，1978 年毕业分配至解放日报，先后在夜班校对组、夜班编辑部（后改名新闻编辑部）工作，曾在国际新闻、上海新闻、社会新闻、科教文卫新闻、国内新闻、一版要闻等版面担任编辑或责任编辑。曾任解放日报报业集团工会副主席。2002 年 3 月起任解放日报报业集团新闻办公室、解放日报总编室编务秘书科科长。2008 年 3 月退休。荣获上海市总工会“2008 年度上海市优秀工会积极分子”。编辑的 2000 年 11 月 2 日《解放日报》一版版面，获第十二届中国新闻奖报纸版面复评暨 2001 年报纸版面年赛银奖和第九届全国省级党报新闻奖优秀版面奖。

我在报社的工作生涯可分为两部分，夜班编辑和总编室编务秘书科科长。退休后，应报社安排，在2008年至2011年的两年多时间里，与高锦国、陈忠彪两位同志一起，为内部出版的《浦东新区周报》改版为公开出版发行的《浦东时报》继续贡献老新闻编辑的“热”与“能”。

夜班编辑也有机会采访写稿

1978年，我从复旦大学新闻系毕业后分到解放日报社，那时候新人都要先去校对组工作一段时间。大约在校对组一年半，我就去了夜班编辑部。那个时候报社分管夜班的领导是副总编辑陆炳麟，夜班编辑部的主任兼党支部书记是金尚俭。

夜班新闻编辑的主要工作是选稿、改稿、拟标题及组织报纸版面，到新闻现场采访、写报道的机会很少。但报社分管副总编辑和部主任有时会创造机会，让我们夜班编辑出去走走并写些报道。

1980年底，报社由总编室牵头组织记者去唐山采访。当时，丁柯是总编室主任，他挑选了三位记者，一位是老摄影记者毕品富，一位文字记者是当时工交部的干谷，还要在夜编部抽调一位，就派我去了。我当时离开校对组不久，在国际新闻版跟着邬国维、林关金两位老前辈学当编辑。

我们去采访的主要任务是宣传报道唐山大地震灾后近5年恢复建设的情况。我记得接待我们的是唐山劳动日报，他们向我们简单介绍了唐山几年来恢复建设的情况，以及重建中的亮点。据介绍，当地生产情况已基本恢复到震前水平。

我们三个人作了分工，毕品富拍照片，干谷和我两人负责文字报道。我对开滦煤矿恢复建设的情况很有兴趣。因为我当年在贵州下乡的时候，曾经下到矿井看过，对煤矿的情况略知一二。当然，贵州大多是那种中小型煤矿，开滦煤矿是机械化程度较高的大煤矿，所以我特别想去看看。

唐山劳动日报帮我联系了开滦煤矿范各庄矿，并安排车辆接我去矿上。矿上派了一位技术员做向导，让我换上矿工制服、戴上工作帽，跟随向导乘坐用绞车提升的罐笼；下降到离地面三百多米的井底后，在宽敞的巷道里，换坐电车，去采煤的工作面。我在地下铁道看到了一长列一长列的煤车。还看到了1979年刚从国外引进的液压式掩护支架，技术员在一旁给我仔细介绍各种先进设备，比如无链牵引双滚筒采煤机、破碎机、扩音电话等。这里采用的是70年代国际先进的综合机械化采煤设备，从采煤、支护到运输，全部实现了机械化。这比我在贵州小煤矿井下看到的矿工手工操作的方式有相当大的进步，我感到很兴奋。

返回矿上办公场地，我与煤矿负责接待的领导交流后，结合自己的现场所见所闻，写了一篇报道。1981 年 1 月 1 日，《解放日报》刊登了我的报道——《这儿的矿工用上了现代化机械——开滦煤矿范各庄矿井下见闻》，这篇现场见闻也是我在解放日报参加工作后刊发的第一篇报道。

还有一次让我印象深刻的采访是在 1988 年 6 月，当时的总编辑助理贾安坤和我一起到江西弋阳县连胜自行车厂采访。那时，自行车还比较畅销，连胜自行车厂是上海凤凰自行车厂的联营厂。我们在厂区住了三四天，参加厂里组织的活动，采访了生产车间、厂办学校、员工生活区等，深度体验了自行车厂员工的工作和生活。回来以后，我与该厂通讯员林传淦合作，先后撰写了江西连胜厂定牌生产的凤凰牌（QE765 型）轻便车通过技术鉴定的消息《定牌生产“凤凰”车达上海标准》，以及两篇江西连胜自行车厂见闻——《少忧而乐业》和《联姻而共进》。

1993 年 4 月，牡丹花开期间，我与资深记者许寅一起，参观河南省第 11 届洛阳牡丹花会。牡丹花会闭幕后，洛阳市长和副市长一起在办公室会见我们，我们围绕洛阳市以花为媒、招商引资、发展经济的举措与取得的成绩，作了采访。之后，许寅执笔撰写了消息《洛阳牡丹花搭台经济唱戏大丰收》；由我执笔撰写洛阳市长访谈报道《古都热烈拥抱上海人》。这些外出采访的经历都让我印象深刻。

努力成为一个杂家

我在《解放日报》许多版面都当过编辑。最早是在国际新闻版，然后是社会新闻版，再到上海新闻版。当时，本市新闻都放在上海新闻版。俞远明、沈吉鑫和我是上海新闻版的编辑。沈吉鑫等要去黄浦区业余大学进修，版面人手比较吃紧，报社就从群工部调来一位老编辑钱承源与我一起编辑版面。当时他已是50多岁的“老法师”，我还是三十多岁的小青年。“老法师”经验丰富、功底深厚，带教我们年轻人，我们很有收获。

做编辑那会儿，我就对时事新闻比较关心。当时养成了一个习惯：每天几份重要的报纸——《人民日报》《解放日报》《文汇报》《新民晚报》等我都要浏览；几家主要电视台的新闻节目我都要看一下。另外，我还对科技比较感兴趣，对最新的科研成果、科技新闻，我都很关注，这是我的兴趣爱好。我们在读书的时候，包括后来我们的副总编辑陆炳麟老师经常说，“当新闻记者或者编辑要成为一个杂家”，很多东西都要了解一点，信息越多越好，对不了解的要多问。

陆炳麟副总编辑其实给我们当时夜班的编辑们起到了一个很好的带头作用。他看稿子很快，不仅快，还能看出问题。我们拼好一个版面给他审核，他一个版面一般就看10来分钟，可以说是“一目十行”，却能改出不少东西，又快又准。这点我们都十分佩服。

首创采前会，开上海媒体先河

2002年3月，我被调至总编室编务秘书科。让我印象最深的是，2002年，时任总编辑宋超首创了每周采前会制度，我记得这在上海媒体是第一家。

采前会每周开一次，一般安排在周一的下午。首先由各部主任汇报一周选题，介绍准备要采访的一周重点选题，再由副总编辑根据分管部门汇报的内容提要求，最后由总编辑作总结并布置工作。

我们总编室除主任外，每次都要安排两三位工作人员参加会议，做好各部选题的汇总和领导讲话的记录工作。

采前会结束后，我们就分头整理领导讲话，并送到各位老总处审核，再根据老总的要求修改整理，连同各部一周选题一起做成《采前会纪要》，第二天送到各位老总和部主任的手里，作为一周采编工作的方向与重点。

采前会这个模式是解放日报开创的先河，后来同城媒体也陆续采用这一做法，召开采前会了。从2002年到现在，听说采前会模式还在沿用。已经20年了，这个模式的生命力还是很强的。

一座上情下达的桥梁

我在总编室还有一项日常工作是负责《解放日报》每日版面安排。《解放日报》每周版面有一个大体固定的配置，但每天还要根据新闻、广告的情况调整第二天的版面安排，一共有多少个版，什么新闻在第几版，广告在第几版，我都需要初排。

每次初排前，我一般会先跟夜编部沟通重点版面的安排，还会跟广告部沟通，要确保刊登的广告。得到这些信息后，我会对版面进行初排，并把信息跟总编室主任汇报，最后将审定的“版面变更通知”打印后送到各位老总手中，并分送至夜编部、广告、排版房、印厂等部门。6 年来，各方对版面安排还是比较满意的，我觉得总编室的工作一定要跟各部门多协调、多沟通。

总编室还有一块工作就是宣传通知的上情下达。上级部门的通知大多需要打印或复印出来送到报社领导和相关部门，少量通知口头传达，保证传达到相关负责人。如果涉及较多部门，就在编前会再传达一下。总编室就是一座上情下达的桥梁。

另外，比较重大的宣传报道战役，都需要我们总编室来协调策划。一年至少有三五次，在报社领导的牵头下，总编室会同几个相关部门一起开会策划。策划后，由部门提供报道计划初稿，总编室再进行整合。重大战役报道总结也是主要由总编室负责，或由总编室与相关部门联手完成。当时由王仁礼主任主要负责撰写报道总结，也有一部分总结的初稿交由我负责。

总编室工作，我有几点心得：

第一，在总编室工作与在采编部门其实还是有区别的。总编室往往需要站位更高，因为报社有很多工作需要统筹协调。

第二，我觉得很重要的是，工作前要充分领会领导的意图，这样才能服务好领导，也能大大提高工作效率。

第三，要认真做好事务性工作。比如接待读者来访来电。我记得 2002 年下半年，有一位老同志打电话来反映情况，办公室的一位年轻同志有点不耐烦，口气不太好。老同志接受不了，就告状到总编室主任这里。王仁礼主任让我出面，帮年轻同志处理一下。我当时还是集团的工会干部，出面去打交道义不容辞，我就代表报社去老同志的工作单位道歉和解决问题。后来那位老同志还是比较满意的。所以，对总编室工作人员来说，小到一通电话、一次接待，都要妥善处理，这种日常的事务性工作是我们一直要面对的。

采 访 人：许莺

采访时间：2021 年 11 月 12 日

采访地点：上海市延安中路 816 号解放日报社

摄影摄像：沈阳

我跑部队 30 年

徐琪忠

【简历】

徐琪忠，生于1948年3月，籍贯上海。1986年解放军政治学院毕业。1966年进解放日报。1969年至1973年应征入伍，任东海舰队某部新闻报道员。1973年复员回解放日报，先后任夜班编辑部、党群政法部编辑、记者，兼任市征兵办公室新闻宣传组组长，长期从事部队及政协、统战方面的新闻报道。2008年8月受聘任《中国医药报》上海记者站站长，兼任上海市国防教育基金会副秘书长。2006年评定为高级记者。撰写的《钢铁战士刘琦右眼重见光明》获1990年上海好新闻二等奖。《风雨十载优属情》获上海市首届“双拥杯”有奖征文活动特等奖。

上学的时候，每天下午上课之前，我们都要花一刻钟时间读《解放日报》。当时大家觉得，《解放日报》是神圣的，《解放日报》上都是党的话。

没想到，有一天我自己也成为解放日报的一员。上世纪 60 年代初，上海市委和解放日报率先在全国新闻单位执行毛主席的有关指示精神，解放日报从上海郊区、市区工厂和学校，招收工农出身的青年人进报社。我那时在老家松江的张泽公社（现为镇）担任团委副书记，经过筛选我获得了到解放日报工作的机会，很是欣喜。1966 年 8 月 1 日，18 岁的我步入解放日报的大门，从此开启了长达 42 年的记者生涯。退休后，又在中国医药报当了 10 年驻上海记者站的站长。

悉心栽培，关怀备至大小事

进解放日报的第二天，总编辑马达就为我们这批年轻人专门召开座谈会，问长问短，了解每个人情况，介绍《解放日报》的办报思想。有句话让我至今难忘，他说，你们不要以为当记者就了不起，不要随便许诺给采访对象做报道，不要随便出示记者证。首先要想到的是，我们是党报，是机关报，是中共上海市委的工作人员。

当时，新闻队伍建设也讲“两条腿走路”，新闻单位既有科班出身的人，也有从工农兵和学生中来的人，经过培训成长为新一代记者。后来，70年代报社又从农场招了一批青年，80年代又向社会招聘。实践证明，这个思路是对的，他们中不少人脱颖而出，有的成为业务骨干，评上高级记者；有的担任中层干部、副总编辑。

关于怎么培养我们，报社原先的计划是，由老记者像师傅带徒弟一样带新人，二三年以后再去人民大学进修，拿到新闻本科文凭。马达当时还算了笔账，新闻系5年制毕业的人，由老记者带的话，真正出师就快30岁了。而我们这批小青年，经过深造，出来就是很好的记者材料，比科班出来的更年轻。

报社对我们这批人很重视，具体到什么程度呢？关于办公桌、宿舍，马达总编辑都有交代。开始我分在理论部的评论组，马达叮嘱评论组里最年轻的龚心瀚（在夜班当编辑两头跑），找个和其他三位记者一样的办公桌给我。到了第三天龚心瀚还没找到办公桌，就专门跟我打了招呼。总务科专门为我们郊区来的7个人腾出一间宿舍，还是朝南有阳台的。事情虽小，可见当年的报社领导确实按照党对干部的要求，对群众的每一件小事都能关心到位。

9月份，马达亲自布置，计划把郊区来的7个人写的文章，组织一个版面一起刊出。我们分组去采访。我跟张文昌合作，到老家松江城北公社，报道那里的学大寨女子突击队。

马达亲自看稿，在大家完成的第一篇稿子里，我们这篇《荒塘夺粮》最先通过了。当时他还有个批示："此篇稍缩编后即可发表"。不过，这篇稿子后来并没有用出去，因为次年1月"文革"风暴来了，报社党委也靠边了。在"解放日报创刊70周年纪念展"上，我的那篇稿子和马达的批示放在马达的工作照旁边，佐证他十分重视、关心培养青年记者。

主动参军，宁舍月薪拿津贴

进报社近三年时，我主动要求参军去部队（按照兵役法我已无服役义务），为此还放弃40元的月工资而只领6元的津贴。之所以下这么大的决心，一方面，当时外部环境、报社环境都比较乱，我作为"保皇派"一员，被集中到教育学院搞"斗、批、改"（之前报社造反派头头要把我们7个人踢回原单位，因为我们的有力反击而未能得逞）。另一方面，不管是抗美援朝，还是解放战争、抗日战争，当时的宣传很成功，不光是我们年轻人，全社会对军人都很崇拜。1964年，上海市中考作文题目是《我的志愿》，这是一个大题目，我就写了"我志愿当一名解放军战士"，那是我一直的梦想。

我如愿参军并当了潜水员，体格要求与飞行员差不多。1969年3月10日到了东海舰队。5月1日，我写了篇稿子讲战备执勤的时候，一个艇出了机械故障怎么维修，在《浙江日报》刊出之后，大家就知道来了个记者兵，部队政委打电话要我到机关工作。我因为想在艇上锻炼就找了个理由没去。过了几个月，我写的部队开展“一打三反”取得重要成果的报道，《海军报》头版头条刊出并配发了评论。这次政委发命令了：小徐怎么还在海上，派交通艇去接呀。于是我到了政治处，专门负责新闻报道工作。

到部队一年多后，负责干部工作的干事找我谈话，告诉我体检后就提干，说你在报社本来就是干部编制。我说我当兵后要回家的，他说你回去干什么，我们需要你。

尽管我是下了决心去当兵的，但目的还是为了今后更好地当记者。于是我找到副政委谈了自己的想法，最后副政委又说动了政委。这样我就超期服役 1 年，4 年后回到了解放日报。

开始我被分在夜班编辑部校对组，报社领导叫我当副组长，我说我还是想当记者。过了三四年，我来到党群政法部，领导说你当过兵，跑部队条线吧，再说中宣部和总政治部联合发过文，要求地方党报联系部队要专人负责，结果我整整 30 年一直跑部队（后 15 年增加了政协、统战条线），直到退休。

退休时，部队领导和通讯员专门设宴款待我，驻沪三军和武警、二军大、空政院六大单位还专门写来了感谢信，我感动得流下了幸福的泪水。过去，部队同志经常戏称我是他们的“军代表”，而报社同仁则时常唤我为“司令”，看来我没“浪得虚名”。

五树典型，司令著文来点睛

这么多年来，我联系部队，挖掘和宣传了不少先进典型。背后的原因，首先是报社的好传统和好作风——鼓励开拓创新。部队新闻很难出头条，怎么办？我决定从抓独家、抓典型寻求突破口。

当时解放日报的口号是“立足上海、兼顾华东、面向全国、走向世界”。我就想，既然有这四句话在，部队也可以突破一下，不仅要着眼上海，更要面向全军。

选题在一次次的思考后逐步浮现。当我想到三军司令中只有空军司令员张廷发两度当选中央政治局委员时，我有了主意。1985 年的一个春日，我赶到杭州笕桥机场，采访空军第二十六师。这是一个较早开展现代化改革的部队，很有成果，但都没有报道过。这时师长正好升任副军长，我抓住这个新闻由头，与通讯员一起采访，写出了长篇通讯《一个在改革中奋进的航空兵师》。看着写成的通讯，我暗自思忖如何再作一些“提升”——配评论，够分量，但显然有些老套；要是司令员能写篇文章，那不失为“画龙点睛”。难度是不言而喻的，这时我血液里流淌着的军人作风悄然起了作用，不啃下这个“硬骨头”我岂能罢休？几经周折，我终于拿到了中共中央政治局委员、空军司令员张廷发的署名文章《大胆启用人才，加快部队建设》。1985 年 6 月 13 日，长篇通讯和张司令员的文章在《解放日报》一版转二版刊出。这一报道激起空军系统加快部队现代化建设和“比学赶超”的热潮。张廷发还签发了文件，要部队订阅《解放日报》，这是历史上没有的。解放军报社长惊呼：怎么回事，这么大的事我们军报居然不知道，干什么吃的。

第一炮就打响，接下来我更有信心了，一定要挖掘三军的新典型，我相信每个军种出一个典型是完全可能的。功夫不负有心人。事隔仅一个多月，我了解到，在浙江镇海有个海洋测量大队，既为部队服务，又为全国服务，大量的海图、地图都是由他们完成的。他们踏遍天涯海角，风霜雨雪，吃不上一顿像样的饭是常事。书信不能正常往来，干部战士找不到对象。1985 年 8 月 5 日，我写了长篇通讯《开拓蓝色航道的人们——来自东海舰队海测大队的报告》和海军司令员刘华清的文章《肩负起保卫祖国建设祖国的重任》，在《解放日报》一版转二版刊出。稿件见报后，许多女青年闻讯来到报社，表达崇敬之情，要求在这个部队找对象，结果真的有几位谈上了恋爱。

在接下来的几年内，我先后和通讯员合作采写了多篇独家新闻和典型人物，如长篇通讯《他在禁区攀登——记第二军医大学副校长吴孟超教授》，配发中央军委副秘书长、总后勤部部长兼政委洪学智的文章《坚韧不拔，攀登科学技术高峰》（《解放日报》1987 年 3 月 15 日第 1 版）；叶挺团的先进事迹，配发南京军区司令员向守志的文章（《解放日报》1987 年 7 月 16 日第 1 版《坚持传统教育　注重时代精神》和《在新的历史条件下大力继承和发扬我军优良传统》）；胸心外科专家、二军大教授蔡用之的先进事迹，配发总后勤部部长赵南起写的文章（《解放日报》1989 年 12 月 23 日第 1 版《良医高风》和《杰出的医学家　党的优秀干部》）。

上述五篇稿件本身应该说也是个新闻：地方报纸从来没有投

入如此大的精力和篇幅树立和宣传军队的典型。当时，陆海空三军领导机关专门写感谢信到报社，并发文要求部队订阅《解放日报》，兄弟新闻单位都很羡慕。后来，报社给我记了大功并发了奖金。

同样值得一提的，是对中央军委原副主席许其亮事迹的报道。1985 年 2 月，我在采访空军二十六师时，发现了刚被提拔为空四军副军长的许其亮只有三十五岁，是全军最年轻的军级干部，但他的专业化、知识化水平和指挥部队改革创新的能力，超乎寻常。一开始许其亮不愿意接受采访，我采取迂回战术，打通他周围的战友和部下，把情况先摸清。初稿出来之后一周，他终于同意见我。

这个稿子一级级往上报，直至总政，审稿就花了半年，8 月 27 日见报。我曾建议这个稿子可以放一版，可惜放了二版副头条（《解放日报》1985 年 8 月 27 日第 2 版《年轻的将领　蓝天的骄傲——记南京军区空军某军副军长许其亮》）。许其亮在任中央军委领导前，全国全军只有本报一家报道过他（作为领导身份的活动报道除外）。

在抓好独家和典型的同时，我还注意搞好民兵预备役部队报道、用心谋划双拥报道、建议创办了《国防天地》专刊，撰写了上海预备役师成立 10 周年的长篇通讯；1982 年 3 月，我最早报道了南京路民兵（团员青年）开展学雷锋为民服务活动，还和国防天地特约编辑周祖宏一起，以《南京路上的报春花——陶依嘉》为题，赞颂了这一活动的带头人、上海第一医药商店团支部书记陶依嘉。当年，上海市委、上海警备区在精神文明建设大会上推广了这一活动经验。1997年，中央军委领导迟浩田亲自来视察这个活动并接见了陶依嘉。陶依嘉先后被评为全国劳动模范、全国精神文明建设最美志愿者、全国最美退役军人。

看准时机，独家揭秘“3·14”海战

1988年3月14日，我海军在南海自己的赤瓜礁海域一举击毁非法入侵的越南三艘军舰，全歼越军四百余人，我方仅伤一人，船舰毫发无损，大获全胜，又乘势收复南海海域6座岛礁的主权。对于越军的非法入侵行为，我国政府曾发表声明强烈抗议，全国媒体包括我们《解放日报》都有刊发。尽管世界各地媒体高度关注和报道南海冲突，但中国不细说，谁也搞不明白。

我第一时间获得信息，找到参战的主力舰之一——531导弹护卫舰，政委徐友法（我们至今仍有联系）热情接待但不肯多说，说是上面有规定不接受采访，我与他拉家常话军旅，说我也当过兵，我们是战友，应该分享胜利的喜悦，何况和平年代打了这么个大胜仗是个大新闻。同时我又做通了东海舰队宣传部万部长的工作，总算答应先私聊。话匣子一开，徐政委越谈越起劲，他还对只立了个集体三等功流露出不解之意。

我决心把“3·14”海战写出来，盘算着可以在“八一”前后搞出个“大动静”。事有凑巧，专稿特稿部的熊能正为优质选题而寻寻觅觅，于是一拍即合。“咱们试试吧，有事我来承担”，熊能说。我说，“有险一起冒，哪能让你一个人承担!”过了几天，我俩一起采访了徐友法。熊能主动执笔，特别能写，我负责继续疏通关系，“刺探各路情报”，了解《解放军报》建军节前夕有什么动静，后来听说《解放军报》可能要发一篇东西。我暗自窃喜，只要有军报重提这事，不论篇幅大小，我们都有理由放大和刊发，只要事实准确无误。报社党委书记兼副总编辑周瑞金一直非常支持我们采写这次海战报道，但他非常强调“时机”，见军报刊发关于海战的图片新闻，马上同意刊发我们采写的报道。为了稳妥起见，把原标题《“3·14”海战》改为《来自南中国海的报告》。六千余字的报道配照片于1988年8月4日在《解放日报》几乎以一个版的篇幅刊登。次日，港澳报纸竞相全文转载。这篇报道影响很大，海军把它印成了小册子，号召向参战部队学习，还向报社和我写来了感谢信。迄今为止，“3·14”海战只有我们《解放日报》比较详实地揭秘了战况。

这里，我领悟到了什么叫新闻报道的“边界”，什么叫“到边”而不“越界”，这个“边”不是一成不变的，只要你守正创新，敢于突破，机智操作，是可以打出一片新天地的，更何况解放日报是有这种文化特质和光荣传统的。

联系群众，传承党报好传统

毛主席曾提出“全党办报，群众办报”，报社为落实这一方针，从王维总编辑开始，群众工作部一直由总编辑亲自来抓，记者们也轮流上阵接待读者来访，青年记者更是乐于与老百姓交朋友。王维曾说，联系群众是解放日报最重要的传统，他曾经决定把“公物招领”放在头版头条。这一传统对我的教育和影响很大，我对读者的来稿几乎每篇回复，部队的信稿特别多，有时来不及处理，就带回家让妻子帮忙，从中交了不少朋友，至今有微信联系的达三百多人，比较密切的占一半。

举个例子，海军有个战士很喜欢写稿子，可就是见不了报。一天他来找我，我耐心地跟他一起研究分析他的长处和不足，并中肯地建议他向哪里寻求突破，事后还请他在报社食堂吃了饭。后来他很多稿件见了报，提干任新闻宣传干事，十多年后转业任上海市某副市长的秘书，后任卫生局和食药监局办公室主任。二十多年来，部队有三位通讯员转业分别当了上海市委书记、市长和副市长的秘书，他们曾给予报社许多支持。

写内参是党报的职责之一。好的内参，材料往往来自群众，结果常常解决了群众关心的问题，在领导（政府）与群众之间架起了一座有效沟通的桥梁。我也写了不少内参，有两个印象比较深。一个是有一年给残疾人发轮椅车，市区有，郊区没有。我认为这不公平，针对这一现象我写了篇内参，不久这个问题就解决了。还有一个是关于征兵的。每年征兵期间，我都要到市征兵办公室兼任宣传报道组组长，当时发现了一个令人不解的现象，当兵的人有优待金，由每个乡镇出账。我说这不公平，兵源以郊区为主，哪个地方出兵多、贡献大，哪个地方就越是吃亏，而且用的不是市区两级财政的钱。我向市征兵办建议并参与向市委、市政府写报告，提出战士优待金应由市财政统一支出。该建议后来被采纳。

联系报道对象是联系群众的重要途径，而做好连续报道又是办好报纸的重要抓手。宣传钢铁战士刘琦是市委组织部和宣传部的要求，刘琦因伤情严重一般人不敢接近，我不断与刘琦接触，逐渐获得刘琦的信任，他给我讲了不少故事，因此我积累的素材特别多，后来写稿时因为有更多的故事细节而更加出彩。我一直跟踪刘琦，帮他找到骨科专家对他的脚进行手术，让他摆脱了轮椅从此站了起来。此外，还帮他解决了其他困难。三十多年的报道、交往，我们结下了深厚的友谊，几乎每年都有聚会。值得一提的是，我还是刘琦和他妻子的“月老”。刘琦前几年已经成功“升级”当上了爷爷。

解放日报的团队文化、办报思想无疑是优秀的、成功的。如果没有报社的培养教育，没有一批批领导的重视，没有老记者的传承，我们就不会保持这样的新闻态度。

采 访 人：束涵

采访时间：2023 年 11 月 12 日

采访地点：上海市延安中路 816 号解放日报社

摄影摄像：沈阳

28 年党刊工作若干片段回忆

张彭鑫

【简历】

张彭鑫，生于1948年6月，籍贯上海。1986年华东师范大学中文系毕业。1966年进解放日报，先后任评论部、理论部和上海《支部生活》杂志编辑、记者。1988年1月任上海支部生活副主编。2009年2月到上海世博局编辑《世博人》报和相关书刊。2004年评定为高级记者。采写的《从“黄牌警告”到“罚出场外”》《一曲90年代的“龙江颂”》《孔繁森式的好干部——单杰》《微型党课展英姿》和《支部分类作用到位》等获全国党员教育刊物研究会好稿评选一等奖。2010年获上海世博工作优秀个人称号。著有《源头活水》等。

1966年2月，我在市北中学念高二，根据当时中共上海市委领导关于“可从本市抽调一批高中生到报社，通过报社培训后参加采编工作”的指示精神，解放日报社派人到我校，抽取十来名学生进行笔试。两三个月后，又有人到学校找我面谈。当年7月，我与来自全市其他一些中学的二十多名高二、高三学生一起入职报社。

进报社不久，“文革”开始。1971年，我回报社编辑部后，先在理论部待了几年。1980年，上海《支部生活》重新出版，我被调到支部生活，在该部门工作了整整28年。其中二十多年，主要精力从事采访报道和文字编辑工作。1988年担任支部生活副主编后，还分出一部分精力负责刊物发行。在支部生活工作的最后四五年，我的工作重心则完全转到刊物发行和编辑部的经营管理上。

回想这么多年的工作经历，我最深刻的体会是：从事党报、党刊的各项工作，必须具有强烈的责任意识和在新形势下不断探索、进取的精神。

难以忘怀邵以华的言传身教

1980 年 4 月，《支部生活》重新出版筹备工作正在紧张进行，我就参加到了其中。主要负责人邵以华当年 55 岁，身体羸弱，头顶半谢，脊背微驼，患有肺气肿，时常气喘吁吁。尽管身体欠佳，但他无论在筹备《支部生活》重新出版的日子里，还是在后来正常出版刊物时期，每天总是起早贪黑，废寝忘食地干，活脱脱一个“工作狂”，令人肃然起敬。邵以华在各种场合反复强调：重新出版的《支部生活》，一定要具有新时期党刊的特色，要紧贴实际、紧贴群众，要让读者喜闻乐见，让广大党员和入党积极分子把这本刊物当作“不见面的支部书记”。邵以华的这些话语，对我启发和触动极大，我全身心地投入到筹备工作中。

不料，我在新的工作岗位上产生了思想波动。一些日子里，我老是在想：我原先在解放日报理论部工作，是搞理论宣传的，现在到新的岗位上“改行”搞通讯报道，能胜任吗？一天晚上，我找邵以华谈心。他谈到自己在 1949 年 5 月，作为中共地下党员，被分派到解放日报从事创刊工作，还回忆了在解放日报长达 20 年、人民日报长达 10 年的工作经历，畅谈了当记者和部门领导时，赴江西、贵州、广西等地深入采访的情景和体会。针对我的思想苦闷，他说：“你搞过理论，再搞通讯报道，有很大的优势。有了一定的理论根底，思考问题就更深入，写出报道会更有深度。只要你有工作责任心，做到腿勤、脑勤、手勤、笔勤，定能写出好稿，取得成功。”

在为第一期刊物筹稿过程中，我到当时上海市冶金局所属的一家工厂采访，该厂一位纪委副书记向我倾诉了她在开展纪检工作过程中，得不到厂党委主要领导支持的苦恼。我了解了具体情况后，写了一篇题为《一个工厂纪委副书记的苦恼》的文章。老邵看了这篇文章，觉得切中时弊，有较强的社会意义，就吩咐我到该厂党委去审稿，不料去后碰了一鼻子灰。我于心不甘，又转往冶金局纪委去审，结果又被“挡回”。于是，我便有点泄气。老邵知晓后，笑吟吟地对我说：“当下，开展批评和自我批评很不容易，好事多磨，我与你一起到厂里和局里去找相关领导谈谈。”在后来的几天里，他哮喘病发作，咳痰不止。但他全然不顾，坚持与我一起，顶着烈日跑厂、跑局，其中冶金局就去了两次。“功夫不负有心人”，经老邵三番五次的努力，局领导终于表态同意。我们在听取他们意见后，将文稿稍作修改，在《支部生活》上刊出。

通过这篇稿件的采写和审定，我细细“品味”：老邵说的“跑得勤，沉得深”，不是可以归结为一个“沉”字吗？老邵说的“勤于思考，善于思考”，不是可以归结为一个“思”字吗？审稿过程中遇到阻力，老邵带我一次次上门做工作，这不又可以归结为一个“韧”字吗？我在后来近30年的新闻生涯中，始终牢记这“沉、思、韧”的“三字经”，不怕艰苦，不断探索，写出较多有一定质量的党建工作和先进人物报道。我从中也品尝到了从事新闻报道工作的乐趣。

西藏21天采访发行收获颇丰

1996年年中，上海第一批“三年一轮”的援藏干部赴藏满一年，我脑中盘旋：如能采写并刊登他们的事迹，一定很有价值。正巧，我弟弟被中央部门派去援藏，在西藏自治区政府当副秘书长。我想：有他帮助协调，我们在西藏开展工作会便利得多。我们赴藏采访的想法得到报社分管领导的赞同。于是，我带了一位刚从大学毕业分配到《支部生活》来工作的年轻记者，于当年8月2日飞赴西藏，开展了密集的采访和其他一些工作，至8月22日返回上海。一段时间里，《解放日报》和《支部生活》刊登了我们所写的较多数量的相关报道。之前，上海媒体也陆续刊载过上海援藏干部在藏工作和生活的报道，但我们这次到藏采访时间这么长，发的报道数量又相对较多、较集中，这在当时还是第一次。

8月2日上午，我刚飞赴拉萨贡嘎机场时，身体感觉还好。但出了机场，等车子把我送到招待所，前前后后折腾了3个多小时，高原反应就来了，我觉得腿软，头晕，呼吸困难，吃不下东西。为了抓紧时间多做些事情，我当天下午就外出开展工作。

我们找到自治区邮政署领导，谈了我们打算在拉萨召开上海《支部生活》发行工作会议的想法。邮政署领导听说后，既感到惊奇，又感到高兴，说：“以前从未有外省市的报刊到西藏拉萨来开发行工作会议，你们是第一家！”在他们的建议下，我们又去找自治区宣传部商量。宣传部领导大力支持，决定由自治区党委常委、宣传部部长陈汉昌出席我们的会议。说来也巧，当时，由上海市委常委、组织部部长罗世谦带领的上海市党政代表团，正好在西藏看望、慰问上海援藏干部，我们即去找罗部长。罗部长虽然高原反应非常严重，但表示很愿意出席我们的发行工作会议。

由于出席会议的领导级别较高，上海《支部生活》的发行工作会议规格也得以提升。在第二天下午召开的会议上，会议主持人开宗明义：今天的会议由上海市党政代表团与西藏自治区党委宣传部联合举行。那天，与会的基层单位代表，对订阅上海《支部生活》的做法和成效进行了充分的交流，陈汉昌部长和罗世谦部长作了热情洋溢的讲话，并对进一步办好上海《支部生活》提出了希望和要求。会后，西藏电视台和《西藏日报》分别在重要新闻播报时段和一版显著地位，对会议情况作了详细报道。

我们在藏期间，通过召开座谈会和个别交谈等形式，对49名进藏一年的上海新援藏干部中的大多数人，10多名进藏10年以上，乃至二三十年的上海老援藏干部中的几乎全部人员，都进行了采访。在上海新援藏干部中，时任日喀则地委副书记的徐麟是49名新援藏干部的领队，成了我们的重点采访对象。他给我们创造条件，让我们采访到了在日喀则地区的定日、拉孜、江孜和亚东等县工作的大部分援藏干部。在上海老援藏干部中，我们花较多的时间采访了时任自治区财政厅厅长的杨晓渡，时任自治区旅游局局长的汤正琪。还花更多的时间和精力采访了曾任自治区副主席、时任自治区人大常委会副主任的龚达希。我们接触和采访的上海老援藏干部，个个都有说不完的感人故事。援藏时间达三四十年的干部，他们不仅把自己最精彩的年华全部奉献给了西藏的建设和发展，奉献给了西藏人民，而且他们好多人把自己的孩子也留在了西藏，让他们为西藏建设和发展继续作贡献。于是，便有了藏民这样的赞语："这些上海奔布拉（指干部），到西藏后，是献了青春献终身，献了终身献子孙！"

我们在西藏期间，还单独采访了自治区主席江村罗布。江村罗布主席介绍了西藏近几年的经济、文化、社会等方面的发展情况，沪藏两地加强沟通、联系、互帮的情况，以及对西藏进一步发展的美好展望。采访进行了一个多小时。采访结束后，我们很快写就了稿件，稿件刊登在《解放日报》一版，用了约三分之一版面。

我们在西藏采访和开展各项工作，总共 21 天，我的采访、工作笔记，用掉整整两厚本。采写的各类稿件，除了在《支部生活》上刊登外，还分别被《解放日报》头版头条和其他版面显著位置转载。

《支部生活》从小开本改成大开本

1995 年，在时任解放日报总编辑助理兼支部生活编辑部主任李尚智的领导下，我们为改版做了大量工作。改版始终围绕"党刊要让群众爱看、要让读者在爱看中受到教育"的这个主题进行。

从 1995 年年初开始，编辑部就要求采编、发行人员去基层采访、搞发行时，多多听取大家对《支部生活》开本大小的建议。

在讨论是否要把32开小开本改成16开大开本的过程中，起先最让我们纠结的是：有人说，32开小开本随身携带方便，可放入口袋，外出乘车，或在途中休息时，随时可以拿出来阅读。但也有人说，现在时代变了，这种情况几乎不见了。还有人说，《支部生活》改成大开本后，容量可以更大，装帧可以更大气、更漂亮，刊物会更受读者欢迎。为了更广泛地征询读者意见，我们还开展了问卷调查。在经过大量调查的基础上，支部生活编委会进行了认真讨论，决定于当年7月1日改出大开本，并向报社领导打了报告。后来报社领导回复：同意《支部生活》改为大开本，但如果放在当年7月出版，时间安排似乎紧了些，建议准备工作做得更充分一点，可在1996年出版。报社相关领导和支部生活主编，对改版事宜十分重视，做了大量工作，我紧密配合。当年5月初，支部生活编委会讨论决定：于当年7月初进行大开本试刊，让我拟一个大开本试刊的框架，并与印刷单位联系落实试刊印刷等事宜。在支部生活主编的主持下，当年6月27日，大开本出样。7月初，试刊本发往社会。7月7日，我们又召开部分读者座谈会，征求大家对大开本试刊的意见。接着，我又找上海出版部门商议大开本的定价，并与印刷单位进一步落实大开本的印刷质量和印刷周期等问题。下半年度，采编人员一面继续采写下半年仍在出版的小开本的稿件，一面紧锣密鼓地寻找各类出挑的报道线索，为第二年大开本正式出版备足"粮饷"。发行人员则开足马力工作，以确保大开本的发行量。

1996年第一期《支部生活》，以全新的大开本形式与30多万读者见面。此战一炮打响，在读者中产生了良好反响。1996 年全编辑部人员又鼓足干劲，记者采写出更多更好的优质稿件，美编精心设计和装帧每一个版面，发行和后勤保障等人员努力做好各项工作，使新一年正常出版的大开本越办越好。此事已过去二十多年，但至今仍历历在目。

采 访 人：王闲乐

采访时间：2020 年 10 月 14 日

采访地点：上海市延安中路 816 号解放日报社

摄影摄像：沈阳

一辈子踏实干好新闻摄影这件事，足矣

郭天中

【简历】

郭天中，生于1948年6月，籍贯浙江镇海。1985年复旦大学马列主义理论专业毕业。1966年进解放日报，1980年从事新闻摄影。1992年起承担中央领导来上海视察等专职拍摄任务。2006年评定为高级记者。新闻摄影作品《江泽民和萨马兰奇》获上海市委宣传部东亚运好新闻二等奖，《邓小平在上海过年》获《上海年鉴》摄影照片一等奖，《市领导冒雨察看汛情》（合作）获全国省市区党报新闻摄影一等奖，画刊《世界期待上海2010》获全国省市区党报新闻三等奖。中国新闻摄影学会会员、上海市摄影家协会会员。著有《数码新闻摄影实践论》《关于新闻摄影真实性的几点思考》。

中学时代我就喜爱并自学摄影，1966 年 7 月底被调到解放日报社，历经曲折，终于在 1980 年 11 月开始从事心仪已久的新闻摄影工作。我先在解放日报市郊版从事专职农村摄影，1988 年起转入摄影部，跑过农村、工业等多个条线。1992 年 11 月起，我开始负责上海市委交办的重要摄影任务，其中包括中央领导人、外国贵宾来沪活动，在上海举办的国内外重大活动，上海市委书记的日常工作等，进行公开报道或留存资料。一个人一生能踏踏实实干好一件事，于心足矣。从进解放日报社到办理退休，加上退休后继续工作到 2013 年，我的实际新闻工龄为 47 年，其中从事新闻摄影工作 32 年。那些年里，《解放日报》《文汇报》《新民晚报》三天两头刊登我拍摄的重要新闻照片，自己很开心很自豪。

如愿以偿拿起相机，为《解放日报市郊版》增色添彩

我出生于 1948 年 6 月 11 日，这一天是端午节，端午节在古代又称天中节，所以家里为我取名“天中”。到报社前，我在上海市敬业中学读高二，担任学生会主席。解放日报从上海各学校

调了二十多个同学到报社工作，基本上都是高二学生，来了之后就遇上“文革”。

1970年，我被下放到上海焦化厂战高温。先在厂机动室干活，后来把我调去厂团委，负责摄影宣传，拍班组学习、小组会，还要搞展览。厂工会有摄影暗房，我自己在家也搭了个暗房，一张照片要放四五张样片，黑色、棕色、褐色、蓝褐色，配方都不同，我喜欢研究这些。我的第一台相机是最老式的德国相机，快门都是固定的，但我用起来蛮有劲的。后来这个技能到厂里也派上了用处。我喜欢钻研，当时刚有彩色冲印，要显影、飘定、漂白，还要注意控制好温度，这个过程很不容易。为了一张片子，我有时可以捣鼓一晚上不睡觉。以上这些，为我日后从事新闻摄影打下了良好的基础。

1977年5月我回到解放日报，进了夜班校对组。1980年11月开始，到市郊版做摄影记者，专门跑农业农村。那时郊区条件很艰苦，我用的是方镜箱相机，有个大闪光灯，设备很大很重，随身摄影包约有二十来斤。当时只有公交车或者定点班车，在车上还要被人说电瓶是危险品。我没有辜负领导的期望，把10个郊县的通讯员团结起来，拓展稿源，还给他们出画刊，为《市郊版》增光添彩，搞得有声有色。

新闻摄影，贵在捕捉精彩瞬间

新闻摄影的本质是追求真实，用形象说话。这就需要动用摄影技艺，拍摄出有感染力、震撼力的新闻摄影照片。而且，与文字记者不同，摄影记者必须亲临具有新闻摄影价值的现场才行。

1986年9月的一个深夜，我接到报社电话，说南京东路四川中路口的上海市二轻局贸易中心大楼起火了。我赶紧骑上自行车到了那里，爬到对面的房顶上去拍。着火的大楼有5层楼27米高，过火面积很大，陈列区的全部样品，以及电子计算机、复印机、电传机都被焚毁，损失三百多万元。数百名消防队员扑救到早晨5点多，大火才基本被扑灭。这是新中国成立以来本市南京路上最严重的一次火灾。后来了解到，起火原因是电线老化导致的。从事新闻摄影工作，就是要随时待命，奔赴突发事故的现场。半夜惊扰家人也是常有的事情，这就需要有牺牲小我、服从大局的精神。

1987年12月《市郊版》停刊后，我就到了摄影部。1989年7月的一天，上海市郊南汇等地突发龙卷风，我去的时候只拍到了断瓦残垣，但我时刻关注后续进展。9月初我打听到灾后重建新居即将完成，就在9月中旬赶到现场拍摄了农民新居。我采用对比手法刊发了《两月巨变》的新闻图片报道，受到各方好评，入选全国新闻摄影展览，还得了奖。所以搞新闻摄影需要勤动脑，除了现场抓拍以外，还要想想在已经滞后的情况下怎么办。

1988年3月24日，嘉定境内发生一起两列旅客列车相撞事故。那天下午2时20分，从南京开往杭州的311次客车和从长沙开往上海的208次客车，行驶到上海市郊沪杭外环线匡巷站和封浜站之间，发生正面相撞。获此信息，我就赶往嘉定。现场很惨烈，拍照也很困难，但我拍摄的抢救日本学生的照片因发稿及时，视觉冲击力强，获得了国内新闻摄影界的好评，先后被《解放日报》《人民日报》《中国青年报》等刊发。

1991年7月，连日暴雨导致太湖流域水位猛涨，苏锡常地区受灾严重，史称“华东洪灾”。常州地区在这次洪涝灾害中，近百万亩农田受淹，数以千计的厂矿企业成为一片泽国。苏州望亭发电厂和常州第三制药厂的职工，都在齐膝深的水中抢运沙袋。这时候我已经43岁了，年纪不算轻，也披着雨衣，蹬着长靴，背着一个老大的摄影包，在洪水里全力拍摄。后来我还上了农用飞机，拍了一张航拍，照片刊发以后，新华社马上把我的照片向全国转发。

我认为记者一定要敬业，干一件事就要踏实认真，把它干好，不能遇到困难就退缩。我也抓拍了一些比较敏感的、但有一定历史价值的新闻照片。比如1988年1月市人代会上人大代表举手表决的场景等。还有一些社会新闻照片，如1988年9月的《广场“凉亭”》《标语与现实》等。

我抓拍的一幅人代会照片挺有意思，画面里有举手的，有闭目养神的，也有回头观望的，各种举止全都反映在同一张照片里。一般配合会议宣传，大多搞正面报道，喜气洋洋的镜头蛮多；抓人大代表思想涌动的瞬间，难度很大，机会也很少，即使拍了报纸也不太好用。但这张照片还上了《解放日报》第1版。人大代表都是有思想的人，对各种事情应该有不同看法，能刊登这张照片，说明编辑是有眼光的，同时也反映出当年舆论环境的“宽松”。还有一张拍的是人才市场，我起了个题目《如愿》。这张照片神态很好，充分展现了应聘青年的精神面貌，三个青年人风华正茂，交谈甚欢，神态好，形体动作也好，均处于最佳状态。当时应试者高达数万人，他们实现夙愿以后，表现得很开心。这张照片被采用了。还有另外一张是有关招聘的，是1992年11月2日浦东大型人才招聘会，设在上海海运学院内，是为适应浦东开发开放而举行的。有一百八十多家单位设摊，招聘不受户口限制，不受传统编制约束，就为了招到真正能够为浦东发展而用的人才。当时现场吸引了两万人，人山人海，我就用高角度拍摄，有前景也有景深，把气氛给烘托出来了。

摄影记者的工作其实很难，要出独立的图片新闻，必须要有吸引人的东西，所以要发挥图片本身特有的优势，要开动脑筋，勤于观察，捕捉适宜用形象来表达的画面。即使是配发的照片，也不能马虎，要动脑筋，选角度。总之要拍得有气势或有气氛，要耐看，尤其要时刻关注人物神态，抓取最佳一刹那。

聚焦人物最佳神态　为造福上海添砖加瓦

1992年11月开始，我专职从事中央领导来沪视察以及历任市委书记日常工作的照片拍摄。相比一般新闻摄影而言，这项工作主要与人打交道，拍摄以人物为主。不过这个活儿看着光鲜，但责任重大，难度更大，并不好干。这项工作既是新闻摄影，又是人物摄影，还是群像摄影，关键在于抓拍神态、在于把握最佳拍摄时机，最佳瞬间稍纵即逝，一般不会给人第2次机会。

1993年1月21日见报的上海市领导给陈云同志拜年的新闻

照片除《解放日报》刊用外，还被新华社转发，《人民日报》、《文汇报》、香港《大公报》及香港《文汇报》均刊用了。这幅照片受到市委领导的肯定。1993 年 1 月 23 日见报的邓小平在上海西郊过年的新闻照片，我精准地抓拍到了邓小平即兴讲话时的最佳神态。这幅新闻照片得到广泛好评，之后多年在各种场合被展示。1994 年 5 月 1 日见报的江泽民在沪会见马桂宁等十大标兵的照片同样获得好评。这些成绩，展现了我的业务能力，也为我进入上海市委新闻报道五人小组打下了基础。

中央领导来沪视察，除了要抓拍首长的最佳神态，还得兼顾上海领导的形象与站位。这就不同于拍摄一般的人物特写，而是拍群像的问题。这需要拍摄者不断调整拍摄角度，拍摄时还不能挡住领导视线，按下快门必须迅捷，不拖泥带水，之后要马上撤离拍摄点。这些道理说说容易做起来难，尤其要形成相应的拍摄习惯更难。

这项工作的“难”还在于，它只许成功，不许失败。同时，我还得每天 24 小时随时待命。我这人喜欢挑战性的工作，十多年来，我把这项工作干好了，内心很欣慰。

记录上海发展，见证时代进步

2017 年 9 月下旬，《解放日报》《文汇报》《新民晚报》同时刊发《习近平在上海》系列报道，刊用了我在 2007 年期间为时任上海市委书记习近平拍摄的 25 幅照片。2022 年 6 月，《当好改革开放的排头兵——习近平上海足迹》新书首发，收录了我为习近平同志拍摄的照片 31 幅。这可以算是我新闻摄影生涯的关门之作。

2018 年年底，《习近平在上海》系列报道获得第 27 届上海新闻奖特别奖；2022 年年底，《习近平上海足迹》一书已经发行 150 万册，荣获中宣部第 16 届精神文明建设“五个一”工程特别奖。

负责落实市里交办的任务很不容易。逢年过节都不能跟家人团聚。每年跨年都要跟领导去看望新闻单位、公安干警、消防人员，年夜饭都没法在家里吃，完成任务后到家，邻居们鞭炮都放好了。还记得 1993 年 1 月，我拍摄和刊发邓小平在西郊宾馆过年这张照片很不容易。拍完照片已经半夜十一二点，乘上报社的车赶紧去冲印，冲好之后再把照片送到西郊宾馆，路上又是一个多小时。给有关领导审定之后，再赶回报社发稿。我记录过多项上海发展中的重大事件，例如 1993 年 1 月 1 日浦东新区正式挂牌成立；同年 1 月 22 日邓小平在上海西郊宾馆过年；同年 4 月 18 日外高桥保税区封关运行；1997 年 10 月 15 日浦东国际机场全面开工奠基；1998 年 10 月 14 日第二次汪辜会谈在沪举行；2005 年 12 月 10 日洋山深水港开港揭牌。也曾见证过诸多在上海举行的重大国际活动，如 1993 年 5 月 9 日东亚运在沪开幕；1999 年 9 月底全球财富论坛在上海举行；2001 年 6 月中俄等六国元首会议，6 月 15 日上海合作组织在沪成立发表宣言；同年 10 月 19 日在上海西郊宾馆举行的中美元首会谈；同年 10 月下旬首次在中国（上海）举办的 APEC 会议等。我的镜头里也留下过众多国内外著名人士，外国领导人有叶利钦、普京、切尔诺梅尔金、卡斯特罗、克林顿、布什、巴拉迪尔、希拉克、明仁天皇、施罗德、金正日及萨马兰奇、基辛格等；国家领导人有邓小平、江泽民、胡锦涛、朱镕基、吴邦国、李瑞环等；国内知名人士有巴金、苏步青、周谷城、杨利伟以及百岁老人刘海粟、朱屺瞻、苏局仙等。

我从事新闻摄影工作以来，拍摄的照片超过10万幅（仅数码影像就超过9万幅，底片资料尚难以统计），在《解放日报》以及其他报刊上被采用刊登的有8200多幅。此外，我所拍摄的上述重要照片资料有26500多幅为上海市档案馆及上海市委档案室所收藏。再有，我退休十多年之后依然能发挥余热，为《解放日报》及有关出版物提供大量历史照片。应该说，有了上述那么多收获，自己这一生，认真踏实干好了新闻摄影这件事，确实于心足矣。

当然，我能把握从事新闻摄影事业的机遇，是党和人民对我的信任与认可，是解放日报给了自己施展才能的平台，而且是这么好的平台，我非常感谢。最近，我正在系统梳理手头的底片及数码影像资料，打算在2023年底前，将所有摄影工作资料经过整理，全部移交给报社存档，作为我对解放日报的回馈吧。

采 访 人：刘雪妍

采访时间：2023年4月3日

采访地点：上海市延安中路816号解放日报社

摄影摄像：沈阳

有照片拍就有劲！

金定根

【简历】

金定根，生于1948年7月，籍贯浙江宁波。1985年初任上海文化艺术报摄影记者。1991年1月调解放日报任专职文艺摄影记者兼党政摄影报道。拍摄的新闻图片先后50余次获得全国、华东、上海新闻摄影比赛金、银、铜奖，并于2008年荣获第八届上海范长江奖。

1985年3月，成为一名摄影记者以后，我就给自己定下奋斗目标：全身心地投入摄影采访中，成为一名优秀摄影记者。20多年来，无论是节假日，还是病痛缠身的时候，我都是“全天候”伸展新闻触角寻找选题，基本上365天都在拍照，每天不拍照就难过。

除了专攻文艺类摄影报道，为《解放日报》打造独特亮点，我拍摄的题材还涉及党政、社会、经济、家庭、社区等方面。有幸用自己富有时代气息的新闻摄影作品，全方位彰显祖国改革开放的成果，记录上海城市的巨变和市民的精神面貌。

摄影是我一生的最爱，从高中起就钟情摄影，后来的工作天天都在与摄影打交道。工作与爱好重叠，我感到这是世界上最幸运的事情。

从“工作狂”的一天说起

报社同事称我是“工作狂”“拼命三郎”。有这么一天，可以说是我工作状态的缩影。

1999年12月31日至2000年1月1日，是新千年之交。上午

8 点，我骑车从家里出发，去采访张楚年、顾毓曾、章湘华等 4 位百岁老人。10 时许，突然接到编辑部电话，要我去拍摄百岁老人荣君立与新生儿的“世纪之吻”。这可是一个难题：不可能让老人去产房。我只能求助荣君立老人居住的老人公寓所在的居委会在附近物色一个婴儿。出生才 16 天的男孩小晟嘉终于被抱到了老人家中，老人高兴极了，伸出手说：“来，来，给我抱抱。”说着，把孩子抱在怀里亲了又亲。小晟嘉竟笑了。难得难得，非常精彩的瞬间，传神而且达意。快门响了，我不失时机地抓拍下来。在第二天的新千年画刊中，我拍摄的“世纪之吻”刊登在显要位置。

完成百岁老人的采访任务后，时间已近下午 5 点。这时，我的 call 机（呼叫机）响了，一看信息，是静安寺街道一位少先队员将参加越剧大赛获得的奖金用来请 10 位孤老吃年夜饭。在这个特别的日子里，小朋友请孤老吃饭很有新闻价值。我马上赶到现场，把社区居民、小朋友与孤老亲密无间地在饭桌旁交流的生动瞬间拍摄了下来。

傍晚 7 点，我开始准备大小摄影器材，去原先踩点选定的宁波路上一幢 28 层大厦顶楼，拍摄迎接新千年浦东燃放焰火的照片。由于这幢大厦建成不久，管理人员已经下班，电梯全部关闭，我只能背着近 30 公斤摄影器材爬到 28 层楼。到达楼顶时，已是大汗淋漓。楼顶上寒风呼啸，汗水湿透了衣服，被冷风一吹，我冷得浑身发抖。我在楼顶上足足站了近 4 个小时，等候浦江两岸建筑在焰火映照下流光溢彩的时刻。我先用架好的 120 相机进行第一次曝光，至2000年1月1日零点，东方明珠附近一串串焰火在空中绽放时，再按动快门进行第二次曝光。之后我跑步从28楼往下赶。深夜0点40分，在“冠龙”（冠龙照相器材公司）冲洗底片后，拿到自己满意的照片，马上赶回编辑部。满头大汗的我把照片交到编辑手中，立即“OK”了。2000年1月1日的解放日报版面上，这张照片几乎做到6栏大小，被报社评为好稿。这张照片还获得上海新千年新闻摄影比赛二等奖，被上海档案馆永久收藏。想想这个过程，真的是不容易。

的确，我没有8小时工作的概念。但我深切地感到，工作着是快乐的，尽管很累。

新闻触角伸到各个领域

我从高一开始就喜欢摄影。高中毕业后去了农场，后来在华师大培训了一年，到培光中学做老师，教过体育和物理。1985年，《文化艺术报》刚刚创办的时候请我去，一直跑文艺口。我从小喜欢看戏、看电影、听音乐，也很喜欢文学作品。我拍过像周润发、王安忆、吴海燕这样的文化名人。我家有个摄影棚，很多名人都来拍过肖像。5年之后我来到了解放日报，同时开始接触社会、时政等其他领域。

领导信任我，一些很重要的人物或者活动都要叫我去拍。1993年小平同志到杨浦大桥视察，当时他已经90岁了。拍摄的要求很高，当时就去了我一个摄影记者。那天我很早就等候在杨浦大桥上，天下着雨，蛮冷的。小平同志一来，现场一下就人头攒动起来，很难拍摄。大概就10分钟左右，打仗一样的。正常拍杨浦大桥的话，上面很亮，下面比较暗，如果人脸曝光了，杨浦大桥肯定就会曝光过度。特别是桥上的缆绳就会看不到。所以我便用闪光灯辅助了一下，目的是把人的曝光度增加，把杨浦大桥钢索等背景压低。这张照片拍得比较理想，后来世界各大媒体都用了这张照片。

2009年我办了退休手续，报社聘我继续工作。当时接到任务，到上海友谊会堂拍国庆60周年庆典。它有个拱门，一定要把这个拱门体现出来，所有人排了几排，前面是市委书记、市长、人大主任，后面是老领导。还是那个问题，你要把他们都拍清楚，如果用一般的闪光拍，前面的人是亮的，后面的人是暗的。可是不用闪光灯的话，所有人都是暗的，这怎么办？我主要还是用现场光，然后将闪光灯打到屋顶上反射下来。这样一来，基本上现场的光也有了，前面的人清晰了。照片发到夜班，夜班发到宣传部审核。不久，宣传部电话来了，说这张照片好，层次很清爽，轮廓也清爽，其他报纸不要另发照片了，都用这张照片。

每年，我的发稿量在报社同仁中都居于前列，获得的红旗稿、好稿在报社中也常常名列前茅。当时的老总丁锡满对其他记者说："你们要像金定根，像拼命三郎。"我对工作认真负责，但也不可否认，摄影本身就是我的爱好，所以再累再苦，我从来也不计较，只要有照片拍就有劲。

真正的“新闻照片”

在我看来，摄影记者，首先是记者，然后才是摄影。上海原来的摄影记者不少都是从艺术摄影起步的，然后再转到新闻摄影，因此往往会出现摄影技术一流，但新闻意识比较薄弱的情况，在新闻报道中难以像文字记者那样用敏锐的眼光去发现新闻和捕捉新闻。不少摄影记者还习惯于“等米下锅”，充当文字记者的配图摄影工具。但摄影记者是一个独立作战的兵种，不是依附文字记者的配角。因此要成为一个称职的摄影记者，不仅要会拍，更要会发现新闻，才能真正拍出有力度、有深度、有价值的新闻照片。

新闻照片不同于一般的艺术照片，除了照片本身，还要包含新闻的五要素。这就需要通过文字加以表达，文字说明应该简洁明了、准确生动。形象语言和文字语言有机地融合在一起，才能相得益彰，构成一幅真正的“新闻照片”。

摄影记者除了要有敏锐的新闻嗅觉、艺术知觉，还要有较强的观察生活和理解生活的能力。在摄影采访中，不仅要善于发现，还要善于表现。每个摄影记者发现能力的强弱取决于平时生活的积累，也就是我们说的“三贴近”。只有深入生活，才能了解生活、熟悉生活，才能从平凡的生活中捕捉新闻。

有了新闻素材，还需要我们每个摄影记者具备较高的文化底蕴与艺术修养，拍摄出有视觉冲击力和很强感染力的新闻图片。因此，新闻摄影记者要在熟练操作相机的同时，还得提高迅速提炼场面主题、选取最佳拍摄角度的本领，准确捕捉新闻点，抓住新闻事件中深层次、具有审美特征的情节和细节。要做到又快又好，平时就要多练，人家说“枪不离手”，我几乎一直是相机不离手。

这也是我在二十几年的摄影生涯中努力去追求的。除了“火树银花不夜天”，还有2000年7月9日，我去拍摄高考的场面。当时，我发现学校门口聚集了很多家长，焦急地等待自己的子女走出考场。按常规，我可以用一个大全景来表现人多的场面，但不免有些落俗套，平淡无奇。于是，我就用长焦镜截取了几个家长的特写，把一些家长焦虑等待、深深期望的神情表现得入木三分。第二天，《解放日报》刊登后，给不少读者留下了深刻的印象。

2002年6月4日，中国足球队在世界杯赛场上首次亮相，吸引了上海数以万计的球迷在各个娱乐场所观看电视实况转播。为了能拍到一些球迷在观战时的激动场面，我选择了上海球迷最集中的星巴克去拍摄。国足首战失利之后，只见一位女球迷含着热泪喊道：跌倒不算什么，永远不要放弃。在捕捉这个场景时，我把相机的感光度调到3200ASA，采取自然光拍摄手法，用现场的红光烘托悲壮的气氛，使照片具有很强视觉效应和现场感，令人过目不忘。

解放日报对我很好，2004年给我办了作品研讨会，还出了一本书。2008年退休前，我还获得了上海范长江奖，这给我的职业生涯画上了一个圆满句号。

摄影是我的最爱，所以我乐此不疲；摄影记者的工作非常有意义，所以我乐此不疲；我是共产党员，所以我应该在工作中付出更多。

采 访 人：刘雪妍

采访时间：2021 年 10 月 26 日

采访地点：上海市延安中路 816 号解放日报社

摄影摄像：沈阳

体育记者的目光，不仅仅聚焦在赛场上

胡廷楣

【简历】

胡廷楣，生于1948年10月，籍贯浙江萧山。1982年华东师范大学中文系本科函授班毕业。1984年进解放日报，先后任科教部、体育部记者。1998年冬参与《新闻报》一日三刊滚动出版工作，后历任《新闻报·晚刊》副主编、新闻中心副主任，《新闻晚报》副主编。2000年评定为高级记者。合作采写的通讯《面对20岁的人生》获1986年上海好新闻一等奖。上海市作协会员。著有《黑白之道》《境界》《行走的记忆》等。

借此机会，我认真梳理了自己在解放日报的工作，想跟大家分享的一共有5篇稿子。

条线并非约束

第一篇就是追忆文章——《胡耀邦与中日棋圣》。我是体育条线的记者，报道过不少著名的赛事：奥运会、亚运会、全运会、青运会、单项锦标赛、中日围棋擂台赛等等，见证过体育赛场上的激动时刻，也领略过域内外各城市的人文风采。

印象很深的是有一次去日本，当时中国改革开放起步不久，真切地感受到我们和日本这些发达国家的差距。因此，当年读者对于体育的热情，超出了体育本身。在国际赛事上取得胜利，全民都热情高涨，有一种发自内心的自豪。

也就是这时，我发觉记者的责任是写出事件中的人物，仅仅写出赛场的人物，毕竟是有局限的，赛场内外的点点滴滴，或许对于读者会有更实际的意义。

这篇追忆文章具有代表性。当时，国家领导人对体育十分关注，胡耀邦也是如此，按理说追念这样一位领导人，并不是我条线范围内的事，可是我觉得我有必要写些什么来纪念一下这位重要人物。我通过讲述胡耀邦与中日两位围棋名手聂卫平、藤泽秀行之间的交往细节，来展现胡耀邦作为一名俯仰世界风云的政治家是如何细致入微地关心体育、尊重棋手的。

其实，写好以后我也不确定能不能刊登出来，交稿到科教部，然后再到夜班，领导拍板把它登出来，才有了这篇《胡耀邦与中日棋圣》，那时的夜班编辑部，非常了不起。

第二篇是一组报道，是 1990 年第 11 届北京亚运会的一组特写，也越出了赛场的边界。

这是中国第一次举办大型的综合性国际运动会，对当时的中国来说是一次巨大的考验，并没有充裕的经费，很多新建场馆，又需要管理经验。筹备过程离不开北京人民和全国人民的热情支援。

可以说北京所有的事情都有新闻性。当时报社领导交给我一个任务，要采访到负责场馆建设的张百发副市长。可张百发实在太忙了，我只能辗转联系到张百发的秘书。在定下采访日期之前，张百发的秘书建议我可先前往北京筹委会和工地街头到处转转。很感谢这些走访，让我感受到了大型体育赛事的特色跟举办城市的文化是分不开的。从场馆建设、餐饮服务到街头随处可见的亚运会标识乃至百姓自发的庆祝行为，给人留下了一些是体育又深于体育的思考。

有一个细节我现在还记得，北京市民很幽默，我去买西瓜的时候看到，卖西瓜的摊位上有广告牌，上面画着长城和太阳，说是亚运会指定西瓜。

第三篇是1996年的《从单色到全色》。那个时候，为了去美国亚特兰大采访奥运会，我重温了马丁·路德·金的著名演讲《我有一个梦想》。马丁·路德·金期盼人人平等，这个愿望在体育上如何实现？我写这篇文章就是想要探讨这个问题。

奥林匹克运动，正是行进在实践世界和谐平等的道路上的体育盛事。所以我在文章中点出，不同肤色人种的运动天赋差异很大，这也是奥运会之所以设置26个竞技项目的目的所在，正是为了让不同肤色的种族都有可能施展自己的长处。不过，随着研究、训练的深入，这种差异在逐渐变小，不同肤色的人在赛场上共同向人类的体能极限冲击，这才是体育运动的本质要义。这些年来，正是许多优秀教练在技术上的突破，方使炎黄子弟站在了领奖台上。

赞美不是说空话，而是首先要从内心觉得确实如此，所以这篇文章我个人是非常珍惜的。它也是将体育的变化融入到时代的发展中的一种写法。

通往殿堂的路不止一条

记者究竟应该是杂家还是专家？这个问题对每个新闻学子都不陌生，作为从业者，我觉得很难说清楚。

相当于一个很美丽的殿堂，通向它不止有一条路。你走了这扇门以后，它还有走廊，各种不同的走廊，最后都是要到大厅里去的。走过两扇门肯定比走一扇门的人更能理解这个道理。我说的两扇门你可以理解为先科技再体育，也可以理解为先记者后编辑，也可以理解为先新闻后文学，其实到最后都是在讨论人生。

我在解放日报当记者期间，几乎都在围绕着体育、科技这两个关键词打转；转岗到新闻晚报后，又多了编辑的诸多体验；退休后，则围绕着围棋等，深入感受文学的魅力。我觉得，杂家、专家齐头并进，才是一名优秀记者应该具备的品质。

这就要说到第四篇报道了。我曾自告奋勇前往黑龙江报道1998年的洪水灾害，那里有我最难忘的知青岁月。到了灾区的那一刻，我惊呆了。现场被洪水破坏得一塌糊涂。但也是在那里，真正感受到了那时基层党组织是如何发挥领导作用的。

党支部书记撸起裤脚管，腿上伤痕累累，危堤工地拖拉机上站着公社书记，救援部队撤离时把口袋里所有的钱捐赠给灾区……所有人秉持着一个最单纯的念头，就是守住家园。这给我带来了巨大的心灵冲击，为什么？因为当时很多人在质疑改革开放让中国人变了样，可是在应对洪水的过程中，我们看到了民族最根本的东西没有动摇，人民公仆始终坚守在那里。这也是我们新闻应该传递给公众的信息。同时也满足了我内心一个最大的愿景——用我的笔记录下时代里大写的人。

大写的人有很多，最后要分享的一篇《面对二十岁的人生》也是其中一个代表。

1985年，我在参加报道老山、者阴山四位负伤英雄的事迹时，科教部主任余建华叮嘱我和二军大的通讯员蒋和平："要记录那些英雄们的人生态度。"后来，我在这篇《面对二十岁的人生》中细致地写出了 4 位伤员如何战胜战争遗留的伤痛，重新走向人生之路。这篇新闻被《人民日报》头版头条转载，4 位英雄的故事也因此被大众知晓，他们在医院收到了全国各地的来信，与读者实现了双向的鼓励。

当然，在拓宽知识领域、报道领域的同时，我也找到了自己深耕的方向。体育报道涵盖了很多方面的内容，总有一项运动是自己感兴趣的。对我来讲，这项运动便是围棋。

中国文化有很多象征，筷子、烹饪、周易……而围棋，也是很重要的文化象征之一。这是中国文化研究者章祖安教授教给我的。我早期写过《黑白之道》，将世纪之交，中国人对围棋的认识记录了下来。退休之后，我又致力于研究下棋过程中棋手的思考秘密。当时 AlphaGo 还没有研发出来，中美科学家就探测到了大脑皮层在下棋过程中独特思考时的活动。这是一件很有意思的事情。

当日本计算机围棋研究者在计算机围棋上初步获得突破时，我用谈话的方式，和人工智能学者刘知青教授完成了谈话录《对面千里》。刘知青教授解读了计算机围棋发展过程和它的秘密。我在和人工智能机器的对照中，展示了棋手进行思考的完整过程。有些自豪的是，在一批“文人”中，是我出来和科学家完成这个课题。

写作是一种生活的惯性

只要写作，对人生的感悟与思考就不会停止。

进解放日报前，我是一名中学老师，可是回想当时的教育理念，我总觉得很遗憾。为了让学生读上书、考上学校，作为语文老师，我教的更多的是应试技巧，会教学生哪种题型怎么去拿分，却没有教会他们文学真正的感觉。这种遗憾一直持续到了报社工作期间，在新闻晚报工作期间，那么多很有才华的青年人在一起，可是我不能跟他们讲很多有深度的东西。一方面没时间，大家都得干活；另一方面他们要迅速上手写作，只能一起研究文章写法。可是鲁迅先生曾经说过，世界上没有什么文章写法。

所谓文章写法，或许可以算作是偷懒的一种表现。我进入报社的第一篇文章，写的是一次新闻发布会，就是把副市长的讲话写成一篇文章。成文后我还有些沾沾自喜，感觉自己无师自通了，可是后来回过头来看，这种写作其实是十分简单的。新闻写作更多的是一种格式化要求。当然，一些复杂的稿子，没有办法用纯新闻的方法来应对，还是要有一些文学功底。

可是，尽管这样，新闻和文学还是有着最根本的区别，比如同样写永不消逝的电波故事，新闻是基于客观的表述，可是我们撰写一些文学作品的时候，就可以想象当时的场景。中共上海地下电台的一位负责人是个棋迷，如何用下棋来表现这个人物？是需要想象力的。

退休后我还和妻子一起撰写了《69个梦》，是世博会建筑师的专访集，一共69篇。妻子退休前在大学教英语，我们往往一起商量如何写。她和外国建筑师谈话，回来翻译出来，我再整理成文。难度真的很大，要克服语言、交流等多方面的困难，还近百次进入工地。历时 10 个多月，这本书总算成功出炉。文章从人文的角度介绍世博展馆诞生的过程，涵盖了建筑团队、设计理念等多方面的专业内容。这个过程中，报社的采编经验，是不可或缺的。

最近，我还参与了上海围棋现当代史的撰写工作。这可能跟报社的工作没有太大关系，主要是出于对围棋的热爱，企图探究背后更多的秘密，比如，民国时期有两个棋手下一盘棋，一个人在浦东，一个人在浦西，他们每下一步棋子都要写信，这盘棋整整下了 3 年 5 个月。读到这个故事我很感兴趣，想要还原这盘棋，怎么办？后来我想到用上海的邮电史去还原，这个思路打破了僵局，写成了一篇散文。

采 访 人：栗思

采访时间：2022 年 9 月 8 日

采访地点：上海市延安中路 816 号解放日报社

摄影摄像：沈阳

有幸做一个时代的记录者

吕学东

【简历】

吕学东，生于1948年11月，籍贯江苏建湖。主任编辑。1968年中学毕业分配至江南造船厂，历任工人、工会干部、厂党委组织部/宣传部干事、厂党委副秘书长、《江南工人报》主编；1987年当选上海市记协理事、上海企业报记者协会秘书长，同年调至解放日报社，先后在夜班编辑部担任社会新闻版、体育版、上海新闻和要闻版（一版）编辑或责任编辑。1995年参与筹划并编辑《双休特刊》（后改名《解放周末》）。2008年退休。

我的职业生涯，可以笼统地用4个10年来概括。10年工人，10年干部，近10年夜班编辑，10年《解放周末》。

1968年我从上海中学毕业，分到了江南造船厂工作，先是做了10年工人，随后因为比较上进被提拔为干部，先后任江南造船厂组织部、宣传部干事，厂党委副秘书长，《江南工人报》主编，后来还当选为上海企业报记者协会秘书长、市记协理事。也因为这样，跟媒体的朋友比较熟悉，因此1987年《解放日报》扩版时，我被调到解放日报社成为一名夜班编辑，在报社一待就是20年。前一半时间扎在夜班做编辑，后一半时间做《双休特刊》（后改名《解放周末》）。在解放日报社的这20年，是我真正对新闻宣传工作产生更深刻理解，让我真正成长为一个党报新闻人的20年。

半路出家，唯实践中下苦功

做新闻，我不是科班出身。之前在厂报的一些新闻工作经验拿到党报来，才发现远远不够用。幸好，解放日报的“老法师”都愿意给新手提供机会，愿意让我们在实践中摸索学习。

我印象里有两件事情对我成长帮助挺大的。一次是1991年的圣诞节凌晨，编辑部接到了两波投诉电话，都是投诉银星假日酒店售卖通宵舞会门票却23时就清场的事情。那个时间点，记者们都回去了，当班副总编辑陆炳麟让当天做夜班编辑的我去现场了解一下情况。我跑过去一看，事情确实如投诉者所说，酒店售票存在货不对板的情况。采访回来后，几百字的稿子倒是写得很顺溜，就是标题死活起不出来。我翻来覆去地琢磨，总是无法在短短的一行标题里把这条新闻的主要意思概括出来。这时候，还是陆炳麟出手，他只思考了片刻，就拟出一个标题《舞票售价通宵，收场不到半夜》（《解放日报》1991年12月26日第2版），12个字精准提炼了新闻大意。起标题是编辑的基本功，意识到自己在这方面的差距后，我开始在提炼概括能力上加强学习和提升，起标题的时候常常会多琢磨几个，最终选出一个最优表达。经过一段时间打磨，业务能力果然有所精进。

如果说起标题这个事情只是业务不精，第二次遇到的这件事情就真的算得上是大纰漏了。那时我是二版的责任编辑，当天一版有个市委书记的会议稿需要转版到二版，拿到转版内容时，我发现文字有点多，版面放不下。当时，二版其他稿子已经编辑得差不多了，因为偷懒，不想再删已编好的内容，我就直接把市委书记会议稿的最后一段删掉了。可以想象，这是多大的政治错误。第二天，各大报纸的新闻一登出来，大家就发现不对了——《解放日报》的会议稿跟其他媒体比，少了一整段。市委书记的秘书马上打电话去宣传部问这是怎么回事，解放日报有什么依据把市委书记的重要讲话内容删掉。我这才知道自己闯了大祸。幸运的是，解放日报社是一个很包容的团队，领导愿意给员工成长的空间，也有为员工担责的魄力和“肩膀”。虽然领导在报社内部对我进行了教育，让我认识到这个事情不仅仅是个业务问题，更是一个重大的政治问题，但他们其实蛮保护我的，对外的时候领导自己把责任担了过去。经过这么一次，我才真正建立起党报编辑的政治觉悟，从此编辑时政类稿件时多了一重政治敏感和谨慎。

抓住典型，辐射影响一大片

进入媒体行业，我认为自己是幸运的，有幸可以在一个剧变的大时代里做一个时代的见证者、参与者和记录者。我们见证了改革开放之后社会风尚的改变，体会了政策的优越性，并且通过我们的笔用一个个生动的故事和典型人物把这种变化反映出来，起到报道一个人或一个点，带动一大片、影响一大片的效果。

1997 年 12 月中旬，我收到了读者方敬东的来信。信中他讲述自己按 83 岁母亲遗愿为其捐赠遗体却遭到亲友非议，甚至说他“不孝”“卖遗体赚钱”。在这样的舆论压力下，他投来《我对母亲的最后一次爱与孝》一稿，希望可以借此澄清事实，并表达对母亲的哀思。这封来信引起了部主任高慎盈的关注，他认为这封来信不能仅仅作为读者来稿简单一登了之，而是应该从社会角度挖掘这桩家庭风波背后的新旧观念碰撞，移风易俗的意义。于是，我和实习记者一方面采访了方敬东了解事情的原委，另一方面走访了本市几个遗体接收站和有关专家。最终，《双休特刊》“要闻导读”版以三分之一版面强势刊出《母子捐遗体　风波骤然起》专题组稿（《解放日报》1998 年 1 月 10 日 B1 版）。

不出所料，报道刊登之后，社会各界反响热烈。报社的电话天天响个不停，很多读者和老干部来电赞赏《解放日报》破世俗偏见、树文明新风的做法，更多人则来电咨询办理遗体捐献的手续等问题。最为让人意外和激动的是，时任市委书记黄菊同志看完报道后，特意请有关部门负责人召开了座谈会，并登记志愿捐献遗体。本市几个遗体接收站反馈，报道刊登后几天，他们接待的咨询人数相当于过去 4 个月的总和。随后报道效应持续发酵，方敬东在各方帮助下开通了上海首部遗体捐献家庭咨询热线，先后为四百多位咨询者答疑解惑，二百多位市民在他的指导下办理了遗体捐献手续。

1999 年，关于刑满释放人员吴忠明的报道，同样在社会上引起巨大反响。当时，吴忠明是一个因为偷窃七进七出的刑满释放人员，然而家人并不欢迎他的归来。在他无家可归之际，是市民求助中心和街道的志愿者向他伸出了援手，在他们的帮助下，他有了临时住所，并找到了工作。如今他不但能自食其力，还给敬老院和灾区捐款，把社会曾经给予他的帮助继续传递下去。吴忠明的故事见报后（《解放日报》1999 年 1 月 2 日第 5 版《他从军天湖步行到上海以后》），反响异乎寻常，一方面是很多市民跑到他的摊位，把鸡蛋买光，支持他；另一方面是监狱管理局把这个事情作为典型，要求 11 个监区近 2 万名服刑人员开展“他为什么能改好”的大讨论。后来监狱报《大墙内外》连续几个月发表讨论的情况，说《解放日报》的这个稿子展现了社会对刑满释放人员的关爱，也给了服刑人员以回归社会的信心，起到了“报道一个，稳定一片”的作用。

舆论宣传，必须与群众共情

做了20年的党报记者、编辑，我最深的感触是我们时刻不能忘记党报的初心，始终要跟中央保持一致。而在具体操作中，一定要找准党的政策与人民需求的结合点，让我们的新闻报道与群众共情，这样才能真正写出市民想看和爱看的东西。

特稿《内蒙古草原上的“阿拉”蒙族人》（《解放日报》2002年10月11日第13版）就是在这样的思路下应运而生。那是2002年的5月，报社老领导王维打来电话，说内蒙古电视台计划拍摄纪录片，再现20世纪60年代，在上海等地因缺乏食物，福利院3000多名孤儿患病、夭折时有发生的情况下，内蒙古决定由牧民来收养这3000名孤儿的壮举。他认为这段在特殊年代发生的故事，是一首民族融合、民族团结的颂歌，解放日报有责任将那段历史告诉上海人民。接到电话后，报社领导对这个选题作了评估。做还是不做，会不会给上海带来不好的影响，当时还是有些争论和顾虑的，但最终领导从民族融合政策的大方向来考量，认为这个选题是可以做的，可以将大政策和大背景落到具体的人身上，从个体获得感来展现那个特殊时代特殊政策的重大意义。

接到任务后，我只身前往内蒙古。没想到开局不利，当地电视台尚未启动拍摄。毫无头绪的我绞尽脑汁，四处找人，最后发现当年主导此事的内蒙古自治区党委书记乌兰夫虽已不在，但他的女儿在当地红十字会任会长。找到乌兰夫的女儿后，采访这才打开突破口，年近八旬的老人谈起那段往事记忆犹新，还热情地给我开了介绍信，引荐我寻找当年的参与者。采访如我们所预判的那样，尽管三年困难时期那是一段苦难的记忆，但那些在周恩来总理关怀下，被牧民收养的南方孤儿们回忆里，更多的是草原母亲用最好的牛奶、羊奶养育他们的恩情和爱意。最终，报纸上呈现了三个上海孤儿的不同成长故事，并配发了访谈录《乌兰夫女儿深情的回忆》，回溯了那段特殊的历史时光。报道刊登后，获得了良好的社会反响，后来该题材还被拍成了40集电视连续剧《国家的孩子》。

新闻从业时间越久，我越来越清晰地认识到，记者，特别是党报记者肩负着艰巨的社会责任。有幸成为一个时代的记录者，我们要以科学的理论武装人，以正确的舆论引导人，以高尚的精神塑造人，以优秀的作品鼓舞人，这才不会辜负时代赋予党报记者的使命与任务。

采 访 人：李元珺

采访时间：2023年12月6日

采访地点：上海市延安中路816号解放日报社

摄影摄像：沈阳

两段难以忘怀的经历

张明章

【简历】

张明章，生于1948年11月，籍贯上海。毕业于上海中学，主任记者。1973年10月，参加解放日报通讯员培训班，并实习一年。1975年3月，正式录用为解放日报社记者。1974年至1984年，先后在信访组、农村组、调研评论组、工交财贸部担任记者。其中，1982年6月至1984年4月，参加援藏，在西藏日报汉文编辑部工作。1984年12月，被聘为工交财贸部副主任。1987年至1997年，任群众工作部副主任。1997年请辞回到记者队伍，2008年退休。

我是67届高中毕业生，家住上海农村，是回乡知青。儿时为解饥饿与同伴一起到养猪场偷吃饲料中的粮食，遭追打的经历给我留下了难以磨灭的印象，所以我的理想是考中国农业大学，将来研究种子培养，让农村所有的孩子不再挨饿。没想到，高中毕业后接受贫下中农再教育，当起了农民。

1973年10月我接到通知，到解放日报参加通讯员培训班，后经一年实习，被留了下来。据说，我们是来“掺沙子”的，是带着革命任务，为改变上层建筑结构而被选来的。培训班一共抽调了68人，最后留下了23个。

从一个普通学生到农民，又从农村突然进报社当了记者，角色急剧转换，各种准备都是欠缺的。那时，我对新闻工作的理解，对记者必备的素质，以及对报纸的认识都十分肤浅。于是我就开始努力学习怎么当好记者。好在解放日报有很好的传统，这里有一大批优秀的新闻记者和编辑，还有一批好的领导。我崇拜过很多人，年轻人崇拜的结果，就是以他们为榜样，自觉去看、去跟着学。主动向领导汇报，自觉向老同志请教。老同志身教言传，耐心细致的指导、培养，加快了我的学习进程。他们教我们如何学会思考、如何分辨和判断是非、如何从现象中探索事物的本源，这些对我以后努力成为名副其实的记者影响深刻。

进报社后，我先后在信访组、调研评论组、工交财贸部、群工部工作。前后两个十年当记者，中间做过部门的副职。几十年新闻工作生涯，两段经历始终难以忘怀，不少细节至今仍历历在目。

五年跟踪报道，见证宝钢诞生

1978 年，党的十一届三中全会结束的第二天，宝钢建设开始了。这是一项伟大的工程，它对我国冶金工业跨时代发展具有决定意义，总投资相当于我国第一个五年计划的总量。报社决定，由经验丰富的郭昌熹老师带着我这小记者，成立驻宝钢记者小组。领导可能看中我两点，一是能吃苦、肯干事；二是脑子一根筋，要干就要想办法把它干好。

我们那时真是融入到工地去的，捧着一颗热心，感觉自己就是这个伟大工程的一分子。在建设初期的日子里，我每周有二三天要住在宝钢，跟他们同吃同睡。晚饭常是一碗稀饭，一盆冷菜，两个冷馒头，捧着搪瓷碗在指挥部办公室里与他们边吃边聊，多半是十点后才回宿舍休息。宿舍是由一所学校改建的，夏天躲在蚊帐里，点燃蚊香，在一盏很暗的电灯下，记者们一起聊宝钢。当时，我们的心里似乎只有宝钢。

宝钢建设，几万个人的大工地，头绪纷繁，关键要抓住几个重要人物，报道才能纲举目张。第一是办公室里写情况简报的两个人，他们参加核心的办公会议，记录会议内容及向中央汇报的要点，我与他们的关系很好。其次，我着力和指挥部领导的秘书搞好关系，有时候他们能否从中协调至关重要。第三，抓住工程管理处的负责人，设法参加他们的重要会议，及时掌握实情。

在打下第一根钢桩后，我听到一位秘书说“专家们都很紧张”。我很敏感，桩刚打好，大家欢庆胜利的时候，紧张什么？他说“可能位移”。我当时也不懂，马上就追问办公室的几个人，他们都不敢讲。这些几十米长的大口径钢桩打得很深，将来几千吨的高炉要墩在上面，如果真的发生位移，是不得了的大事情，应该及时上达，不能瞒报。

后来我从一家钢铁研究院的工程师那里，侧面证实了这件事。在跟部领导夏华乙和郭昌熹老师汇报后，当机立断，写了一篇很短的内参——“桩基可能发生位移，有关专家正在研究”。报社签发了这份内参，直接发给中央。据传中央有关领导作出了重要批示。事后证明确实出现了些问题，但并没有发生位移。现在想来，觉得自己当时很有胆量，这可冒了极大风险。如果情况不属实，我有可能被说成是造谣，背上恶意中伤伟大工程的罪名，再也无法立身宝钢。

那段日子里，我们每天都充满激情，觉得有许多有重要意义的事情要去做，身上有使不完的劲。1980 年 5 月，华国锋主席出访日本回来，视察宝钢的报道主要是我采写的。上海媒体只有解放日报记者到了现场。当时，华国锋主席在宝钢盛桥砂石料码头上发表讲话。为了听清楚他说了什么，我努力往前挤。突然，有个人高马大的便衣一把将我的衣领拎起来，另一个拉上我的手，就把我架了出去。我知道这样挤是违反保安条例的，但我为了报道，还是去试错了。

当天下午，依据有关方面提供的华国锋讲话的内容，我很快就写出了报道。经工交财贸部主任夏华乙和党政部一位领导的把关，报道送审顺利通过。第二天，《解放日报》采用本报记者的形式发表了这篇报道。对一家地方党报而言，这样重大的政治报道不用统发稿，派自己的记者独立采写，独立完稿，是很有突破性的。

从 1978 年 12 月报道宝钢打下第一根桩，到 1985 年 9 月报道一期建成投产，前后 7 年，其中 5 年我参与了跟踪报道，完整地看到这个伟大工程的诞生，见证了这段历史。这是那个时代解放日报记者的幸运，终生难忘。感谢报社领导，特别感谢工交财贸部的领导，热忱为年轻记者成长创造良好的环境，敢于放手让小记者采写大事件、大人物。

藏北二月采访，考验生死极限

1982 年，报社来了位西藏日报的同志，介绍了他们的困难，希望全国各地的新闻工作者去支持、帮助他们办报。尽管布达拉宫历史悠久、雅鲁藏布江壮丽，但那里生态原始、信息闭塞、交通落后、民生困苦、路途艰险。我当时觉得自己年纪轻，怀着满腔热情，毅然决定援藏。不附带任何条件，以普通记者的身份援藏，这在解放日报历史上是第一位。

一条6斤棉被，丈母娘给了一块10来斤的咸肉，一只很大的人造革包，里面装着白糖、几十个咸蛋和郭昌熹送的罐头，这就是我援藏的全部行李。同年6月中旬，从上海坐52个小时火车到成都，再换乘飞往拉萨的飞机。抵达后，从贡嘎机场到西藏日报的一路上，我因为高原反应，一直晕乎乎地昏睡着。到招待所后，跟先到的同志们打了个招呼，又昏睡了一天一夜。

第一个深入牧区的采访任务，是去聂荣县采访当地是如何脱贫的。聂荣地处西藏和青海交界的边陲，唐古拉山南麓，平均海拔4700多米，环境极端恶劣。一会儿阳光明媚，一会就是拳头大的冰雹，铺天盖地，8月份的气温从零上3度一下跌到零下8度。说是县城，更像个大村子。县政府办公楼是山坡上的一些土坯房，县里除必设的公检法机构和武装部外，还有一个粮站，一个和书店合在一起的小百货店，没有饭店、服装店，也没有看到医院。全县面积14540平方公里，可人口不足2万。

那里物资极度匮乏，一年四季基本没有蔬菜供应。我们采访尚未结束，书记、县长就下乡去了，临别时关照办公室主任，多给我们送点青稞馒头，和一大碗陈年咸大头菜。几天后，我出现了上下不通，脸红眼赤，并开始水肿，极度难受。我超量服用自备的牛黄解毒片等药，仍然无效。突然想起一位援藏小伙误饮生牦牛奶引发腹泻的笑话，就买来生牦牛奶喝。果然有效，大量积毒终于排出，人总算缓了过来。

这时，我虽然意识到继续下去将挑战我的生死底线，但我不能碰到困难就回拉萨去，更重要的，我是从解放日报来支援的。

记者的责任感和使命感支撑我在那里坚持下去，解放日报的精神促使我完成报道。最后写出了《他们工作在马背上和帐篷里》的长篇通讯，报道了这个县委一班人带领牧民脱贫的感人事迹。同时还采写了一批生动的报道，如《粮站里新来了四川娃》《养军马的甘肃兵》等。

离开聂荣后，我们又先后采访了藏北地区的比如县、柴仁区等一些地方的车队、草原、牧场等。回拉萨必须经过那曲，得在那里等候每周两次的班车。十月中旬的那曲已零下20度，车站像是凝固的冷库，太阳很大很大，是淡淡的黄色。

回到拉萨后，我被分派在汉文编辑部机动记者站当记者，站里名义上是我们两个人，可另一位是藏族女记者，家有孩子，大量的工作都压在我身上。面对自治区党政经文教卫等各领域的全面报道，即使是春节、国庆等节假日，我们都在采写稿件。在不到两年的时间里，我行程四千多公里，大小稿件大概发了二百多篇，一版和二版头条多半署的是我的名字。进藏第一年，我被评为西藏日报“两个离不开”个人先进（少数民族离不开汉族，汉族离不开少数民族）。解放日报跑龙套的角色在西藏日报成了当家小生，天天亮相。

这两段经历之所以难以忘怀，是因为我历经十年的学习、奋斗和磨练，基本具备了解放日报记者所应有的精气神和专业能力，实现了回乡知青到新闻工作者的角色转换。并且，已经认清，必须以解放日报的优秀人物为榜样，努力修炼、不断奋进。唯此，才能不辱记者使命、不辱记者称号。

采 访 人：刘雪妍

采访时间：2020 年 8 月 24 日

采访地点：上海市延安中路 816 号解放日报社

摄影摄像：沈阳

体育记者，是我最好的职业选择

郑源镐

【简历】

郑源镐，生于1949年5月，籍贯浙江温州。1969年，到黑龙江省嫩江县山河农场十一分场插队。1978年，从上海体育学院毕业后留校工作。1982年，借调文汇报。1984年，考进解放日报，正式成为记者。1984年—2009年，先后在体育部、《住宅消费》专刊、报刊文摘编辑部工作。在1984年至2001年期间，曾先后参与采访报道了5届奥运会、6届亚运会和足球世界杯、4届全国运动会等多项重大体育赛事。2009年退休。

1978 年，我从上海体育学院毕业，毕业后留校工作。1982 年三四月间，我被借调到上海文汇报，参与体育报道，担任体育副刊编辑。这一年多的经历，对我而言既是真正的新闻启蒙，也是我新闻职业的开端，就此让我喜欢上了这个职业，期待从事新闻工作。

1984 年，解放日报社公开向社会招聘新闻工作者，天遂人愿，我参加考试并被录用了。同年 7 月 1 日，我正式进入解放日报工作，被分配到科教部，担任体育副刊编辑。记得时任部门主任余建华跟我讲了一句话，他说："小郑，你选择了一个最好的职业，为什么？因为你是学体育的，现在做了体育记者，你是站在专业和爱好这两条线的交叉点上，我觉得你选择了一份最适合的工作。"

《解放日报》体育报道的三个阶段

用现在的眼光看，在我担任体育记者期间，《解放日报》的体育报道经历了三个阶段。

第一个阶段从 20 世纪 80 年代初开始，所谓时势推动。那个阶段，中国体育界发生了三件大事：第一，1979 年 11 月 26 日，国际奥委会恢复了中国的合法席位，中国回到了国际奥林匹克大家庭；第二，1981 年日本世界杯女子排球赛，中国女排夺得了世界冠军，第一次实现了三大球的翻身仗，由此全国人民热血沸腾，学生上街游行庆祝；第三，1981 年中国男排在世界杯亚洲区预选赛上，逆转战胜韩国队，首次打入决赛圈，大学生举着火把上街游行，喊出了“团结起来，振兴中华”的响亮口号；同年中国男足在世界杯亚洲区预选赛上 3 比 0 战胜了亚洲冠军科威特队，那时也是群情激昂。这些我国体育界的大事件，给当时的新闻界带来了巨大冲击，几乎所有人一下子都关注起了体育。新闻媒体也由此顺应读者需求，开始大篇幅地报道体育新闻，中国体育报道就此产生了大飞跃。

为了筹备 1984 年洛杉矶奥运会的报道，我比其他应聘录取人员早一个多月进入报社。当时，我国新闻界的信息传递手段是极其落后的，即便像我们上海这样的国际大城市，别说手机，就连打个长途电话都要申请。在这样困难的情况下，做奥运会的专刊报道确实很不容易。为了获得更多信息，我们委派一位通讯员去深圳，住在宾馆里，让他每天在电话里把香港报纸有关奥运会的新闻标题逐条念来。听到哪条新闻比较好，就让他把这条报道完整地念一遍，上海这边再用笔记下来（没有录音设备）。现在回想起来，那时真是物资匮乏，条件极其困难，报道既稚嫩也不全面，跟以后的体育报道简直没办法比。

第二阶段，我认为是从 1988 年开始的。那一年《解放日报》

第一次由 4 个版扩成了 8 个版。扩版后，除了每周末的体育副刊，还在新闻版给我们每天辟出三分之一版面刊载体育新闻，并增加了两位体育记者。这对传统的市委机关报而言，实在是重大的改变。当然，这也得益于当年另外两个体育大事件——1988 年中国参加汉城奥运会，无疑是一次契机；还有就是 1990 年北京举办第十一届亚运会，这是中国第一次举办大型的国际性综合运动会，真的是举国倾力而为。

这个阶段还有一个很大的突破，就是地方报纸的体育记者被允许出国采访重大体育赛事。这在以前是没有先例的，就连国际部的记者都没有出国采访机会。程康萱参与了 1988 年汉城奥运会的采访。我第一次出国采访是 1990 年，到日本采访羽毛球汤姆斯杯和尤伯杯决赛。记者能走出国门，看到外部世界，开阔了眼界，无论对体育新闻报道，还是新闻传播手段，都有了全新的认识。

其间，我们还有一个改变是在新闻传播设备方面。去日本的时候，我们总算有了一台传真机。虽然那台传真机像打印机那样笨重，但至少接上电话线就可以直接传稿，已经是一大进步了。90 年代初有了笔记本电脑，记者开始学习打字发稿。1995 年我到西安报道全国大学生运动会，第一次带了报社的笔记本电脑。当时还没有 E-mail 邮箱，采用电话线传输稿件。这是一次大胆的实验和变革，也许也是解放日报社第一次记者采用电脑发稿尝试。于是才有了 2000 年悉尼奥运会时，我开始通过电子邮箱发稿子、传照片了。传播手段的逐步先进，也大大提高了记者编辑的工作效率，使报纸的体育报道产生了质的提升。

第三阶段应该是从1994年开始，那年中国体育又跨入一个崭新的阶段——中国（男子）足球职业化。足球职业联赛和职业足球俱乐部出现后，每星期的比赛都成了上海街头巷尾热议的话题。为了顺应民意和读者的迫切呼声，报社领导作出两项重大决定：第一是成立体育报道部，体育记者编辑由原先的5人一下增加到14人；第二是在每日体育新闻版的基础上，每周增出四版《每周球讯》，其中三个新闻版（二、三版带有双通栏广告），大篇幅报道足球联赛讯息，第四版为一整版广告，而且“球讯”首次尝试采编排“一条龙”作业法，即除体育新闻外，“球讯”由体育部自行独立完成。这个阶段，可以说是《解放日报》体育报道的黄金期，报道的质和量都有了大幅提升，直至2008年的北京奥运会。

而后由于网络和自媒体开始兴起，给纸质媒体带来了前所未有的冲击和挑战。所以我有时候开玩笑说，我们这一代人经历了纸质媒体体育报道的发展及鼎盛期。

三次失误至今印象深刻

作为体育记者，我在自己的新闻从业经历里，有三件事至今记忆犹新。

第一件事是我被借调到文汇报的时候发生的。1982年体育报道面临两个国际大赛，一个是在西班牙马德里举行的世界杯足球赛，另一个是在印度新德里举行的第九届亚运会。八九月间世界杯足球赛还没结束的时候，亚运会报道就接踵而来，新闻稿件开始交叉。其中有一个最大的“巧合”是，一个在马德里举行，一个在新德里举办，一字之差，每天见报，一不小心就容易出错。果不其然，有一条亚运会稿件的新闻地点错成了马德里，从写作、编辑、审稿、检查到夜班签字付印，全都没看出来。见报当天，报社召集全员在礼堂开会，通报了这件事。我作为编辑，真的有点无地自容。这也让我记住，任何一点小纰漏，都可能造成难以弥补的后果。

第二件事情，是有关1986年汉城亚运会的报道。当时中国和韩国还没有建立外交关系，国家体委明确表示，中国将参加这一届亚运会，而且已经组织国家队在北京集训。新闻报道暂时以中央新闻单位为主，地方不派记者，但是希望各地新闻单位做好亚运会的宣传。为了配合宣传，我和其他两位记者分别到北京去采访了国家队的集训情况，采写了一批新闻以及一些运动员、教练员的专访、通讯、特写等，陆续刊发在副刊上。突然有一天，报社领导告诉我们，说外交部给报社发函，提出意见。因为西方一些媒体说，中国共产党的上海机关报刊发了很多中国即将参加汉城亚运会的报道，向世界明确发送出信号，即中国即将和韩国“打破外交封锁”。这样一来，朝鲜马上向中国外交部提出了抗议，外交部让我们把握好报道的分寸。于是我们马上停止播发自己的稿件，改用新华社的稿子。从这一点来讲，我觉得“外交无小事”，体育报道也需要讲政治，要是引起一些无谓的外交争端可划不来。

第三件事是事与愿违。1993 年北京参与申办 2000 年奥运会举办权，当时共有 8 个城市参与申办，最后国际奥委会筛选了 5 个城市竞选，除了北京，还有英国的曼彻斯特、德国柏林、澳大利亚的悉尼、土耳其的伊斯坦布尔。这次我们申奥从上到下举国都非常重视，李岚清副总理亲自率团，带着申奥代表团和媒体记者包机前往蒙特卡罗，参加国际奥委会第 101 次全会。虽然当时国际上对中国有一些不利的声音，但北京代表团依然很乐观，从各方面透露的消息来看，这次北京“志在必得”，我也从各个渠道了解了竞选势态，作出了“北京必胜”的结论，并准备好了申奥成功的整套稿件。然而，当投票结果出来，悉尼以两票微弱优势获胜的时候，所有中国北京团的成员都蒙了，我更是十分沮丧，准备好的稿子全部泡汤，第二天报纸只好采用新华社的通稿。由此可见，过早对新闻作预判，把希望全部押在预判上，后果实在难以承受。

这三件事情至今我记忆犹新，因为在我的新闻经历里，挫折都是教训，但也是一种财富。

肩担道义，广结善缘

如果要问我对年轻同行有什么寄语，我觉得这八个字比较妥帖：肩担道义，广结善缘。我认为，记者这个职业，就是和人打交道的职业，坚持新闻记者的职业操守是前提，广结善缘则是建立人与人之间的感情纽带。

俗话说：“予人方便，自己方便”。工作这么多年，我结识了大量体育界官员、教练员、运动员，并和他们建立了良好的工作或私人关系，他们不仅给我传授了知识，开阔了眼界，提供了大量报道素材，有时甚至给我带来了惊喜。

记得 1988 年，同事胡廷楣感染了甲肝，让我替他去采访围棋赛。我不懂围棋，只能找人请教。聂卫平下乡的时候和我在黑龙江一个农场待过，虽说我俩并不认识，但生活的经历一下子把我们之间的距离拉近了，成了好朋友。于是又通过聂卫平认识了中国棋院院长华以刚、著名围棋讲解曹志林，以及一大批我国一流棋手，我跟他们关系都处得很好。所以每次比赛，他们总是不厌其烦地把每盘棋的开局、中盘、收官，整个过程用很通俗的话给我讲解一遍。我又按照自己的理解和语言融入了报道，读者反映很好，以致后来还有人家问我是围棋几段。

还有一次采访让我难忘。1993 年 9 月 3 日，上海举办了第一届东亚运动会，时任中共中央总书记、国家主席江泽民，以及国际奥委会主席萨马兰奇出席了开幕式。第二天，《解放日报》头版刊发了江泽民主席和萨翁在主席台上观看开幕式表演的大幅彩色照片。于是报社交给我一个任务——把当天的报纸送给萨翁。4 日下午，上海市市长黄菊在新锦江宾馆会见萨翁；上海市委书记吴邦国在锦江小礼堂宴请萨翁。送份报纸看似简单，其实很难——安保太严格了。当时，我们记者正在外面小餐厅，运动会组委会新闻部的同行跑进来拉起我：“快，宴会仪式结束，客人开始用餐了。”在宴会厅门口，我又遇到中国奥委会委员屠铭德，我们比较熟悉，他见到我就一把拉开保安人员，把我和摄影记者张蔚飞径直带到主桌上的萨马兰奇身边。萨翁见我拿了份报纸，还以为是请他签名的，老屠赶紧向他介绍了我，并言明送一份报纸给他留念。萨翁听了非常高兴，浏览了报纸照片，并和我握手致谢。一边的吴邦国书记用上海话幽上一默：“解放日报现在越来越会做广告了。”

采 访 人：刘雪妍

采访时间：2021 年 12 月 16 日

采访地点：上海市延安中路 816 号解放日报社

摄影摄像：沈阳

回答好为谁而“战”，是党刊人应有之责

施全根

【简历】

施全根，生于1949年6月，籍贯江苏溧阳。中共中央党校经济管理专业毕业。1965年8月参加工作。1969年3月入伍，长期从事军事文学剧本创作，其中电视剧《降职以后》1985年6月在中央电视台及陕西、甘肃、青海等多家省级电视台播映。1986年12月转业至上海市委组织部工作，历任知识分子工作处副处长、研究室副主任。1995年起任组织人事报常务副总编辑、总编辑。2003年8月任解放日报党委副书记兼上海支部生活主编。撰写的《试论党的知识分子工作的几个问题》获上海市1986年—1992年哲学社会科学优秀成果奖论文三等奖。主编《树魂塑型》等书。

我1965年8月初中毕业，被选拔到市委办公厅印刷厂，做党内机要文件排印。1969年春，我参军入伍。8个月后，我就在部队入了党，当上了班长。后历任排长、师宣传队副队长、师政治部干事、副政指、政指、师宣传队队长、教导员、师宣传科副科长。1986年转业，被分配到市委组织部工作。其间，在组织部知识分子工作处、研究室、组织人事报社先后任职副处长、副主任、常务副总编辑、总编辑。2003年奉调到解放日报任职，2013年退休。

如果要说与解放日报的缘分，最早在市委办公厅印刷厂时，我就能看到《解放日报》和《支部生活》。印象最深的是《支部生活》的小品文。后来从部队转业后，到市委组织部的第一个工作岗位，是知识分子工作处，那时叫落实知识分子政策办公室。为宣传报道优秀知识分子代表和先进集体、宣传“凝聚力工程”，开始与解放日报有了联系。当时，上海支部生活编辑部要创刊《党课教材》，我还陪市委常委、组织部部长罗世谦同志专门到解放日报走访座谈，安排协调相关事宜。1989年11月4日，《解放日报》在头版并转3版，刊登了我以“高志”为笔名的长篇论文——《试论贯彻党的知识分子政策的几个问题》。这篇文章的发表，让我有机会与党报有了一次近距离接触，感受到解放日报的优良传统和作风，受益匪浅。没想到2003年8月，市委发文调我到解放日报党委任职，同年10月正式报到。

来报到前，市委宣传部分管副部长宋超同志约我谈话，给了我两句话，一是党刊要有所作为；二是要拉起一支队伍来。

上海《支部生活》是市委党刊，1954年创刊，由老一辈革命家、新中国成立后的上海第一任市长陈毅元帅题写刊名，栉风沐雨，历经半个世纪而名闻全国。上海曾有几代干部是阅读这份刊物成长的，在党内被誉为“不见面的支部书记”。但接手杂志社工作后，面对的现状却不容乐观，让我真正体会到了领导那两句话的分量。

当时，有人劝我，年过半百，过不了几年就退休了，差不多就得了。但多年工作养成的一个习惯，面对挑战，心里就是过不去。不干，也就罢了。要做，凡经我手，倘若不能感动自己，决不出手对外示人。

作为市委党刊，上海《支部生活》历经了几代党刊人的辛勤耕耘，其内在的品格与传统，已然根深蒂固。在新的历史条件下，面临诸多新情况新问题，有宣传部和集团党委的领导，有老娘家（组织部）及相当一批在区县，大口组织、宣传系统任职的老同事的支持，我并非孤军作战。且上海《支部生活》宣传报道的主题是党建，上海位于全国改革开放前沿，做好党建引领，是题中之义。党刊此时应该是正逢其时，完全可以大有作为。

心中有底，干活就有目标奔头。在集团党委领导和组织人事部门的关心支持下，从2004年开始，调整了集团对党刊的考核目标，并经过两次改版，适度调整了发行价格，一举走出了经营发展的困境。与此同时，在队伍建设上，将团结凝聚人心，调动人的积极性、创造性放在第一位。工作中，注意充分发挥老同志的经验和特长，设身处地为他们排忧解难，人尽其才，各尽所能。同时积极引进培养新生年轻力量，从2004年起，连续多年分批吸纳全国各大名牌高校的应届毕业生，调整了编辑部的人员结构，队伍建设面貌焕然一新。

事在人为，关键在人。为了让这些刚刚跨出校门的青年人尽快适应岗位，我们推出了一些举措：

一是上来就下去。他们到岗后，直接走基层，到一线，参与调研，挂职锻炼，在第一时间让他们进入角色，进入状态。

二是上手就压担。在实际工作中，放手使用和严格要求并举，标准不降，奖罚分明。重点栏目、重大课题的采访，我都亲自带队，直到最终修改定稿。

记得有一年，市委组织部就上海基层党建的新情况、新问题，发布了11个调研课题，上海《支部生活》揽下其中8个。每个课题皆有年轻人牵头挑担，我挨个儿过堂，审阅把关，高质量地按时拿下，并在党刊上集中刊发，效果很好，让组织部的领导和同事刮目相看，称赞党刊为建党85周年献上了一份厚礼。

三是必须讲清楚。这是我对年轻人的一项基本训练。在每次采前会上，各人所报出的选题，必须把“是什么，为什么，说什么，怎么说”讲清楚，遇到和其他报刊相同的选题，或人家已经报道过的选题，党刊怎么做，区别在何处，特点、特色在哪里，都要明明白白、清清楚楚作出表述。由此，年轻人每每与会，都是“战战兢兢，如履薄冰”。我退休后，他们抽空来看我，聊起当年事，对“讲清楚”至今“心有余悸”，但受益匪浅，说直到今天在各自的工作中依然管用、好用。

四是树魂塑形。办好党刊，必须回答好“为谁而战”这一带有根本性的问题。党刊姓党，不容置疑。党刊人必须以党性为魂，表里如一，言行一致。

年轻人到党刊工作，第一个需要明白的道理，就是来到这里，并非简单打工，并非所谓的谋一份职业，领一份薪水。而是每个岗位都赋予了强烈的政治责任感和历史使命感，所有的言行举止都必须和这一内在的要求相符合。这一条不能含糊，没得商量。

作为一份期刊，上海《支部生活》在时效上没有优势，但在深度上可以做文章。新时期党的基层组织建设面临各种新情况、新问题，为党员干部在实际工作中解疑释惑、排忧解难，应该成为党刊的强项和“卖点”。从“理性、真实、有用”，到“好看、想看、耐看”，从“三点一现（热点、难点、疑点，文化表现力）”到“剖析一个点，展示一个面，总结规律性”；从“独树一帜，高出一筹”到“出彩、出财、出才”；期间两次改版，完成月刊向半月刊过渡，都是在观念更新、理念先行的基础上重新出发。在实际操作中，紧紧抓住重要栏目、重要节点、重大课题展开，不断提高刊发文章的质量，得到了领导的认可，受到了读者的欢迎。

其中，“挑战周期律”，是我到岗后第一次改版刊发的第一篇社评，“邓小平理论·群众观”是为纪念小平百年诞辰，我组织的第一个大型征文研讨活动。红军长征70周年、四川汶川地震、共和国60周年庆典，编辑部组织策划的这些大型专题报道，无一不是立足于这样的思考，干出特色，做出精品，其中有些专刊还被读者收藏。

2006年，市委组织部调查发现，上海全市有358个贫困村（村里可支配收入低于30万元）。这种与经济高度发达、改革开放前沿的国际大都市极不相称的现象，引起了我的特别关注。当时有人晚上电话劝我谨慎，这种“揭短”的话题不讨好，没有必要自找麻烦。但职责所在，我必须面对。下定决心后，我即动员编辑部所有力量，组织了六个调研采访小组，对全市各区相关村情摸了个透，最后以“特别策划·有情请牵手”为题，刊出专题报道。见刊一周后，市委组织部、宣传部联合发文，要求上海所有局级机关、企事业单位，选择一家贫困村对口帮扶，358个贫困村一个不漏，全部牵手。直到今天，此事还在继续。事后，组织部领导表示，为推动落实上海这项帮扶活动，上海支部生活“狠狠地推了一把”。2007年7月，时任上海市委书记习近平批示：“各级党组织结对帮扶经济薄弱村意义深远且初见成效，须进一步努力，按照‘以城促乡、以工补农、以企哺村’的方针，把工作做实做细，努力抓出成效，为社会主义新农村建设做贡献。”2015—2020年，按中央战略部署，中国展开了一场打赢扶贫攻坚战，全面建成小康社会。当年上海支部生活能在其中做一些事情，发挥党刊应有的作用，很值，也很有意义。

世上凡能成功之事，皆由众人合力所为。上海《支部生活》深受读者欢迎和关注的重点栏目《特别策划》，获评上海市媒体优秀品牌栏目，其刊发的报道，曾多次得到领导的批示表扬。这个栏目是当年改版时由田冰提出创设，也一直是其主笔，并带出了一批年轻人。老同志薛耀先、臧利春、童蒙志、俞子龙、张长生、陈维维、张志萍等人，在采编工作中，不仅热情带教，传授经验，还一丝不苟，亲力亲为。为写好扉页“就时论是”言论，与我同龄的薛耀先经常执笔于凌晨。负责经管行政工作的张彭鑫、莫章锦、李佳祺、杨敏霞、余宝敏以及后来归队的老同志陈勇毅、曹星根等人，尽心尽力，一以贯之，努力工作，为党刊健康运行，提供了坚实的保障。在党支部建设和精神文明创建活动中，先后有三任支部书记作出贡献，他们是薛耀先、陆红、周文菁。2004 年—2010 年，编辑部先后有巩序正、鲍伊琳、侯肖林、向娟娟、高辉、刘功润、邱艳灏、蔡富军、张蔓蔓、钱晨祎、刘璐、于志峰、张学政、郑思思、周兑梦等一批青年才俊加盟。他们在一线中历练，在实践中成长，是党刊建设发展中一支朝气蓬勃、能创新、能战斗的新生力量。今天，田冰、向娟娟、蔡富军、刘功润、刘璐、张学政几个已经离开编辑部，在新的岗位上展现才干，作出新的贡献。以上都是我十年党刊生涯的同行者，记录于此，是想为我们曾经共同走过的历程，留存一张集体照。这是一群有故事的人。

在互联网新媒体时代，上海《支部生活》面临新挑战。在这里多说几句，与还在一线工作的党刊人共勉：

一是定心。办刊是一门学问，但首先要将心定得下来，要在一个“实”字上下大功夫。成功一定是在再坚持一下的努力之中。

二是定位。上海《支部生活》是中共上海市委党刊，其地位作用，是其他报刊所不可比拟的。无论新技术新形式如何变化，不缺位、不错位，仍然是其安身立命、生存发展的根本所在。

三是定力。党刊人不仅需要有其与之匹配的价值取向，更要有必须坚定的政治上的定力，在复杂的斗争环境中，保证自己不迷失方向，不出现重大政治导向问题。

四是定律。凡事皆有规律可循，总结规律，把握规律，是做人做事立足主动，驾驭趋势，获得成功的最高境界。党刊研究的宣传报道主题是党的自身建设，责任重大，使命所系。工作中，探索揭示其中的发展规律，总结、汲取经验与教训，为上海经济社会健康发展服务，是党刊发挥好作用的题中应有之义。

采 访 人：陶峰（解放日报社副总编辑）
　　　　　沈轶伦
采访时间：2020 年 10 月 29 日
采访地点：上海市嘉定区施全根家中
文字整理：沈轶伦
摄影摄像：王清彬

见证报社体育报道变革

程康萱

【简历】

程康萱，生于1949年6月，籍贯江苏常州。1968年11月从华东师大一附中高中毕业，先后分配至崇明东风农场、上海建工局工作。1973年6月参加解放日报通讯员学习班，此后正式调入解放日报。先后任职于报社编辑部政文组、科教部、体育部，担任专职体育记者35年，直至2009年6月退休。

我1973年得知被报社正式录用，在正式分配时，我去了政法文教组。组长张贻复问我愿不愿意做体育记者？我虽然没有体育特长，但我受喜欢体育的家人影响，从小爱好体育，就很高兴地答应了。另外一个没有说出口的原因是，我觉得在当时环境下，其他条线报道受约束较多，体育报道相对空间大一些，所以我就这样高高兴兴地开始了体育记者生涯。

这也是“文革”后期我们报社第一次设立专职体育记者岗位，之前负责体育报道的记者多为兼职。此后到了1981年本报的体育记者增至2名，到了1984年发展为4名。20世纪90年代，本报成立了体育部，记者和编辑多达14名。《解放日报》也从一开始有一些零零碎碎的体育报道，到改革开放后，开设每周一期的体育与卫生专栏，后来变成每天有体育专栏，再后来每天有体育专版，每周三还有四个版的《每周球讯》，这些做法都在全国日报中相当引人瞩目。

体育报道的多个首次

一、我的报道首次上了《人民日报》。记得大约在1977年或者 1978 年初，有一次在看完一场足球比赛后，我尝试写了关于比赛的通讯。见报当天，人民日报夜班文教版面的负责人致电解放日报夜班编辑部，说他们也想在体育报道中做些突破，想请我把这篇报道加以补充后再发过去。这样，我的稿件就上了《人民日报》，篇幅超过四分之一版面。

二、体育报道首次有了记者署名。1978 年，我在采访中获悉，乒乓球运动员陆元盛、黄锡萍、仇晨燕都来自上海同一所小学。我就深入采访撰写了通讯《乒乓之家——访巨鹿路第一小学》，在 1978 年 4 月 9 日《解放日报》第一版刊出，共六千余字。当时的总编辑王维看了稿件小样以后很满意，就指示评论部配发评论，也决定让记者署名。从这以后，体育报道有了记者署名。

三、我首次出国采访。1982 年，上海男子排球队要去日本比赛，我获知消息后，萌发了出国采访的念头，得到报社和市体委以及当时上海分管体育和外事的副市长赵行志的支持。9 月，我就作为体育记者第一次特派出国，此后报社的体育记者都陆陆续续出国了。我本人曾先后 21 次出国出境采访。

与众多体坛名将面对面

20 世纪 80 年代初期，我曾采写了很多体坛人物通讯。例如，女排运动员郎平、杨希，有“网上飞人”之称的男排运动员汪嘉伟、羽毛球运动员刘霞、围棋国手陈祖德等。1980 年 7 月 8 日，上海自行车男队在上海市和江苏省交界处训练时发生车祸，主力队员沈金康不幸被卡车压断左腿，事后他不仅没有追责卡车司机，还在截肢后重返体坛做了教练，并且取得优异成绩，我就此采写了《坚强的人》。

我对20世纪三四十年代的足坛名将孙锦顺（绰号孙铁腿）、张邦纶（1948年奥运国脚）等著名运动员、教练员进行了采访。当时的《解放日报》还开设《星期特写》，丁柯时任总编室主任，找了我好几次，鼓励我为《星期特写》多写稿子。

20世纪90年代后，姚明渐露头角，很多体育记者以采访姚明为荣。我开玩笑说，采访姚明的记者，大概最早的是我，因为我独家报道了他父母结婚的消息。当年，我觉得他们是身材最高的一对夫妇，就以这个角度发了这个带有一些八卦的消息。

采访中几件难忘之事

除了撰写报道，当体育记者时，我也经历了许多印象深刻的事情。在此，举例三件。

我刚开始从事体育报道时，不仅不能报道比分，而且往往只能报喜不报忧，比如只能报道中国队或者上海队胜利。改革开放初，上海乒乓球队有一场对四川队的比赛，本来令人看好的上海队惜败。比赛很精彩，我为此写了一篇特写。报道见报当天下午，上海市体工队的一位领导，专门在静安体育馆召开了新闻发布会，批驳我的报道。理由是我描写四川队用“猛虎下山”“力克”之类的词汇。他说，这些都是解放战争时期，国民党报纸用来形容所谓“国民党打败共产党”时用的，用词不妥。理由虽然荒唐，但当时这件事对我造成很大压力。我也疑惑，这样的报道究竟能不能写？我回来向领导汇报了情况，报社领导力挺我，说“我们没有错”。

这位体工队的领导后来和我成了好朋友，对解放日报的采访特别支持。这是题外话。现在这样的用词，早已司空见惯。但当时，居然还是要冒风险的。

2001 年 6 月，中国羽毛球健儿在西班牙古城塞维利亚的圣保罗体育馆，再次将金光灿灿的苏迪曼杯高高举起。中国羽毛球队经过三个半小时的苦战，以 3 比 1 击败印尼队，夺得第七届苏迪曼杯世界羽毛球混合团体赛冠军，实现了四连冠的预定目标。

中国队总教练李永波在赛后召开的新闻发布会上放出豪言，说中国队拿冠军优势明显，几年里没有人能打败中国队。当天我在写报道时就想，李永波是不是过于乐观，事实上中国队虽有优势，但也暴露出短板，我就写了评论，评价了他的豪言。虽然这篇文章发在上海，但当时的报道中，只有这一篇是唱反调的。随队的新闻官从网络上看到后，将信息反馈给了李永波。在西班牙当天下午，李永波召开新闻发布会，针对我这篇文章，进行了专门的反驳。事实证明，几年后中国队的优势没有了，苏迪曼杯的冠军也丢了。当然不打不相识，李永波后来对我的采访很热情，很支持。这是后话。我从这件事觉得，报道不能人云亦云，作为记者，要有理性思考和分析。

职业生涯里，最令我难忘的是 1981 年。这一年 11 月 12 日，中国足球队在马来西亚首都吉隆坡进行的世界杯足球赛亚大区决赛中，在上半场 0 比 2 落后的情况下，毫不气馁，顽强奋战，下半场连进 4 球，以 4 比 2 战胜了沙特阿拉伯队。比赛激动人心！

这天，我们在报社边看电视转播，边写稿。忽然报社楼下值班的人来叫我，说有一大批球迷正沿着汉口路聚集，在我们当时汉口路 274 号的报社门口喊口号，喊我的名字，要我出来见面。我当时在赶写稿件，就让同事去见他们，球迷却继续叫着我的名字。最后我到了报社二楼的阳台上与球迷打招呼，往下一看，下面黑压压的，场面十分热烈。我顿时感到了当时体育宣传在读者中的影响，感受到了《解放日报》在市民中的影响。这个场景太震撼了，多少年过去我也不会忘记！这个场景也一直激励着我，三十几年一直做体育记者，从一而终。

报社领导关心体育报道

2009 年 6 月我退休，后来我查过，我在《解放日报》发表了 5351 篇文章。当然这还不包括部分早年不署名或者用笔名的稿件。能有这些成绩，我很开心。我感谢解放日报为我创造了这样一个平台。

我从门外汉到体育记者，得到历任报社领导的关心。我很清楚地记得，“文革”后，王维同志任报社总编辑，很重视体育报道，好几次对我也对大家说，“陈老总（陈毅同志）说过的，不懂体育就是不懂马列主义。”

科教部主任沈光众是一位老干部，中午经常到我们办公室与大家聊体育，说说见闻。他还经常自己买食品作为奖品，和我们一起猜比赛结果。1988 年我去采访汉城奥运会，出发前，丁锡满总编辑把我叫到办公室，给我几支野山参，说："你要去采访近一个月，很辛苦。你带出去吃。"我真的感到很温暖。我出发时，他还亲自到机场送行。周瑞金同志担任报社党委书记时，曾专门写信给我，鼓励我好好工作。其他领导也很关心我。老领导冯士能同志也曾跑过体育报道，他担任报社党委书记后分管体育报道，给我很多支持。报社历任领导都很重视很关心体育报道，使得党报在体育宣传上产生很大的影响。

多年来，我到一线采访的重大赛事主要有：八次全运会、两次亚运会、汉城奥运会、谢菲尔德世界大学生运动会、三次乒乓球世锦赛、四次苏迪曼杯暨羽毛球世锦赛、三次排球世锦赛、法国网球公开赛、汤姆斯-尤伯杯羽毛球锦标赛、阿纳海姆世界体操锦标赛、蒙特利尔世界游泳锦标赛、蒙特卡洛世界女子棋王争霸赛等。

用"特殊礼物"迎来退休

1979 年 9 月 8 日，我的女儿出生，她出生第二天我就飞赴北京报道第四届全运会，后来担任上海代表团团长的副市长赵行志还表扬了我。但我觉得这是应该的。体育记者工作时间长，周末和双休日往往要看比赛、写报道，不能陪伴家人，这都是体育记者应该做的分内事。有好几年我晚上还要做编辑，但一直坚持不脱离第一线的采访。

2009 年 6 月 21 日，周日，是我的 60 岁生日，也是退休的日子。我女儿也选择在这天办婚礼。但是这一天，有中国女排的比赛（意大利四国女排邀请赛），中国女排直落三局轻取东道主意大利队，获得第三名。我去酒店参加了女儿的婚礼，提前离开婚宴现场，直接到不远处的女儿家收集比赛实况信息，然后电话采访排球行家，写好稿件发给报社。回到自己家已经是夜晚 11 点多。我用这种方式来庆祝我自己 36 年职业生涯的最后一天，我感到很欣慰。

采 访 人：沈轶伦

采访时间：2020 年 9 月 15 日

采访地点：上海市延安中路 816 号解放日报社

摄影摄像：沈阳

我在解放日报报业集团定制度

李　丽

【简历】

李丽，女，生于1949年7月，籍贯福建闽侯。1982年华东师范大学中文系毕业。1984年起任上海市妇联宣传部副部长、调研室主任、宣传部部长、秘书长。曾获全国、市三八红旗手。1996年7月任上海市妇联副主席。2001年7月任解放日报报业集团党委副书记、纪委书记、解放日报党委委员。2008年7月调上海市地方志办公室任党组书记、主任。1994年评定为高级政工师。上海市第五次党代会候补代表。上海市第十一届人大代表，中国妇女第六、七、八次全国代表大会代表。2001年起兼任上海市记协女记者工作委员会主任。曾担任《家庭文化百科》副主编。牵头撰写的《上海女大学生思想心理分析》获上海市哲学社会科学学会联合会1988年优秀学术成果奖。

我 2001 年到解放日报报业集团，任集团党委副书记、纪委书记，解放日报党委委员，主要分管党建和纪检工作，还有审计、精神文明建设、党群工作等，具体分管部门有纪检（监察）办公室、信息中心（电脑中心）等。

其实，我当时分管的事情还挺杂。采编这一块工作我不是很熟悉，报社老总都很忙，报纸的采编都由他们负责，他们顾不过来的事情我就把它担当起来。所以人家开玩笑，叫我“不管部部长”，其实是什么都管的意思。

狠抓党建工作，精神文明创建成果喜人

我刚来的时候做了一番调查，建立和完善了一些制度，着力加强基层党支部建设，这是最重要的一块。那个时候我们提出，支部要建在部门上，要有党支部工作条例，支部建设要达标。我要求组织生活都要有台账，要有记录。我们还评选解放日报优秀组织生活方案，各党支部还开展双优评选，既要有好的设计，更要有好的效果，组织生活、活动出席率提升到 90%以上。各支部还开展志愿者活动、结对活动、帮困活动。

还有一点，党委定期研究党建工作。我们很强调领导的带头作用，领导都有联系点，是制度化的。每个老总都有分管部门，参加部门党支部活动；党员培训的时候，或全员培训的时候，每位老总都要上党课，每个人至少一次，一共上了四十几节。支部书记也要接受培训，明确自己的职责，交流工作经验。

那时候，中央先是强调“三个代表”重要思想教育，然后是共产党员先进性教育，再往后还有奥运会和迎世博。在这样的大背景下，各方面都对党支部工作提出了比较高的要求。

活动搞得丰富多彩，不仅保证了完成各类宣传报道任务，还强调要发挥党员自身的先锋模范作用。适应这样的时代氛围开展活动，党组织就比较有凝聚力、战斗力。每一位党员都有积极性，都能发挥作用，大家越干越火热。我们抓一些先进要表扬、鼓励，有问题及时处理。

台风麦莎、汶川地震这些大事件中，共产党员先锋模范作用很明显，大家都冒着风险，第一时间冲在前面，有很多很好的报道。地震过后我去了汶川一次，除了捐赠物资，还给当地小朋友送漂流瓶，里面是记者们给灾区小朋友的信，都是一些鼓励他们的话。这是解放日报团委的年轻记者想出来的，我们给予支持。

还有一件很重要的事情就是到延安搞支部书记培训活动。我记得，前一年去了井冈山，第二年去了延安。去了之后我们发现很可惜，解放日报旧址保护得不是很好，也不对外开放。延安新闻纪念馆馆长答应给我们专门恢复几间当年解放日报用过的窑洞，平时，由他们维护。我们当时就签了一个协议。回来后，我专门向集团党委打了报告，党委也很重视，批了一笔钱去重新修葺旧址，同时还辟出几间窑洞展示解放日报今天的发展状况。

党建带动了精神文明建设。从2002年起，解放日报连续3年获得上海市文明单位称号，2008年被评为全国精神文明建设先进单位。每个部门要有一个文明创建联络员，联络员到集团培训。文明创建有很多具体指标，需要通过培训才能掌握。每个部门都要有台账，一开始是纸质台账，后来才是电子的，记录创建文明的轨迹。我们还要检查，包括环境卫生、禁止吸烟等。当时市里还没有控制吸烟的规定，报社内不允许吸烟主要是从安全角度考虑，因为报社纸质东西太多，容易出事。有时候也会有人来告诉我，哪个领导又在开会时抽烟，要我设法提醒。后来我们定了制度，职代会通过，有了制度督促，抽烟是要罚款的。

建章立制，改进记者作风

那时候解放日报的党建工作开展得有声有色，还作为典型在全市宣传系统介绍过。

我们比较重视廉政建设。主要是调查和定制度，定制度后检查执行情况，好的树先进表彰，有问题的一定要处理。还有抓作风问题，特别是禁止有偿新闻。那时候记者外出采访，对方往往会给红包，或者叫“车马费”。我也蛮疑惑，这事太普遍了，到底该怎么处理？集团内也讨论过，最后形成共识，做人总有做人标准，我们就制定了新闻从业人员自律公约，首先强调自律，如果人家来举报或者追究，我们就按规定来。大家有了这样的共识，处理起来就有依据了。

有一次，我们有个同志去采访，人家把资料放在包里，他拎着就回来了。结果他回来还没打开包，举报信就先到了。我们赶紧和他联系，他说他什么都不知道，赶紧把包翻开一看，果真里面有信封。这事就完全能说得清，对他也没什么影响。

但我们也有同志受过处罚，人数不多，我在任的时候解放日报大概有 3 人，其中一位是中层干部。

我们那时候还从社会上聘请监督员，召开座谈会，听他们发表意见建议，再来改进自己的作风。

监督员当时提了个问题，关于稿费发放和稿件署名。那时候稿费审核的程序也比较长，记者也忙，经常就把给通讯员的稿费忘了，或者过了很长时间才寄出去，人家就有意见。有的完全是通讯员写的稿子，发表的时候记者就只署自己的名字。这些都不是什么大问题，但是该改进就改进，对作风提升有很大的推动作用。以后稿费发放时间就缩短了，记者署名就很注意了。行风评议员对改进的成效还是很认同的。

社会在发展，很多东西都是新出现的，要有新制度，或者修改老制度。我刚来的时候有件事很吃惊，报社竟然没有预算。财务说，事业单位不讲预算，钱按规定花就是了。我向当时的党委书记汇报，我们都认为要抓预算机制，制定预算管理办法，所有部门都要打预算。还有，刚刚成立解放日报报业集团，除了主报解放日报，还有系列报刊。这些媒体很多都是一级法人，有各自的财务，集团有必要对这些系列报刊的财务工作统一管理。最后决定，所有系列报刊和独立核算单位，都由集团委派主管财务人员。制定采购制度也是一项重要工作。当时，一年不知道买多少飞机票，量很大的。广告部也要有广告制度，我们就要求把广告合同也上传到办公软件内网里管理。

规章制度是很重要的。有的人动小心思，有的人则是稀里糊涂，你也没告诉他这个能做，那个不能做，他就觉得，我按我的想法做，或者按社会上一般的做法。制度定下来就很清楚了，什么可以做，什么不可以做，怎么样算踩了红线，怎么样是打擦边球。这些制度也不是我一个人发明的，都是经过多次讨论，最后上党委会，大家形成共识才确定下来。

紧跟时代潮流，推进信息化建设

2000 年左右，是互联网技术普及比较快的时候。我在解放日报报业集团那几年正好分管电脑中心，也是一大堆事情。

刚到集团，就赶上电脑中心要升级。为什么要升级呢？因为那时候我们虽然已经用上了方正排版系统，但是报社里没有编发稿件的内网，采编软件也不全，刚刚开始做升级的招标、排线。集团领导对信息化建设很重视，给予大力支持，我们就先从建设内网开始做起。内网包括办公系列等，每个部门还有自己的页面，可以把自己的活动发上去，互相交流。后来集团又搞了“4i 工程”，就是电子报、电子屏幕等。包括集团的图片库，都是那时候建的。以前图片分散在各个记者手里，后来有规定，工作图片必须上传到图片后台。之所以这么做，其实有两个原因，一个是如果都自己管自己，那么拍的照片就不能充分利用。另一个就是如果从网上随便拿一张照片来用，可能会有人来打版权官司。为了版权，我们还专门发过文，提醒大家规避版权麻烦。

这些工作主要是电脑中心在做，高宝中、林晔他们花了很多功夫，我就是对他们比较鼓励、肯定，在他们遇到困难的时候，帮忙协调解决。比如说，电脑使用必须要定规章，但如果只是电脑中心定的规矩，其他部门不一定听，所以集团要给它支持，形成集团层面的规定，还要经常带着电脑中心的人员去检查执行落实情况。那时候很多人觉得，电脑中心定这么多规矩是找麻烦。很多人对电脑中心职责的认知，就是我这里出问题了，你们快点来修一下。你看，大家的认识还停留在这个层次，电脑中心实现对全集团的有效管理，也是有一个过程的。

电脑中心还有一个很重要的职责，就是确保系统安全。那时候采编用的是紫光软件，印刷厂用的是方正软件，总之不是一套系统。我们全面铺开电子采编后，这两个软件的接口就很关键。还有新闻的传稿，新华社传来的稿子也要有备份，再传到印刷厂和外地的印刷厂，这些全都要畅通，要保证安全。有一回系统不知什么原因突然断掉了，高宝中给我打电话，我也很着急。系统一出问题，出报马上就受影响。我赶紧赶到报社，幸好我们还有备份主机，才有惊无险。

总的来说，我们的电脑房搞得很好，很有条理，经常有同行来参观。全国报业开过几次这方面的会，解放日报都要上台去介绍经验。

在解放日报报业集团这几年，还有些事让我印象深刻。比如说向英国维多利亚和艾伯特博物馆赠送搭载神舟六号上天的纪念封、丝绸报限量复制件，带队去拜访美国的纽约时报、华盛顿邮报、今日美国等几大报社。仔细想想，我觉得我最主要的工作方法就是调查研究、制定制度、检查执行，然后处理问题，好的表彰，差的处理起来绝不手软。这样一来，你说出来的话就有用。人家那时候都说，李书记说过的事情要重视，她盯得很紧。

采 访 人：缪毅容（解放日报社副总编辑）
王闲乐
采访时间：2020 年 9 月 22 日
采访地点：上海市徐汇区李丽家中
文字整理：王闲乐
摄影摄像：司占伟

在新闻采编岗位当好“巧珍”

蒋梦丹

【简历】

蒋梦丹，女，生于1949年9月，籍贯江苏无锡。1985年复旦大学中文系大专毕业。1974年进解放日报，先后任工交财贸部记者、副主任。1997年9月任解放日报群众工作部主任，组织策划的不少作品在新闻评比中获奖。2007年6月起任解放日报报业集团纪委副书记。2004年评定为高级记者。采写宣传杨怀远扁担精神的《十三根扁担的甜酸苦辣》等报道，创办、主持“巧珍当家”栏目并编辑成书。评论《平常之中看作风》获全国省级党报群众工作好言论一等奖，编辑的《肖叔，你不该走!》获第十三届中国新闻奖三等奖、第十二届上海新闻奖一等奖。2004年获第五届上海韬奋新闻奖。1990年和2003年两次获上海市三八红旗手称号。

我是复兴中学67届高中毕业生，1968年被分配到上海起重运输机械厂当车工。我从小喜欢文学，进厂后从车间黑板报写起，经常被借到上级部门写文章。1973年，解放日报举办工农兵通讯员学习班，我有幸参加了第一期三个月的学习。老记者老编辑给我们上新闻课，还带着我们出去采访。

这是一种全新的生活，我的眼界完全被打开了，我太向往了。当时厂里不肯放人，跟前来协商的报社老师说，厂党委是要培养使用我的。报社老师询问我的想法，我毫不犹豫地说，我感谢厂党委的培养，但我想要当记者！

融入报社大家庭，向前辈学习

1974年，我正式进入解放日报社，被分在工交部，夏华乙、樊天益、白流源等老师都尽心尽力地带教我们。报社的老报人们对办报非常投入，工作得有滋有味。他们都很亲切，很爱护我们，对我们就像对自己的孩子一样。

我先到五七干校劳动了半年，又在夜班校对组锻炼了半年，回工交部后与老记者一起联系机电和造船两个大口。那时的《解放日报》侧重于经济报道，一版二版上工交部的稿件占比非常高，大家都叫我们“发稿大户”“见报大户”。机电企业有不少在杨树浦和老闵行，当时的交通工具只有公交车，我就赶来赶去地采访，摸线索。造船厂在浦东，要坐轮渡过去，船坞里在造船，我就在几层楼高的船舱里攀着很陡的扶梯爬上爬下地了解情况。

白天，我们记者在外面像蜜蜂一样采蜜，晚上回来向老记者和领导汇报情况，大家一起分析新闻素材。老师们言传身教，帮助我们学会了怎样判断新闻价值，怎样写好新闻报道。晚上，报社里灯火通明，一间间小办公室里，一盏盏绿色的台灯下，人人都很安静地在写稿、编稿。前辈们给我们改稿的时候，非常严谨。我记得很清楚，夏华乙老师当时还是用毛笔改稿的，蝇头小楷，一丝不苟。晚上大家会一起吃夜宵。解放日报食堂烧出来的夜宵可好吃了，热气腾腾的。有时候忙到很晚，我们就临时住在宿舍里。当时办公的地方在汉口路274号，对面309号，也就是“申报馆”，上面有一些房间作为宿舍。大家没日没夜地干，但劲头都很足。老记者们谈吐幽默，休息的时候，会古今中外地聊各种有趣事，还会唱几句京戏。整个工交部就像一个大家庭，非常和谐。

1979年国庆30周年的时候，我写过一篇长篇通讯《造船世家三代人》，得到了老师们的很多帮助。虽然我多次跑上海船厂等造船企业，但要找到典型的人物和线索，很不容易。因为没有现成的线索，都要自己去挖掘。确定“造船世家三代人”这个主题后，老师提醒我，不能只注重忆苦思甜，这样力度不够，要展现出新一代人在思想上、事业上的新面貌，我就再去深入采访。这篇通讯后来得到了好评，与老师们的指导是分不开的。

那时我还写过一篇比较重头的典型报道，是讲上海高压油泵厂党支部怎样满腔热情、千方百计帮助职工解决住房困难的。这篇报道当时影响也很大，在行业里掀起了学习热潮。这篇报道也是夏华乙老师帮我分析，一起去采访，再不断修改，这样写出来的。所以我们都是老前辈手把手带出来的，这一点我体会非常深。

记录轻工业发展，见证时代变迁

1980 年，工交部内部调整，我开始联系轻工业条线。那时人民生活水平有所提高，对生活用品的需求很大，轻工业产品的产量跟不上，所以要经济结构调整，优先扶持轻纺工业发展。当时我的稿子经常能上一版头条，这不是说我多有能耐，最主要是时代造就了这样的机会，我们只是竭尽全力地记录了这个难忘的过程。

1981 年，湖北应城县农民杨小运，一个很好的劳动模范，超额卖给国家万斤粮，然后提出一个要求，能否奖励他买一辆上海永久牌自行车。是买，不是送，这是很有时代特点的，现在都无法想象了。那个时候，自行车、缝纫机、手表都是要凭票买的，票子很紧张，如果结婚能够凑齐这三大件，是很了不起的事。这个消息传到上海以后，上海自行车厂的厂长王元昌就带着厂里的人，到湖北去给杨小运送自行车，以此为契机，激励厂里的职工多生产自行车。

当时，我跟着一起去报道。到了那里以后，自行车放在车上，结着彩带，农民看到工人老大哥送自行车来了，载歌载舞，场面非常热闹。湖北省委书记陈丕显接见了送自行车的车队，杨小运还跟上海自行车厂的劳动模范结对子。《人民日报》也在头版头条报道了这件事，提到“农民兄弟要‘永久’，‘永久’工人要尽责”。就是说农民手里有钱了，要购买生活用品，但是产量跟不上，企业要看到农村的广大市场，加快生产日用品，满足农村的需要。

那时反映经济转型的报道非常密集，而且都是刊发在要闻版，比如《新“英雄”赶上新“派克”》，是讲钢笔的；还有《七家小厂转产，两年多来增产五百多万只》，讲的是钟表生产；《自行车四厂交出一份出色答卷，填平百万多利润缺口》《白猫洗衣粉，跟外国的名牌产品比一比》《本市轻工三只名牌产品跨省联营生产》等，都是一版头条。这些报道有时还是一篇接着一篇见报。从标题就可以看出，这些报道尽管是消息，不是长篇通讯，但是含金量很高，传递出很多信号、很多变化，包含着日新月异的发展，所以才会放在那么显要的位置。我还写了记者述评《各地轻工业大步赶上来　上海轻工业要加快前进》等。这些都包含着时代的印记，记者就是要忠实记录时代的变化和发展。我觉得我跑轻工业的那几年很难忘，很有收获。

1983 年，通过参加干部专修科的考试，我以高分考取了复旦大学，圆了我的大学梦。1985 年毕业回到工交部后，我参与了杨怀远“为人民服务到白头”的战役性报道，写了通讯《十三根扁担的甜酸苦辣》和《扁担精神上有她的闪光》。还写了全国商业特级劳模、菜场营业员安根娣情满菜篮的典型报道等。

巧珍巧珍，巧妙当家，珍爱生活

1988年起，《解放日报》由四版扩大为八版，推出了一系列专刊、副刊。工交部原来有一个“上海市场”专栏，登载商品信息，读者一直比较喜欢。改版后，把它扩大成了《上海市场》专版，一星期一次。我调任版面主编后，跟大家一起想着要如何革新，让版面内容更丰富多彩。

当时，上海市民的生活有一定改善，但日常生活仍然需要精打细算，我们就设计了一个新栏目，刊登怎样安排家庭日常生活的文章，宗旨是在现有的经济状况下，一个主妇怎样巧妙地当家，把生活尽量过得更美好。想来想去，确定了“巧珍”这个非常大众化，又富有含义的名字。我们界定她大约是30岁到40岁之间的中年妇女，朴实可亲，有一个5口之家，上有两老，下有一个独生子女，夫妻俩是双职工，人均一年工资大约400多元。这也是当时上海多数家庭的结构和经济状况。

新栏目对读者而言新鲜又陌生，我们就抛砖引玉，写了一些稿子来引导读者。我们需要的是短小精悍、贴近生活、朴实无华，像是拉家常一样的文章，比如，四菜一汤怎么烧，过节带什么礼品去走亲戚，完全贴近生活，五六百字即可。专栏推出的时候正好是元旦，不久就要过春节了，我们通过公安系统，帮忙找到了名字里带“巧珍”的中年妇女，筛选了几位，把她们请到报社里开座谈会，讲她们是怎么当家的，再把座谈的内容登出来。让读者感到我就是巧珍，我的邻居、我的朋友都是巧珍，我们跟巧珍是一样的。

于是，栏目很快就引起了大家的共鸣。许多读者每期必看，还专门集纳了栏目里发表的文章，做成剪报。为了扩大作者队伍，我们还举办专题征文。许多平日很少动笔，甚至从未投过稿的读者纷纷来稿，内容之丰富、实用，题材之新奇、广泛，是编辑关在办公室里拍脑袋怎么也拍不出来的。始料未及的是，不少街道、工会、妇联，还围绕“巧珍当家”搞了比赛、展览、演讲等一系列活动，有家单位还在沪西工人文化宫搞了一个“巧珍当家成果博览会”。

我们真没想到，反响会这么热烈。后来读者要求出书的呼声很高，我们就出了一本《当家实用手册·巧珍当家集锦》，除了刊登栏目里的文章，还请了一些社会学家，阐释家政学的相关概念。书出版以后，深受读者欢迎，成为1990年5月沪版畅销书排行榜上月销售量和日销售量最大的五种图书之一。分管我们的领导余建华为这本书写了序，里面这样描述“巧珍”——“巧珍”不是什么当今时髦的“女强人”，她是一个热爱生活、热爱家庭的贤妻良母；她不是什么家藏万贯的“万元户”，她靠着诚实劳动的工资收入，精打细算，生活过得自自在在；她绝对不图虚荣，不搞攀比，不盲目追求“高消费”，但她一家小日子绝对不单调、贫乏，说实在的，过得挺丰富、高雅、活跃，挺让人羡慕呢！

从1988年到1992年，“巧珍当家”这个小栏目做了整整5

年。“巧珍”的形象深入人心，产生的影响也比较大。我觉得可以说是《解放日报》一个比较成功的栏目。之所以成功，最主要是接地气，贴近生活，老百姓可以参与进来。那个时候，党报与群众互动的生活类栏目还是不多见的。

去年有件特别感动我的事，一位老同事发微信告诉我，她妹妹和邻居聊起了《解放日报》，这个邻居说：“我是你们巧珍的粉丝呢，我现在都还收藏着许多巧珍的剪报”。我赶紧回复她：“谢谢这位读者喜欢巧珍，想想当时一个小小的栏目，竟有那么多人喜欢，现在回忆起来还是很温馨的。向你妹妹问好，也一并代向那位邻居问好。”后来她邻居又回复说：“小乐，你做了一件大好事，让‘巧珍当家’的作者有个美好的回忆，我们读者都非常感谢她。”这个小乐，就是我同事的妹妹。三十多年了，还有人这样珍藏着“巧珍当家”的剪报，我真的很感动。

直到现在，我的一些同事看到我，也会叫“巧珍巧珍”。去年我还碰到一个很多年没有见面的朋友，一看到我就说：“蒋梦丹，我一看到你，就想到了巧珍的头花。”其实报纸上那个头花不是我，只是我们设计的一个中年妇女的形象。他们却把头花跟我对起来了，也蛮有意思的。

群众工作，党报的优良传统

1997 年到 2007 年，我在群工部当了 10 年主任。这 10 年是另外一种经历，群工部不是一线采访部门，我以前对这一块不是很了解。但是去了以后，我感到这 10 年过得特别充实。

群众工作部一直是报社一个很重要的部门。我们的任务就是要传承、改革和创新。党报群众工作的优良传统必须传承，但时代不同了，好多情况发生了变化，所以又必须与时俱进，做一些改革创新，使党报的群众工作适应新的形势，使优良传统发扬光大。以前解放日报每天会收到好多信，可到了20世纪90年代，信越来越少，更多的是电话，于是我们就把“读者来信”版改名为“读者心声”版。这个“心声”可以是来信，也可以是来电、来访。我们从中挑选一些典型事例，记者进行跟踪采访。同时还设置了“电话亭”“回声波”“记者跟踪”等小栏目。批评报道需要真凭实据，要特别严谨，记者的采访很辛苦，有时甚至是很危险的。尽管困难，我们还是坚持搞了很多批评报道，开展舆论监督，在每年的全国党报群众工作会议上，总有多篇报道获奖。

我们还开通了电话热线，比如春节热线、夏令热线。在春节热线中，我们发掘过一个典型，写了一篇报道《肖叔，你不该走》，获得了中国新闻奖和上海新闻奖。当时我和记者金耀先一起值班，一对残疾母女打来电话，说她们长期受到一位民警的帮助，这位民警身体不好，元旦的时候托妻子给她们带来了200元钱，不知道他现在身体情况怎么样了。金耀先马上赶到她家去采访，在打电话询问这位民警的情况时，才得知他前两天刚去世。听闻这一消息，这对母女嚎啕大哭。我们立即将这件事发了一篇春节热线报道。报道刊出后，引起了很大反响，市委宣传部作了批示。杨浦区委很重视，掀起了向这位民警学习的热潮。

2003年非典期间，热线电话数量激增，群工部所有人都扑上去，日日夜夜接热线电话，释疑解惑，反映情况，发内参、发报道。我们在报纸上开辟了一个“守望角”栏目，回答读者的问题，守望相助，还开展征文活动。这期间，群工部的同志都非常辛苦，大家的努力对抗击非典发挥了积极作用，群工部也评上了全国新闻界抗击非典新闻宣传先进集体。总而言之，群众工作是党报的优良传统，从“读者来信”到“读者心声”，到现在互联网时代的“辟谣平台”，我觉得都很好，不管形式怎么变化，倾听群众呼声，为民排忧解难的初衷是始终不变的。

《解放日报》寄托了我们这一代人很多的回忆和情感，我一直为能在解放日报工作36年，从事自己喜欢的职业而感到非常幸运，为我是一个解放人而骄傲。现在进入了互联网时代，新闻传播的形式发生了很大变化，我相信报社的年轻人一定能发扬解放日报传统，发挥聪明才智，闯出一条新路来，继续把《解放日报》办得越来越好。

采 访 人：刘雪妍

采访时间：2022年1月7日

采访地点：上海市延安中路816号解放日报社

摄影摄像：沈阳

因为热爱，所以不辞辛劳，乐在其中

乐　缨

【简历】

乐缨，曾用名乐莺莺，女，生于1949年11月，籍贯浙江宁波。1985年上海外国语学院毕业。1974年进解放日报任记者。1992年起负责房地产和环境保护报道，参与创办《房地产广场》专刊。2001年任房地产时报副主编。2006年任解放日报《地产星空》版主编。2006年评定为高级记者。合作采写的通讯《主人与公仆》获1987年上海市好新闻一等奖。内参《上海土地批租发展迅猛有些问题亟待研究》获人民日报暨省、自治区、直辖市党委机关报优秀内参一等奖。《向十万“流动烟囱”开刀》《污水处理的“跛脚”该纠正了》等报道获中华环保世纪行好新闻一等奖。曾任上海市记协女记者工作委员会副主任兼秘书长。2001—2002年度上海市三八红旗手。主编有《上海女记者采风》等。

从二十多岁梳着小辫子进解放日报，我在新闻岗位一干就是36年。刚工作时我是文艺记者，后来长期搞经济报道，涉足纺织、环保和房产等不同领域，后来还在《房地产时报》担任过副主编。

做记者，需要干一行、学一行、钻一行、通一行。做文艺记者时，我就多读中外名著，自学文艺理论；跑纺织系统时，我就去啃《纺织学》和《纤维学》；搞《企业家俱乐部》专版时，我就钻研《企业管理百科全书》；搞房产报道，我就报考并读完了城市经济学研究生学业。

我现在还保存着三百多本采访笔记，它们见证了我的记者生涯之足迹。我喜欢做记者，当初在农场种田，第一次听到记者这两个字，我就想做记者。别人觉得做新闻很辛苦，但我一辈子乐在其中，因为热爱，从未觉得苦。

从田间农民到报社记者

我中学毕业后，遇上了“文革”，被分配到奉贤五四农场。有一次正在劳动，人家说解放日报的记者来采访我们的长绒棉种植经验，他们的照相机很有派头。我当时就在想，能做记者多好啊。还有一次，朋友从上海回来，我说上海正在流行观看大型歌舞剧《卖花姑娘》，你去看了没有？他说，我们哪里弄得到票子？人家有记者证的，手一扬就可以进去了。我当时真的是连晚上做梦都在想，做记者有多好。但就是想想，当时在种田，这不过是在做梦而已。

后来听说要恢复高考，我就开始复习功课，认真备考。没想到有一天，农场组织人事处的人跟我说，解放日报叫你去参加一个学习班。当时办了两期，有70多人参加学习，结果两轮考核只剩下二十多人。我很幸运地留了下来，被分在文艺部。当时文艺部负责对接文化局、电影局、出版局。我分管文化局报道，这也是文艺部业务中最大的一块。

1978年底，十一届三中全会召开，全党工作重点转向经济建设。报社记者岗位也经历了一场大调动，我在文艺部工作了5年，主动要求调到工交部，领导让我分管纺织工业的报道。当时在上海，纺织工业是最大的产业，其出口创汇占上海总量的一半。全上海一共有200多万产业工人，纺织占了1/4，最多时有56万纺织工人。

那时徐学明同志任副总编辑，分管工交部。部里跑纺织的记者还有俞康华。我进入这个条线后，他转给我的“见面礼”是厚厚一叠纺织简报。看了没几份，净是关于产值、利润、创汇的阿拉伯数字，很枯燥，我根本看不进去。一天，俞康华来我办公室送上纺织品展览会的通知，并转达说：“老徐关照，要让乐缨对纺织报道感兴趣，首先要让她接触纺织成品，这个报道让她写。”此消息见报后，老徐特地在会上表扬了我。其实写得很一般，但他的表扬使我对纺织报道有了一点兴趣。

刚进入纺织行当，我什么都不懂，人家也会刁难我。我去采访化学纤维的发展，纺织局技术处的处长不跟我谈。他还说，你不懂，我不跟你谈。我说那你先给我看看书，他就借了一打书给我，什么涤纶、氨纶、腈纶之类的都给我。我都看完了，然后去找他谈。他被我感动了，后来也成了很好的朋友。

我跑纺织的第二年，纺织部在成都举办全国纺织品展览会，需要新闻单位自行去采访。回来上班时，老徐问我："去峨眉山了吗?"我答："没去。"他问："为什么不去?"我答："纺织局的人布展忙不过来，我帮他们一起干活。"老徐笑了笑说："真是个小戆大，这么好的机会不去。那是中国四大佛教名山之一!"但那次舍弃个人时间帮忙布展之后，我和纺织局办公室的联系就开始密切了，经常能"抓"到一些独家新闻。

跑纺织条线的时候，与之相关的东西我都去学，从纺纱开始，织布机、纺纱机是怎么回事，棉、毛、麻、丝四种纤维又是怎么回事。上海纺织工业有 15 个公司、511 家厂，我一个个地跑，去向人家学习。他们有多少纱锭，有多少织机，以前是怎么样的，什么是新型的，我都记在心上。他们的展览会、讲座，我也都去看，都去学。我要跟他们有更多的共同语言。纺织局有 1 个正局长、9 个副局长，我基本上都去他们家里拜访过。

化纤产品的发展，使纺织品进入了过剩的年代。到 20 世纪末，纺织产业退出了上海的经济舞台。这个时候，报社开办了有关企业家专版，把我调了过去。一个星期要做大半个版面，需要记者自己写稿，自己摄影，自己组版。我在这里干了 5 年，对冶金、机电、造船这些产业都有所涉猎。

见证了上海房地产市场的起步和发展

1988 年 8 月 8 日，虹桥 26 号国有土地使用权通过国际招标有偿出让，拉开了上海二十世纪房地产市场发展的帷幕。国有土地使用权有偿出让，香港人称之为批租。前三四年中，上海土地批租的步伐并不快，一年不过三幅土地签约，而且都在城市外围，人们没有太大的感觉。

1992 年春天，邓小平同志发表了“南方谈话”。根据他的讲话精神，上海市房地局首先进行理论研究，积极准备让房地产进入市场。之后，房地产业进入了发展的快车道：当年 5 月，本市第一个旧区改造项目——卢湾区斜三基地（如今的海华花园）批租；6 月，北京东路外滩京城地块批租；淮海路沿线一个个批租……1992 年起，上海每年都有三四百幅土地出让。

土地批租进入旧区后，接下来是大规模的动拆迁，以及项目开工。我们采访动迁居民，走访他们的新居。之后，我们的采访便进入一个个工地。五彩的气球、大红的地毯、崭新的铁锹、飞翔的鸽子、基地开挖、连续浇捣、工程出零零线、结构封顶，这些专业名词频频出现在我们的新闻里。有外国人曾说，上海是世界上最大的建筑工地。

很快，竣工的请柬像雪花飞来，我们的工作就是看样板房，走售楼处。采访路程越走越远，因为我们城市的直径越来越大。一张请柬，就是一片变化。这些年来，变得最多的是我的通讯录，隔一两年，里面就有一半的地址不对了。这些年间，我周围一半以上的亲戚、朋友、同事、同学乔迁新居，有的已经是第二次乔迁。

但是要培育这样一个市场真的不容易，就好像生炉子一样的，一开始是最难的。市场刚兴起的时候，老百姓观念还没转过来，都不肯买房，很多人还在等待单位分配住房。为此我还专门写了一篇文章，跟电影演员潘虹对话，说买房子的事情，想通过名人效应来鼓动大家买房子。当年，我逢人就劝人。买房，说国家分房真的取消了，这一页已经彻底翻过去了，但好多人都不信。

当时上海学术界也分两派，一派觉得楼市形势大好，还有一派是“唱空”楼市。我是很坚定的“形势大好”派，一直和房地系统的领导还有专家站在一起。他们让我参与研究一个课题《培养和发展房地产市场》，在撰写课题报告时，我写的是市场部分。我的观点是房子是商品，大家现在应该买房子。后来这个课题在上海市科委得了一等奖，在全国是三等奖。

1992 年 5 月，在土地批租的前期，一些政府部门跟企业的关系没有处理好，很多工作做得不规范。比如，厂长还不知道，区政府就已经很随便地把人家的土地给卖掉了。我就针对这个现象写了内参，从国务院到全国人大，很多领导都看了。后来全国人大陈丕显还来上海调查。外面有人传，说因为我，弄得上海领导日子很难过，我的压力也很大。但我们的报社领导很好，当时的党委书记是周瑞金同志，他说内参是中央给我们的尚方宝剑，我们就是可以监督上海有关方面工作的。全国人大来沪后，这项工作开始整改，市领导一个个地方跑，一个个去调查，市场渐渐规范了，工作也开始改善了。过了一年，我这个内参评到了全国一等奖。

学习和思考是一辈子的事

徐学明任副总编辑时，坚持在工交部办公。他很关心改革类的新闻报道，有一次他提到，“50年代时，有小摊小贩走街串巷，卖馄饨、热白果、油墩子等，很受欢迎，可惜都被‘割了尾巴’。现在如果有这种个体经济现象，就是新闻。”为此，我一直留意着上海第一家个体商业户的出现。一天，我乘49路到常熟路站调车，发现那里新开了一家鲜花店。进去一问，果真是上海第一家个体户。

这条新闻刊登在《解放日报》头版的中心位置，配照片、加框，后来被《参考消息》全文转载，中央新闻电影纪录制片厂还找我要拍电影。之后，我又采写了上海第一家中外合资企业成立、二纺机试行承包经营责任制、第十二棉纺厂把厂子办到国外去等新闻。

20世纪80年代初，我们老三届记者要回头补文凭。最终领导决定让大家报考黄浦区业余大学，因为这样既不影响工作，也能解决文凭问题。考前一个月，夜班编辑俞远明对我说，你经常看英语书，不如去考上海外国语学院干部专修班吧。说着，找出他在二版编发过的相关消息给我看。突然要转方向，而且是考外语专业，我觉得没有把握，但蛮有“诱惑”力，一时难以定夺。

后来我决定搏一记，最后拿到了上海外国语学院的录取通知单。那天中午，我考取上外之事成了饭桌上的头条新闻，徐学明和夏华乙兴奋地发布消息："阿拉小乐考进外语学院了。"同桌的储大泓接着说："等她毕业，我们要刮目相看了。"三个老前辈为我骄傲和高兴，闻之，我也热泪盈眶。后来这身英语本领也给我带来了很多机会。

做记者，只有吃苦才会有好新闻。我是真的非常喜欢做记者，喜欢的话，苦就是乐。有一次采访纺织局第一个捐献遗体的人，其实是很小的新闻，我得到这个消息已经是晚上七八点钟了，我还是决定去采访。茫茫黑夜当中，我走到人家家里，他们家人很感动。稿子见报虽是很小的一块，但是我乐在其中。

在旅行中，我也习惯用记者的眼光看世界，了解世界。我一般跑一次就要记一个小本子，后来写成一本书《我的百国行》。有人说本来是为了出去放松的，怎么你还变得和工作一样了？我没有觉得累，因为这是我喜欢做的事情。所以最关键的是热爱，只有热爱才不会觉得苦。

采 访 人：刘雪妍

采访时间：2023 年 9 月 13 日

采访地点：上海市延安中路 816 号解放日报社

摄影摄像：沈阳

图书在版编目（CIP）数据

使命：解放日报老同志访谈选/解放日报·上观新闻编.
—上海：上海三联书店，2024.5
ISBN 978－7－5426－8505－6

Ⅰ.①使… Ⅱ.①解… Ⅲ.①《解放日报》－史料
Ⅳ.①G219.297

中国国家版本馆CIP数据核字（2024）第088573号

使命：解放日报老同志访谈选

编　　者／解放日报·上观新闻

责任编辑／姚望星
装帧设计／徐　徐
监　　制／姚　军
责任校对／王凌霄

出版发行／上海三联书店
（200041）中国上海市静安区威海路755号30楼
联系电话／编辑部：021－22895517
发行部：021－22895559
印　　刷／上海盛通时代印刷有限公司

版　　次／2024年5月第1版
印　　次／2024年5月第1次印刷
开　　本／710mm×1000mm　1/16
字　　数／350千字
印　　张／34
书　　号／ISBN 978－7－5426－8505－6/G·1720
定　　价／100.00元

敬启读者，如发现本书有印装质量问题，请与印刷厂联系 021－37910000